北京文化书系
古都文化丛书

# 商业——崇德守信

中共北京市委宣传部
北京市社会科学院 组织编写
倪玉平 贾启博 著

北京出版集团
北京出版社

**图书在版编目(CIP)数据**

商业 ：崇德守信 / 中共北京市委宣传部，北京市社会科学院组织编写 ；倪玉平，贾启博著. — 北京 ：北京出版社，2021.12
（北京文化书系. 古都文化丛书）
ISBN 978-7-200-15499-3

Ⅰ. ①商… Ⅱ. ①中… ②北… ③倪… ④贾… Ⅲ. ①商业文化—北京 Ⅳ. ①F729

中国版本图书馆CIP数据核字（2020）第051582号

北京文化书系　古都文化丛书
**商业**
——崇德守信
SHANGYE
中共北京市委宣传部
北京市社会科学院　组织编写
倪玉平　贾启博　著
*
北京出版集团
北京出版社　出版
（北京北三环中路6号）
邮政编码：100120
网　址：www.bph.com.cn
北京出版集团总发行
新华书店经销
北京华联印刷有限公司印刷
*
787毫米×1092毫米　16开本　17.25印张　238千字
2021年12月第1版　2021年12月第1次印刷
ISBN 978-7-200-15499-3
定价：168.00元
如有印装质量问题，由本社负责调换
质量监督电话：010-58572393；发行部电话：010-58572371

# “古都文化丛书”编委会

# “北京文化书系”
# 序言

文化是一个国家、一个民族的灵魂。中华民族生生不息绵延发展、饱受挫折又不断浴火重生，都离不开中华文化的有力支撑。北京有着三千多年建城史、八百多年建都史，历史悠久、底蕴深厚，是中华文明源远流长的伟大见证。数千年风雨的洗礼，北京城市依旧辉煌；数千年历史的沉淀，北京文化历久弥新。研究北京文化、挖掘北京文化、传承北京文化、弘扬北京文化，让全市人民对博大精深的中华文化有高度的文化自信，从中华文化宝库中萃取精华、汲取能量，保持对文化理想、文化价值的高度信心，保持对文化生命力、创造力的高度信心，是历史交给我们的光荣职责，是新时代赋予我们的崇高使命。

党的十八大以来，以习近平同志为核心的党中央十分关心北京文化建设。习近平总书记作出重要指示，明确把全国文化中心建设作为首都城市战略定位之一，强调要抓实抓好文化中心建设，精心保护好历史文化金名片，提升文化软实力和国际影响力，凸显北京历史文化的整体价值，强化“首都风范、古都风韵、时代风貌”的城市特色。习近平总书记的重要论述和重要指示精神，深刻阐明了文化在首都的重要地位和作用，为建设全国文化中心、弘扬中华文化指明了方向。

2017年9月，党中央、国务院正式批复了《北京城市总体规划（2016年—2035年）》。新版北京城市总体规划明确了全国文化中心建设的时间表、路线图。这就是：到2035年成为彰显文化自信与多元包容魅力的世界文化名城；到2050年成为弘扬中华文明和引领时代潮流的世界文脉标志。这既需要修缮保护好故宫、长城、颐和园等享誉中外的名胜古迹，也需要传承利用好四合院、胡同、京腔京韵等具有老北京地域特色的文化遗产，还需要深入挖掘文物、遗迹、设施、景点、语言等背后蕴含的文化价值。

组织编撰“北京文化书系”，是贯彻落实中央关于全国文化中心建设决策部署的重要体现，是对北京文化进行深层次整理和内涵式挖掘的必然要求，恰逢其时、意义重大。在形式上，“北京文化书系”表现为“一个书系、四套丛书”，分别从古都、红色、京味和创新四个不同的角度全方位诠释北京文化这个内核。丛书共计47部。其中，“古都文化丛书”由20部书组成，着重系统梳理北京悠久灿烂的古都文脉，阐释古都文化的深刻内涵，整理皇城坛庙、历史街区等众多物质文化遗产，传承丰富的非物质文化遗产，彰显北京历史文化名城的独特韵味。“红色文化丛书”由12部书组成，主要以标志性的地理、人物、建筑、事件等为载体，提炼红色文化内涵，梳理北京波澜壮阔的革命历史，讲述京华大地的革命故事，阐释本地红色文化的历史内涵和政治意义，发扬无产阶级革命精神。“京味文化丛书”由10部书组成，内容涉及语言、戏剧、礼俗、工艺、节庆、服饰、饮食等百姓生活各个方面，以百姓生活为载体，从百姓日常生活习俗和衣食住行中提炼老北京文化的独特内涵，整理老北京文化的历史记忆，着重系统梳理具有地域特色的风土习俗文化。“创新文化丛书”由5部书组成，内容涉及科技、文化、教育、城市规划建设等领域，着重记述新中国成立以来特别是改革开放以来北京日新月异的社会变化，描写北京新时期科技创新和文化创新成就，展现北京人民勇于创新、开拓进取的时代风貌。

为加强对“北京文化书系”编撰工作的统筹协调，成立了以“北京文化书系”编委会为领导、四个子丛书编委会具体负责的运行架构。“北京文化书系”编委会由中共北京市委常委、宣传部部长莫高义同志和市人大常委会党组副书记、副主任杜飞进同志担任主任，市委宣传部分管日常工作的副部长赵卫东同志担任副主任，由相关文化领域权威专家担任顾问，相关单位主要领导担任编委会委员。原中共中央党史研究室副主任李忠杰、北京市社会科学院研究员阎崇年、北京师范大学教授刘铁梁、北京市社会科学院原副院长赵弘分别担任“红色文化”“古都文化”“京味文化”“创新文化”丛书编委会主编。

在组织编撰出版过程中，我们始终坚持最高要求、最严标准，突出精品意识，把“非精品不出版”的理念贯穿在作者邀请、书稿创作、编辑出版各个方面各个环节，确保编撰成涵盖全面、内容权威的书系，体现首善标准、首都水准和首都贡献。

我们希望，“北京文化书系”能够为读者展示北京文化的根和魂，温润读者心灵，展现城市魅力，也希望能吸引更多北京文化的研究者、参与者、支持者，为共同推动全国文化中心建设贡献力量。

“北京文化书系”编委会

2021年12月

# “古都文化丛书”
# 序言

北京不仅是中国著名的历史文化古都，而且是世界闻名的历史文化古都。当今北京是中华人民共和国首都，是中国的政治中心、文化中心、国际交往中心、科技创新中心。北京历史文化具有原生性、悠久性、连续性、多元性、融合性、中心性、国际性和日新性等特点。党的十八大以来，习近平总书记十分关心首都的文化建设，指出北京丰富的历史文化遗产是一张金名片，传承保护好这份宝贵的历史文化遗产是首都的职责。

作为中华文明的重要文化中心，北京的历史文化地位和重要文化价值，是由中华民族数千年文化史演变而逐步形成的必然结果。约70万年前，已知最早先民“北京人”升腾起一缕远古北京文明之光。北京在旧石器时代早期、中期、晚期，新石器时代早期、中期、晚期，经考古发掘，都有其代表性的文化遗存。自有文字记载以来，距今3000多年以前，商末周初的蓟、燕，特别是西周初的燕侯，其城池遗址、铭文青铜器、巨型墓葬等，经考古发掘，资料丰富。在两汉，通州路（潞）城遗址，文字记载，考古遗迹，相互印证。从三国到隋唐，北京是北方的军事重镇与文化重心。在辽、金时期，北京成为北中国的政治中心、文化中心。元朝大都、明朝北京、清朝京师，北京是全中国的政治中心、文化中心。民国初期，首都在北京，后都城虽然迁到南京，但北京作为全国文化中心，既是历史事实，也是人们共识。北京历史之悠久、文化之丰厚、布局之有序、建筑之壮丽、文物之辉煌、影响之远播，已经得到证明，并获得国际认同。

从历史与现实的跨度看，北京文化发展面临着非常难得的机遇。上古“三皇五帝”、汉“文景之治”、唐“贞观之治”、明“永宣之治”、清“康乾之治”等，中国从来没有实现人人吃饱饭的愿望，现在全面建成小康社会，历史性告别绝对贫困，这是亘古未有的大事。中华民族迎来了从站起来、富起来到强起来的伟大飞跃，迎来了实现伟大复兴的光明前景。

“建首善自京师始”，面向未来的首都文化发展，北京应做出无愧于时代、无愧于全国文化中心地位的贡献。一方面整体推进文化发展，另一方面要出文化精品，出传世之作，出标识时代的成果。近年来，北京市委宣传部、市社科院组织首都历史文化领域的专家学者，以前人研究为基础，反映当代学术研究水平，特别是新中国成立70多年来的成果，撰著“北京文化书系·古都文化丛书”，深入贯彻落实习近平总书记关于文化建设的重要论述，坚决扛起建设全国文化中心的职责使命，扎实做好首都文化建设这篇大文章。

这套丛书的学术与文化价值在于：

其一，在金、元、明、清、民国（民初）时，北京古都历史文化，留下大量个人著述，清朱彝尊《日下旧闻》为其成果之尤。但是，目录学表明，从辽金经元明清到民国，盱古观今，没有留下一部关于古都文化的系列丛书。历代北京人，都希望有一套“古都文化丛书”，既反映当代研究成果，也是以文化惠及读者，更充实中华文化宝库。

其二，“古都文化丛书”由各个领域深具文化造诣的专家学者主笔。著者分别是：（1）《古都——首善之地》（王岗研究员），（2）《中轴线——古都脊梁》（王岗研究员），（3）《文脉——传承有序》（王建伟研究员），（4）《坛庙——敬天爱人》（龙霄飞研究馆员），（5）《建筑——和谐之美》（周乾研究馆员），（6）《会馆——桑梓之情》（袁家方教授），（7）《园林——自然天成》（贾珺教授、黄晓副教授），（8）《胡同——守望相助》（王越高级工程师），（9）《四合院——修身齐家》（李卫伟副研究员），（10）《古村落——乡愁所寄》（吴文涛副研究员），（11）《地名——时代印记》（孙冬虎研究员），（12）《宗教——和谐共生》（郑永华研究员），（13）《民族——多元一体》（王卫华教授），（14）《教育——兼济天下》（梁燕副研究员），（15）《商业——崇德守信》（倪玉平教授），（16）《手工业——工匠精神》（章永俊研究员），（17）《对外交流——中国气派》（何岩巍助理研究员），（18）《长城——文化纽带》（董耀会教授），（19）《大运河——都城命脉》（蔡蕃研究员），（20）《西山永定河——血脉根基》（吴文涛副研究员）等。署名著者分属于市社科院、清华大学、中央民族大学、首都经济贸易大学、北京教育科学研究院、北京古代建筑研究所、故宫博物院、首都博物馆、中国长城学会、北京地理学会等高校和学术单位。

其三，学术研究是个过程，总不完美，却在前进。“古都文化丛书”是北京文化史上第一套研究性的、学术性的、较大型的文化丛书。这本身是一项学术创新，也是一项文化成果。由于时间较紧，资料繁杂，难免疏误，期待再版时订正。

本丛书由市社科院原院长王学勤研究员担任执行主编，负责全面工作；市社科院历史研究所所长刘仲华研究员全面提调、统协联络；北京出版集团给予大力支持；至于我，忝列本丛书主编，才疏学浅，年迈体弱，内心不安，实感惭愧。本书是在市委宣传部、市社科院的组织协调下，大家集思广益、合力共著的文化之果。书中疏失不当之处，我都在在有责。敬请大家批评，也请更多谅解。

是为“古都文化丛书”序言。

阎崇年

# 目　录

# 前　言

北京位于华北平原的最北端，而此地北部为燕山山脉，西部为太行山山脉，平原上则有潮白河、温榆河、沟河、永定河、拒马河这五条河流组成的水系。因此，从地质上讲，华北平原北部是一个山前冲积小平原，人们习惯性称为“北京小平原”。北京小平原向南面临广阔的华北平原，向北则通过燕山山脉和太行山山脉的山谷处——如古北口、山海关、居庸关等山间谷地——到达内蒙古高原和东北平原，而前往这些交通要地的必经之处，便是古永定河的渡口。[①]这种特殊的地理环境使得北京地区成为三大地域交会的关键地点，也构成了北京能够出现城市的地理条件。

早在七十万年以前，北京周口店地区就出现了原始人群部落“北京人”，此后又逐步发展为山顶洞人，成为中华文明如满天星斗一样发源的重要起源点之一。北京作为城市的历史可以追溯到三千年前。公元前1045年，北京城为蓟、燕等诸侯国的都城。秦汉以来，北京地区一直是中国北方的重镇，名称先后称为蓟城、燕都、燕京、大都、北平、顺天府等。隋开皇三年（583）废除燕郡。大业三年（607），隋朝改幽州为涿郡。唐初武德年间，涿郡复称为幽州。贞观元年（627），幽州划归河北道。后成为范阳节度使的驻地。安史之乱期间，安禄山在北京称帝，建国号为“大燕”。唐朝平乱后，复置幽州，归卢龙节度使节制。

---

① 尹钧科：《北京城市发展史》，北京：北京出版社，2016年，第6页。

五代辽金时期，北京地区的地缘环境发生了极大的变化。此前，北京地区一直处于中原王朝的边缘地带，且是中原王朝与游牧民族的边界，因此无论是蓟城还是幽州一直都是军事重镇，城市的职能以军事为主，加之经常成为战场，经济和商业并不发达，在和平时期商业多以边贸、互市为主，这也与其地处边境有关。公元938年，辽朝和金朝分别以北京为陪都和中都。从这个时候起，北京地区不再是边境，战争和军事的影响减小，而且燕京城先后作为陪都、首都，地位大大提高，城市的职能发生重大的变化，这极大地促进了燕京商业的发展，也使北京的商业文化出现了新的元素。

此后的北京，为元朝的大都、明清两朝的国都和中华民国北洋政府的首都。在漫长的历史发展过程中，北京逐步成为我们国家的政治中心和商业中心，创造出了灿烂的文化，是世界上拥有世界文化遗产最多的城市，先后出现了故宫、天坛、八达岭长城、颐和园等举世闻名的众多名胜古迹。持续近千年的首都历史，使北京的商业走向了新的繁荣。当然，其间的曲折与反复也同样存在。

1949年中华人民共和国成立后，同样选择北京作为新中国的首都，古老的北京焕发出新的活力。特别是改革开放四十年来，北京日益成为国际化的大都市。2019年1月11日，北京市级行政中心正式迁入北京城市副中心，北京必将又迎来新一轮的发展机遇。

# 第一章

# 商业发展概述

在中国传统社会中，商业的发展同当地的经济发展、城市建设有着密切关系。农业和手工业是商业发展的基础，有了发达的农业才能保证一个地区有足够的人口，发展出繁荣的经济。而市场上交易的商品，大多来自手工业，因此古代社会手工业和商业的联系非常紧密。

城市的发展同样影响着商业。各地经济发展状况，都会受到当地地理、水文等自然条件的影响。农业的发展离不开当地的土质、水资源，手工业取决于各地的自然资源，商业则受到了交通等因素的限制。而在古代，地理因素往往也决定了当地的城市发展状况，规模较大的城市往往能容纳更多的人口，从而促进当地经济的发展，进而影响到商业。

另一方面，特殊的地理环境还能影响到历代政权对该地区的重视程度。北京拥有极为特殊的地理环境，因而在中国历史发展的长河之中，往往饰演着不同的角色，从边疆重镇到大一统王朝的首都，历代朝廷对于北京城市地位的不同定位，也极大地影响到了北京商业的历史。

因此，本章将详述历代北京地区的重大变迁，并梳理其对北京地区经济、城市、商业所产生的影响。

## 第一节　先秦至隋唐时期：中原王朝的东北边陲

北京地区特殊的地理环境使当地在很早就形成了聚落，进而发展为城市，悠久的城市历史使北京具备了成为地区中心的潜质。同时便捷的交通也使北京城拥有发展商业的优势条件。从先秦至五代时期，北京地区一直都是中原王朝和少数民族政权的边境地带，这为北京的商业发展既带来了机遇，也带来了隐患：和平时期北京是少数民族和中原汉族人民进行商品交易的重要场所，战争时期北京的经济发展又会遭到打击。而数千年胡汉杂糅所形成的兼容并蓄的文化，也深深地影响到了北京的商业文化。

北京是中国人类祖先的发源地之一，著名的“北京人”遗址就位于北京市房山区周口店龙骨山，距离北京市中心点约五十公里。1921年至1927年，考古学家们先后三次在“北京人”洞穴遗址外，发现了三枚人类牙齿化石。1929年，著名的中国古生物学家裴文中更是在此发现了原始人类牙齿、骨骼和一块完整的头盖骨，并找到了“北京人”生活、狩猎以及使用火的遗迹，由此确凿地证实五十万年以前，北京地区已有人类活动，并据此将其定名为北京猿人。1930年，考古学家们在周口店遗址，还发现距今约两万年前的山顶洞人化石和文化遗物，以后又陆续在龙骨山上发现一些猿人使用的石器和用火遗址。

这些伟大的发现和研究，奠定了周口店遗址在全世界古人类学研究中特殊而不可替代的地位。周口店遗址是世界上迄今为止发现人类化石材料最为丰富、最为生动，植物化石门类最为齐全，同时又是研究最为深入的古人类遗址。可惜的是，随着第二次世界大战的爆发和随之而来的连年战乱，自1927年以来发现的北京人和山顶洞人化石标本均丢失了，至今下落不明。这一事件也成为20世纪考古史上的世界之谜。中华人民共和国成立后，恢复了对周口店遗址的发掘研究，重新又获取了大量的宝贵资料。迄今为止，考古学家们又重新发掘出代表四十多个尸体的头盖骨、下颌骨、牙齿等化石，以及丰富的石器、骨器、角器与古人用火遗迹。

综合考古学家的研究可以发现，距今一万两千年前，渤海海平面较高，燕山南麓地区与燕山以北地区的交流更为密切。而距今四千五百年前，渤海海平面下降，燕山以南地区与黄河下游交通便利，北京平原也开始同华北平原紧密联系。①因此，在北京地区的历史发展过程中，受到了多个地区文化的影响，既有红山文化、兴隆洼文化、小河沿文化等辽西地区的新时期时代文化，也有磁山文化、龙山文化等华北平原地区的文化。华北平原与东北平原地区不同文化之间的交流，在北京小平原一带最为显著，加之北京小平原自身的地理条件，使北京地区有了形成聚落、发展商业的条件。这些条件也成为北京发展的一大特点：在此之后的几千年中，北京地处中原和游牧地区的边界，因此是双方相互交流的场所之一，北京的商业文化也是胡汉杂糅，兼容并蓄。

在公元前两千年左右，北京地区出现了青铜文化“夏家店下层文化”，而在文献记载中，商代在北京地区有孤竹、燕亳等附属国，可见北京地区在商代时已出现大规模的聚落。②而北京地区最早出现的城市是西周初年的蓟城。据《史记》记载，武王灭商后，封“帝尧之后于蓟”；③而《礼记》的记载是“武王克殷反商，未及下车，而封黄帝之后于蓟”。虽然目前蓟城是谁的封地和蓟城的具体位置学界尚有争议，但可以确定的是，蓟城在今北京市区内，同时蓟城也是目前有明确记载的最早出现在北京地区的城市。

---

① 索秀芬、李少兵：《燕山南北地区新石器时代考古学文化序列和格局》，《考古学报》2014年第3期。

② 北京大学历史系《北京史》编写组：《北京史》（增订版），北京：北京出版社，1999年，第14、18页。

③《史记》卷三《周本纪》。

与此同时，西周初年，周武王“封召公奭于燕”，燕在蓟之南，位于今北京市房山区琉璃河镇董家林村一带，都城遗址至今尚存。随后，“蓟微燕盛，乃并蓟而居之”，蓟国被燕国吞并，蓟城之后又成为燕国的都城，《汉书·地理志》中所谓“蓟，故燕国，召公所封”，所言即此。燕、蓟也被统称为燕都或燕京。

燕国是周王朝的北方藩屏，与北方山戎、肃慎等草原游牧民族既有征战，也有交流。随着燕国经济逐渐繁荣，蓟城由于其地理位置优势，成为北方重要的贸易中心，是中原民族和北方游牧民族进行商业贸易的主要场所。《盐铁论》中记载，“燕之涿、蓟，赵之邯郸，魏之温、轵，韩之荥阳，齐之临淄，楚之宛丘，郑之阳翟，三川之两周，富冠海内，皆天下名都，非有助之耕其野而田其地者，居五诸之冲，跨街衢之路也”。目前在北京地区出土的春秋战国时期的货币，既有燕国自铸的刀币、布币，也有来自韩、赵、魏等国的货币；燕国铸造的刀币，不仅在北京、天津、河北、河南、山西、内蒙古、辽宁、吉林等地有所发现，甚至在朝鲜半岛、日本也有发现。可见，在当时蓟城内，既有来自中原各国的商人，也有来自北方的游牧民族甚至可能是朝鲜半岛和日本的商人。

随着商业的发展，这一时期的蓟城内出现了与之相关的商业文化。一是与商业有关的市井文化。当时的蓟城“民间艺人很多，他们常常在集市、酒肆就地作场，击筑鼓琴，引吭高歌”。[①]而另一方面，由于地理位置的特殊性，蓟城的商业文化既受到了中原农耕民族的影响，也受到了草原游牧民族的影响，从而形成特色。燕国的货币既有类似于刀形的刀币，也有类似于铲形的布币。刀币的形制很可能是受到了山戎的影响，直接脱胎于北方游牧民族日常所使用的凹刃、削刀；[②]布币则是燕国在战国后期为了方便与韩、赵、魏等国的商业交流而仿照这些国家的货币所铸，而布币的形制则来源于当时的农具铲。

---

① 北京大学历史系《北京史》编写组：《北京史》（增订版），北京：北京出版社，1999年，第38页。

② 张驰：《尖首刀若干问题初探》，《中国钱币论文集》（第三辑），1998年，第71页。

秦始皇二十五年（公元前222），秦灭燕。秦国沿用燕国旧制，在燕国故地沿置渔阳、上谷、右北平、辽东、辽西五郡，在燕都蓟则新设立广阳郡，蓟城为郡治。秦朝为了加强对燕地的控制，修筑了从咸阳直达蓟城的驰道。西汉时期，朝廷常年在燕地设立封国。汉初，刘邦先后封臧荼、卢绾及其子刘建为燕王；文帝、武帝、昭帝、宣帝时都封宗室子弟于燕，或为燕王，或为广阳王。蓟城在未立封国时为广阳郡治，有封国时则为国都。汉高祖五年（公元前202），蓟被划入燕国辖地。元凤元年（公元前80）复为广阳郡蓟县，属幽州。本始元年（公元前73）因有帝亲分封于此，故更为广阳国首府。东汉光武帝改制时，将全国划分为十三州，北京地区归属于幽州管辖，蓟城为幽州州治。永元八年（96），复为广阳郡治所。西晋时，朝廷改广阳郡为燕国，而幽州迁至范阳。十六国后赵时，幽州治所迁回蓟县，燕国改设为燕郡。此后历经前燕、前秦、后燕和北魏而不变。

西汉前期，天下安定，朝廷以休养生息为国策，“开关梁，弛山泽之禁，是以富商大贾周流天下，交易之物莫不通”。[1]交通的便利和安定的社会环境都加强了蓟城同中原地区的交往，促进了城市和商业的发展。西汉时，蓟城的农业发展迅速，“燕秦千树栗”，当地特产的枣、栗等农产品是与外地贸易的重要商品。城内诸侯王的奢侈需求也促进了手工业的发展，今北京市丰台区大葆台汉墓遗址中出土的精美玉器、铜器、丝织品，证明了当地手工业的发达；此外北京地区出土的汉代铁器数量众多，也反映了蓟城有较高水平的冶铁业。

农业和手工业的发达促进了商业繁荣。蓟城临近大海，农业发达“有鱼盐枣栗之饶”，交通便利，“北邻乌桓、夫馀，东绾秽貉、朝鲜、真番之利”。[2]蓟城本地的枣、栗、盐、铁等产品，来自中原的丝织品、漆器等商品，少数民族的貂皮等畜牧产品，都出现在市场上。城内的“市”有了固定场所，此外还出现了与少数民族进行贸易的

① 《史记》卷一二九《货殖列传》。

② 《史记》卷一二九《货殖列传》。

"胡市"。司马迁在《史记·货殖列传》中记载，"通邑大都……蘖麴盐豉千答，鲐鮆千斤，鲰千石，鲍千钧，枣栗千石者三之，狐貂裘千皮……此亦比千乘之家，其大率也"。可见蓟城在当时是一个商业繁荣的大都市。

东汉时，朝廷为怀柔乌桓，在蓟城周边地区设立互市。蓟城的市规模比西汉时期变得更大，刘秀在蓟城时，曾令王霸于"市中募人"。[①]东汉末年时蓟城内甚至出现了"巨亿"的大商人，如公孙瓒在蓟城时，"卜数师刘纬台、贩缯李移子、贾人乐何当等三人，与之定兄弟之誓，自号为伯，谓三人者为仲叔季，富皆巨亿"，可见财力之雄厚。[②]

秦汉时期，由于蓟城作为郡治、封国国都、州治，始终是当地的政治、经济、文化中心，因此蓟城的商业得到了迅速的发展。蓟城由于其特殊的地理位置，仍与先秦一样，是胡汉交流的重要地点。司马迁认为，蓟城"南通齐、赵""与赵、代俗类"，又因经常被游牧民族侵袭，以致当地民风"雕捍少虑"，正因如此，蓟城才能"有鱼盐枣栗之饶，北邻乌桓、夫余，东绾秽貉、朝鲜、真番之利"。可见在长期胡汉冲突和交往中，蓟城逐渐形成了悍勇的民风，促进了百姓积极进取和商业的发展，这也成为秦汉时北京地区商业文化一大特色。

此外，秦汉时期是中国大一统中央集权建立的开始。从西汉起，朝廷就奉行盐铁专营的制度，蓟城的冶铁业和盐业自然受到朝廷控制，铁器和盐在商贸的过程中自然也受到朝廷的控制。蓟城诸侯王的奢侈需求，在促进当地手工业发展的同时，也使得大量商人将奇珍异宝贩运至蓟城。与少数民族贸易的互市也是在朝廷的推动下形成的。以上种种情况，反映出此时北京地区商业文化的另一特色，即主要围绕着服务于王室和官府。

魏晋时期，朝廷仍册封宗室于燕地，蓟城为燕国国都，幽州州治迁往涿郡。东晋建武二年（318），石勒杀晋幽州刺史王浚，此后蓟

---

① 《后汉书》卷二一《王霸传》。

② 《三国志》卷八《魏书·公孙瓒传》。

城为段氏鲜卑所据。大兴二年（319），石勒攻占蓟城，蓟城为后赵控制。永和六年（350），前燕君主慕容儁攻陷蓟城，并迁都于此。此后前秦、后燕先后据有幽州。南北朝时期，幽州又先后隶属于北魏、东魏、北齐、北周，这一时期，蓟城始终都是幽州州治所在。

从总体上看，在这段时期里，由于战乱频繁，社会动荡，蓟城的经济遭到了严重的破坏。东汉末，进入幽州的乌桓等少数民族最初经常骚扰蓟城及周边地区，对当地的经济造成了严重破坏。魏晋时期，安定的环境持续不长，北方就又陷入战乱。蓟城几经兵燹，经济和商业遭到了极大的破坏，即使到了北魏初年，也未见好转，“钱货无所周流”。孝文帝改革时，确立租调制，规定经济发达的地区缴纳绢、丝为调，不发达的地区缴纳布、麻为调，幽州便属于后者。商业方面，黄河以北地区“钱略不入市”，[1]因为缺少交易时的媒介货币，以至于当时贸易多是以物易物的形式。直至东魏、北齐时，仍是如此。因此，蓟城地区的商业也受到打击，仅在一些短暂的安定时期，出现过一些零星的边市、胡市。

虽然蓟城的经济在此时遭到打击，但是由于其特殊地理位置，蓟城仍是幽州地区的重镇。自塞外进入幽州的少数民族的政权，以蓟城作为进一步进入中原地区的根据地。慕容儁在占领蓟城后迁都于此，后来前燕政权进入中原后，都城又由蓟城南迁至邺，因此在前秦灭前燕之前，蓟城成为连接鲜卑慕容部塞外旧地龙城和新都邺城之间重要的交通枢纽。北朝时期进入中原的少数民族在中国北方建立政权，但是蓟城仍是这些政权抵抗北方其他少数民族的重地，北魏至北齐时期，为了抵御柔然的侵袭，便在今居庸关修建长城。

在这一时期，蓟城及幽州地区的人口也发生了重大变化，少数民族开始大量涌入。汉末天下大乱，幽州先后被刘虞、公孙瓒、袁绍等割据势力占据。这些军阀为了加强自身的军事力量，大量招募乌桓、鲜卑等少数民族，因此这些少数民族开始大量进入幽州。前燕以蓟城

① 《魏书》卷一一〇《食货志》。

为都城，鲜卑等族开始进一步进入此地。北魏为充实幽州，又将大量高车、丁零等族迁入幽州。除了少数民族外，汉末、东晋十六国时中原的战乱，也使大量汉族流民涌入幽州。因此蓟城地区出现了大规模的汉胡人民共同居住的情况，民族融合也在这里开始。蓟城沟通塞外与中原的交通、北方军事重镇、少数民族的大量迁入，为隋唐时期蓟城的发展奠定了基础。

隋初，朝廷在地方实行州县二级制，将幽州总管府设于蓟城。炀帝大业三年（607），改州为郡，幽州更名涿郡。唐朝时复州为郡，同样在蓟城设幽州总管府。唐玄宗天宝元年（742）曾改幽州为范阳郡，肃宗乾元元年（758）复名幽州。隋唐年间，蓟城一直为幽州治所。

隋炀帝为了征伐高丽，将涿郡作为重要的战略阵地。为将江南的物资运往前线，隋朝开始修建大运河，大业四年（608），炀帝“诏发河北诸郡男女百余万，开永济渠，引沁水南达于河，北通涿郡”。[1]大运河开通后，大量的物资通过大运河运送至涿郡以供军需，“往还在道常数十万人”“舳舻相次千余里”，[2]以至于到了隋末，涿郡城内尚有大量“伐辽器仗，仓粟盈积”。[3]

唐高宗灭高丽后，新兴的契丹、奚依旧威胁着中原王朝的东北边境。为了加强防备，唐玄宗时设立幽州节度使，统领幽州地区兵马。安史之乱后，唐朝中央朝廷失去了对河北地区的控制，幽州地区长年被各路藩镇军阀占据。长期的战乱和政权的频繁更迭使蓟城的经济发展遭到严重破坏。

隋唐时期，幽州作为中原王朝的东北边陲，依然时刻面临着突厥、高丽、契丹等少数民族的威胁。为加强防备，隋唐都对幽州地区极为重视，首府蓟城的军事重镇功能高于前代。可见，隋唐时期，蓟城始终与军事有密切联系，其经济和商业发展也受到了军事的影响。

---

① 《隋书》卷三《炀帝纪上》。

② 《资治通鉴》卷一八一《隋纪五》。

③ 《旧唐书》卷五六《罗艺传》。

唐太宗征高丽时，命韦挺至幽州“市木造船”，[①]军队对木材的需求影响了蓟城商业，至开元年间，张说为幽州都督，“命杼人斩木于燕岳，使通林麓之财”，[②]木材成为当地重要的商品之一。为征辽而开凿的大运河，加强了蓟城与中原和江南等地的交通联系，茶叶等江南商品通过大运河大量进入幽州。

唐中期，蓟城的经济发展迅速。在幽州城北有专门的贸易区“幽州市”，市场内商品丰富，且分类明确，据《房山云居寺石经题记》记载，当时蓟城市场上有三十多种专门的行业，如米行、白米行、大米行、粳米行、屠行、肉行、油行、五熟行、果子行、椒笋行、炭行、生铁行、磨行、染行、布行、绢行、大绢行、小绢行、新绢行、小彩行、丝绵行、帛绢行、绵行、幞头行、靴行、新货行、杂货行等，各个行业都有专门的店铺。

在和平时期，蓟城仍是少数民族与汉族交流的要地。城内有众多胡商，并设有专门供少数民族商人居住的地点，如罽宾坊、肃慎坊等。安禄山因通晓多种语言，就曾在蓟城“为诸藩互市牙郎”，[③]担任节度使后，也曾“分遣商胡诣诸道贩鬻，岁输珍货数百万”，[④]可见城内胡商在蓟城地区的活跃。

安史之乱后，幽州地区长年被各路强藩占领，加之东北契丹的袭扰，商业发展再次被战乱破坏。刘仁恭占据幽州时，“敛真钱，穴山藏之，杀匠灭口，禁南方茶”，[⑤]诸如此类的一系列破坏，使蓟城的商业不复盛唐时的繁荣。

隋唐时期，蓟城的商业文化同样与地理因素有着密切联系。由于地处中原王朝东北边境，蓟城自古就是塞外少数民族与中原汉族进行商业贸易的城市，隋唐时期开放包容的民族政策使得此时胡商在蓟城

① 《旧唐书》卷七七《韦挺传》。

② 《全唐文》卷三二一《唐故幽州都督河北节度使燕国文贞张公遗爱颂并序》。

③ ［唐］姚汝能：《安禄山事迹》上。

④ 《资治通鉴》卷二一六《唐纪三二》。

⑤ 《新唐书》卷一三七《刘仁恭传》。

商业中有着极为重要的地位。

另一方面，蓟城也成为中原王朝的边陲重镇，尤其是隋朝及唐初对高丽的战争，更使蓟城地区成为前线阵地。因此，此时的蓟城商业也受到了军事和政治的影响，特别是原本出于军事目的而开通到蓟城的大运河，对未来一千余年北京地区的商业产生了深远的影响，形成了一种运河文化。

隋唐时期的经济繁荣在蓟城同样体现出来。唐代经济繁荣，在城市中出现了明确的商业区。朝廷则采用市坊制度对城市进行管理，商业区与居住区分离，市场有固定的地点和开放时间，并有官员进行管理。蓟城内的幽州市就是城市内集中的商业区域，而且幽州市中也出现了明确的行业之分，这些都为之后北京的商业发展奠定了基础，北京不同行业的特色商业文化，以及北京的集市文化，均可追溯到此时。

唐天祐四年（907），唐哀帝禅位于朱温，唐朝灭亡。唐代后期藩镇割据的局势使中原进入了五代十国的分裂时期。朱温称帝后，册封原卢龙节度使刘守光为燕王。后梁乾化元年（911），刘守光称帝，国号燕，定都幽州，两年后被晋王李存勖所灭。自李存勖占领幽州至后唐时期，契丹长期入侵中原，幽州成为双方战场。后梁贞明三年（917），阿保机率军围困幽州，双方对峙数月，后李存勖派援兵解围。后唐同光二年（924），契丹再次入侵，“幽州城门之外，虏骑充斥。每自涿州运粮入幽州，虏多伏兵于阎沟，掠取之……幽州东十里之外，人不敢樵牧”。[①]为应对契丹的压力，后唐朝议认为“早宜命大将一人，以安云、朔”，[②]遂以石敬瑭镇守幽州。清泰三年（936），石敬瑭在契丹的支持下称帝，推翻后唐。为了获得契丹的支持，石敬瑭不但和比自己小十岁的辽太宗耶律德光“约为父子”，还“以雁门以北及幽州之地为戎王寿，仍约岁输帛三十万”，[③]即将所谓的幽云十六州割让与契丹。至此，幽州又一次脱离了中原王朝的统治。

① 《资治通鉴》卷二七八《后唐纪七》。
② 《旧五代史》卷七五《晋书·高祖纪》。
③ 《旧五代史》卷七五《晋书·高祖纪》。

## 第二节　辽金时期：从陪都到首都

辽金时期是北京历史的重要转折时期。北京的城市地位较之前有了极大提升，北京先是陪都，在金中期又升为首都，政治地位的提升使北京的城市规模和经济水平都有了极大发展。作为少数民族王朝的首都，北京的商业特色在此时融入了更多的胡汉杂糅的风格以及服务于皇家和达官贵族的奢靡富贵的风气，这对之后北京的商业文化风格产生了深远影响。

隋唐以前，无论是蓟城还是幽州，之所以能够成为中原王朝东北的重要藩屏，主要是由于其地理位置。燕山山脉与太行山山脉构成的天然屏障使北京地区易守难攻，因此在战争时期，北京地区是中原王朝抵御东北游牧民族入侵的重镇，而和平时期，则是双方商业交流的集会之地。故而中原王朝“视燕为北门，失幽、蓟则天下常不安”，[①] 失去了北京地区的中原王朝在对抗游牧民族时，无险可守，往往处于劣势地位。

为了收复幽州，后周及北宋进行了多次努力。后周显德六年（959），周世宗北伐，收复了瀛、莫、宁三州以及位于幽州之南的益津关、瓦桥关、淤口关的三关之地，然而由于周世宗病重，北伐被迫终止。北宋太平兴国四年（979），宋太宗在灭北汉后，欲乘胜收复幽州，宋辽双方大战于今北京城西的高梁河，宋军大败。雍熙三年（986），宋太宗兵分三路，再次北伐，但由于东路军被辽军击溃进而导致了三路全线溃败，北伐以失败结束。自此北宋从战略上转攻为守，放弃了收复幽州的计划。

契丹在占据幽云十六州后，同样重视幽州的地位。天显十二年

① 《契丹国志》卷一八。

（937），契丹以幽州为南京（亦称燕京），为当时契丹三京之一。大同元年（947）契丹改国号为辽，于南京设置南京道，领幽都府（后改名为析津府），辖十一县。至此，幽州改称南京、燕京，并成为辽的陪都。

宋初赵匡胤一方面准备以武力收复幽云十六州，一方面还特意设立封桩库，用以赎买幽蓟十六州地区。关于封桩库，史料有这样的记载：宋初收缴各割据势力所藏金帛至京师，另置库储存，称封桩库，每年节余亦存入此库。太祖别置封桩库，尝密谓近臣曰："石晋割幽燕以赂契丹，使一方之人独限外境，朕甚悯之。欲俟斯库所蓄满三五十万，即遣使与契丹约，苟能归我土地民庶，则当尽此金帛充其赎值。如曰不可，朕将散滞财，募勇士，俾图攻取耳。"宋太宗赵匡义先改名右藏库，太平兴国三年（978）又改内藏库。南宋孝宗时再置封桩库，分上下二库，收存各种杂税收入，以备急用。不过即便是到了北宋灭亡，封桩库都没有发挥应有的作用，反而是被金人洗劫一空。

自澶渊之盟后，宋辽相和百余年，直至女真崛起后对辽造成了严重的威胁，宋廷认为有机可图，意欲再次收复燕云。宋徽宗宣和二年（1120），宋使赵良嗣等人使金，双方达成"海上之盟"，约定共同出兵灭辽，金取辽中京大定府，宋取辽南京析津府，事成后幽云十六州之地为宋所有，宋将输辽岁币转给金。然而宋军战力不济，屡遭失败，南京为金兵率先攻占。为从金手中取回南京，宋允许金将南京城内的富户迁往关外。因此金虽按约定将南京归还于宋，但在南京城内大肆搜刮，"民庶寺院，一扫皆空，以辽人旧大臣及仪仗车马玉帛辎重尽由松亭关去"，[①]以致北宋所得，不过一座空城。

北宋于宣和四年（1122）得到南京，将其更名为燕山府，为当地行政中心。然而金朝并不甘心归还南京，晋王粘罕曾明确反对将南京等地归还宋朝，金太祖完颜阿骨打对粘罕说："海上之盟不可忘也。

① 《三朝北盟会编》卷一六。

我死，汝则为之。”[1]因此，金朝一直在寻找机会，向宋开战。宣和五年（1123），部分被迫迁徙的燕民联合金平州留守张觉叛金，金派兵镇压，张觉逃亡燕山府。即使为了讨好金朝，宋命燕山知府王安中杀张觉，并送其首级于金，但仍落金朝以口实。宣和七年（1125），在消灭辽残余势力后，金太宗完颜吴乞买以宋“纳降背盟”为由，下诏伐宋。时镇守燕山府的降宋辽将郭药师再次降金，燕山府仅归宋三年，便被金朝所据。

金在占领燕山府后，史书并未明确记载将其改为何名。最初，金仿辽制设立五京，以会宁府为上京，辽中京大定府为北京，东京辽阳府、西京大同府皆沿辽制，又于“天辅七年以燕西地与宋，遂以平州为南京”。[2]而金在占领燕山府后，《金史》卷三《熙宗纪》载天会四年（1126）九月，“复以南京为平州”，但卷二四《地理志上》平州条却云“天会四年复为平州”，可能金开始将燕山府改为南京，但不久后又将平州改为南京，而燕山府则成燕京。燕京虽未成为金初的五京之一，但地位极为重要，金朝在燕京设枢密院，后于熙宗天眷元年（1138）改为行台尚书省，此外还于燕京设立都转运使、参知政事、尚书左丞等重要官职，可见“燕京是一个没有陪都名号的陪都”。[3]

随着金朝对中原地区统治的建立，“以北则民清而事简，以南则地远而事繁”，都于上京已很难管理中原事务，因此金海陵王即位后，认为“眷惟全燕，实为要会”，[4]决定扩建燕京城池，修筑宫室，准备迁都。贞元元年（1153）燕京宫城修筑完毕，海陵王迁都于燕京，并更名为中都。自此北京成为金朝的首都。

辽以南京为陪都后，在唐幽州城的基础上对南京城加以改造、扩建。南京城内的坊市格局，基本沿袭唐代。城内有二十六坊，“有罽宾、肃慎、卢龙等坊，并唐时旧坊名也”，坊内“居民棋布，巷端直，

---

① ［宋］陈均：《皇朝编年纲目备要》卷二九。

② 《金史》卷二四《地理志上》。

③ 尹钧科：《北京城市发展史》，北京：北京出版社，2016年，第115页。

④ ［宋］李心传：《建炎以来系年要录》卷一二六。

列肆者百室”，[①]也与唐代一致。“城北有三市，陆海百货萃于其中”，[②]这也与唐代的幽州市相同。作为“陪都”，城内增建了皇城与大量官署。由于辽代皇帝有“四时捺钵”的习惯，时常会在南京城居住一段时间，因此南京城西南角建有皇城，皇城内有多座宫殿。官署则除了南京地方的军政官衙外，还仿照汉制设有诸多中央机构，如宰相府、太学、宣徽院、三司使司等。此外，“西城巅有凉殿，东北隅有燕角楼。坊市、廨舍、寺观，盖不胜书”，[③]也尽显陪都的繁华。

南京城规模也体现在人口上。据《契丹国志》载，南京城内“户口三十万”，城市人口大大超过前代。南京之所以有规模庞大的人口，主要是因为其城市职能的变化。相比之下，唐代的幽州城仅是地方行政中心，而辽时已成为陪都，其城内的行政、军事、文化教育等功能远高于前代。城内新增大量官署，官员的人数增加；辽景宗保宁八年（976），南京设置礼部贡院，自此以后南京城内云集了大量的太学生；为拱卫南京，城内驻有“汉兵八营”，此外还有渤海兵，据统计南京城内军人约有63000人；[④]辽代佛教兴盛，南京城内较大的佛寺就有36处，僧人约有4万。[⑤]大量的人口显示出了南京的繁荣，也促进了商业的发展。

辽最初获得幽州时，仍与中原王朝处于交战状态。契丹与后周、宋朝的数次交战都在南京附近。而辽每次进攻中原的军事行动，一般都以南京为集结地，如会同六年十二月，辽太宗“如南京，议伐晋”，次年四月退兵后“还次南京”。[⑥]因此，南京城最初仍同前代，以军事职能为主，南京城墙“城方三十六里，崇三丈，衡广一丈五尺。敌楼、战橹具”，[⑦]从此亦可看出南京城是军事重镇。而自澶渊之盟后，

① [宋]路振：《乘轺录》。
② [宋]许亢宗：《宣和乙巳奉使行程录》。
③ 《辽史》卷四〇《地理志四》。
④ 韩光辉：《北京历史人口地理》，北京：北京大学出版社，1996年，第54页。
⑤ 韩光辉：《北京历史人口地理》，北京：北京大学出版社，1996年，第55页。
⑥ 《辽史》卷四《太宗纪下》。
⑦ 《辽史》卷四〇《地理志四》。

宋辽处于长期和平的状态，南京城的军事职能便逐渐减少，取而代之的是经济和商业职能。

另一方面，辽的商业政策也促进了南京的商业发展。由于南京地区此前长期属于中原王朝，当地居民以汉族人民为主，经济水平相比契丹等游牧民族的生活地区要高。辽代奉行藩汉分治的国策，保障了境内汉民地区的社会稳定，从而使经济得以良好发展。

南京由于经济、商业的高度发达，成为辽的财政收入的重要来源之地。南京“兵戎冠天下之雄，与赋当域中之半”，[①]故而辽朝廷于南京设置大量官员，管理南京的商业、赋税，因此在辽五京中，“上京为皇都，凡朝官、京官皆有之；余四京随宜设官，为制不一：大抵西京多边防官，南京、中京多财赋官”。[②]辽在南京设置三司使司、南京转运使司、南京栗园司等官署，掌管南京的财政、经济。三司使依汉制而设，管理国家财政，而终辽一代，五京之中只有南京设有三司使，可见南京在经济方面远超其他四个都城。

南京发达的商业是辽重要的财政来源。契丹在获得幽州后，便开始征收商业赋税，“太宗得燕，置南京，城北有市，百物山偫，命有司治其征”。除了南京城内的市场外，周边的商业要道，如古北口、松亭关、榆关等地，也都设有关卡，征收商税。重熙六年（1037），张绩任南京管内都商税判官时，治理有方，“商修所鬻，市征倍入，府库无虚”，[③]从此能看出南京商业极为发达，商税为朝廷带来的巨额收入，甚至能“府库无虚”。

经济的发达，使南京城内有大量的富户，加之南京城内驻有大批官员，皇帝也时常临幸南京，奢侈品在南京市场盛行。“锦绣组绮，精绝天下”便体现了纺织业对奢侈消费需求的满足。道宗清宁十年（1064），朝廷下令“南京不得私造御用彩缎，私货铁，及非时

---

① 《全辽文》，北京：中华书局，1982年，第165页。

② 《辽史》卷四八《百官志四》。

③ 《张绩墓志》，向南：《辽代石刻文编》，石家庄：河北教育出版社，1995年，第314页。

饮酒”，[1]这说明南京市场上竟然流通御用彩缎。能够购买御用彩缎并“非时饮酒”的，必然是城内的富人、官僚，而这一群体促进了南京的奢侈品商业发展，甚至违反国家禁令。金人将南京归还给北宋时所迁走的南京富室多达三万余家，可见南京城内存在奢侈品消费群体的规模，由此不难想象市场的繁荣。

南京也是辽对外贸易的重要城市。北京地区自古以来的交通和地理优势在辽代依然有着重要作用。南京向北通过榆关路、松亭关路、古北口路、石门关路等驿道同塞外地区、高丽、西夏保持着商业联系，与宋朝进行互市贸易获得的商品，则从南边流入南京。宋辽边境贸易在宋初就已存在，宋太宗曾下诏：“至于幽蓟之民，皆吾赤子，宜许边疆互相市易。自今缘边戍兵，不得辄恣侵略。”[2]但此时宋辽之间仍有战争，边境贸易并不稳定。澶渊之盟后，宋辽边境开始了长期稳定的榷场贸易，宋朝的茶叶、香料、稻米及各种手工制品进入辽国。南京作为辽国经济最为发达、连接南北的枢纽城市，宋朝的商品自然从边境大量进入南京市场。

除了商品外，宋代的货币也大量流入辽国，成为主要货币。苏辙出使辽国时，便见到“北界别无钱币，公私交易，并使本朝铜钱”。[3]南京城同样如此，北京地区的辽代墓葬中，出土了大量宋钱，可见南京与宋朝商业往来的紧密。

金在占领宋燕山府后，虽未将其列为五京之一，但对其非常重视。金沿辽制，在燕京设立留守司、转运使司、三司使司等衙门。此外由于与宋朝战争的需要，金还在南京设枢密院，时号称“东朝廷”，可见燕京地位之重。宋金绍兴和议后，金朝改南京枢密院为行台尚书省，为南京地区的最高行政机构。

金海陵王在决议迁都燕京前，便着手对燕京的城市进行扩建。天

---

① 《辽史》卷二二《道宗纪二》。

② 《宋史》卷一八六《食货志下》。

③ ［宋］苏辙：《栾城集》卷四一。

德二年（1150），“冬，发诸路民夫，筑燕京城”，[①]次年三月，海陵王下诏“广燕城，建宫室”，四月“诏迁都燕京”。由于此次修筑燕京是为了将其作为金朝新的首都，因此海陵王对燕京城的修筑事宜极为重视，命“有司图上燕城宫室制度，营建阴阳五姓所宜”，还命尚书右丞张浩专门赴燕京监督修筑，“仍谕浩无私徇”。[②]燕京城的扩建进行了三年，“役民夫八十万，兵夫四十万”，[③]其修建规模，可见一斑。

燕京的扩建主要是城市扩建和修筑宫室两部分。一般认为，金中都是以辽南京城为基础，对其东、南、西三面城墙加以扩建，而据考古遗址显示，北面城墙也有扩建，[④]扩建后城墙总周长约42里，比辽南京城多出约12里。辽南京城西南的宫城也进行了增建，张浩“取真定府潭园材木，营建宫室及凉位十六”，[⑤]为彰显帝都威仪，“宫殿皆饰以黄金五彩，一殿之成，以亿万计”，[⑥]修建过程中但凡某处不合“法式”，就须重修，“宫阙壮丽，延亘阡陌，上切霄汉，虽秦阿房，汉建章，不过如是”。[⑦]

天德五年（1153），燕京修筑工程完毕，海陵王正式下诏迁都，改燕京名为中都、析津府名为大兴府，至此北京成为金朝的首都。海陵王在迁都时将金朝的宗室以及上京的官员迁徙中都。为进一步充实扩建后的中都，张浩提出“凡四方之民欲居中都者，给复十年，以实京城”的政策，[⑧]中都的人口自此大量增加，城内的坊区由辽代的26个增至62个，《金史·地理志》载，大兴府共有“户二十二万五千五百九十二”，[⑨]人口140多万，其中中都城内人口约40

---

① ［宋］宇文懋昭：《大金国志校正》卷一三。
② 《金史》卷五《海陵纪》。
③ ［宋］范成大：《揽辔录》。
④ 尹钧科：《北京城市发展史》，北京：北京出版社，2016年，第130页。
⑤ 《金史》卷二四《地理志上》。
⑥ ［清］赵翼：《廿二史札记》卷二七。
⑦ 《日下旧闻考》卷二九《宫室》。
⑧ 《金史》卷八三《张浩传》。
⑨ 《金史》卷二四《地理志上》。

万。[1]庞大的人口使北京地区自金初以来因战争而受损的经济迅速恢复。一扫因金初的战争而使中都地区“市井萧条，草莽葱茂”的景象。[2]

相比辽代的陪都南京，金代首都中都城内会集了更多的皇室贵族、官吏、文人、富豪。这一群体的消费需求直接促进了中都手工业和商业的发展。为了满足皇室贵族的用度，朝廷在中都创办了大规模的官营手工业。这些官营手工业涉及矿冶、铸铜、煮盐、酿酒、织染等诸多行业。除了满足皇室日常用度外，有些行业还是朝廷的财政来源，如铸铜、煮盐等行业为国家垄断或严格控制的行业，“榷货之目有十，曰酒、曲、茶、醋、香、矾、丹、锡、铁，而盐为称首”，[3]其中盐、酒的税收都是金朝财政收入的重要来源。

到了金代中期，朝廷逐渐开放了原先垄断的行业，从而使私营手工业获得了发展。大定三年(1163)，“中都酒户多逃”，金世宗认为这是由于“官不严禁私酿所致”，而此时中都“私酿”之人中，有不少还是宗室，可见私人酿酒之风的盛行，最终大定九年(1169)，大兴县为征足酒课“乃以酒散部民，使输其税”，大定二十七年(1187)，朝廷于全国开放酒禁，“依中都例，改收曲课，而听民酤”。[4]从宗室私酿和金廷最初是从中都大兴县开始允许私人酿酒的禁令，都能看出中都地区的市场对酒有着巨大的需求以及民间酿酒业的发达。

中都的民间矿冶业也极为发达。《金史·地理志》载，大兴府周边盛产金银铜铁等金属，这本身就为矿冶业提供了良好的条件。海陵王正隆年间，“民用铜器不可阙者，皆造于官而鬻之。既而官不胜烦，民不胜病，乃听民冶铜造器，而官为立价以售，此铜法之变也”；金世宗大定三年(1163)，“制金银坑冶许民开采，二十分取一为税”。在朝廷开放铜禁和矿禁后，中都地区的矿冶业迅速发展。近年来，北京地区出土的金代铜镜样式繁多，有双鱼镜、龙纹镜、童子镜、人物

---

① 韩光辉：《北京历史人口地理》，北京：北京大学出版社，1996年，第67页。

② [宋]宇文懋昭：《大金国志校正》卷二三。

③ 《金史》卷四九《食货志四》。

④ 《金史》卷四九《食货志四》。

镜、禽兽镜、花草镜、铭文镜、素面镜、昭阳镜、日光镜、四乳镜、星云镜等，这些铜镜的出土，反映了中都矿冶业的发达。[①]此外中都的纺织业、印刷业也继承自辽代，有所发展。

中都成为金朝首都后，庞大的人口带来巨大的商业需求和消费潜力，城内发达的手工业提供了精美、丰富的商品，加之朝廷商业政策的推动、城市交通环境的改善，都推动了中都以及大兴府地区的商业发展，各地商人蜂拥而至。大兴府涿州是从南方进入中都的必经之路，“当南北之冲，四方行旅，取道往来，十率八九，使客冠盖，旁午晨夕，疲于应接”[②]；宝坻县与中都依靠运河水系相连，且又靠海，除供应中都食盐，“于时居人，市易井肆连络，阛阓杂沓……加之河渠运漕通于海峤，篙师舟子鼓楫扬帆，懋迁有无，泛历海岱青兖之闲，虽数百千里之远，徼之便风亦不浃旬日而可至……其富商大贾货置丛繁”，[③]因而也是中都的商业门户。

中都城内的市场也极为繁华。辽代南京城的市场区域，沿袭唐代幽州城，都在城市以北。而金代的中都，除了城北的市场外，城内还出现了多处市场区域。在城市中心的钟楼东南，“转角街市，俱是针铺”“俱有果木、饼面、柴炭、器用之属”，[④]城市南部出现一个较大的市场区，其中马市规模庞大，贩马商户有二百多家。中都市场规模庞大，海陵王正隆六年（1161）金兵伐宋之前，“以绢万匹于京城易衣袄穿膝一万，以给军”[⑤]，由此可见中都市场的供应能力。

中都市场上，粮食依旧是大宗交易商品。金廷设立的常平仓会根据市场上的情况出售粮食，“若中都路年谷不熟之所，则依常平法，减其价三之一以粜”。商人也活跃于中都的粮食市场，如明昌四年（1193）时，“中都路去岁不熟，今其价稍减者，以商旅运贩继至故

① 孙健：《北京经济史》，北京：北京燕山出版社，1996年，第72页。

② 《金史纪事本末》卷三〇。

③ ［清］张金吾：《金文最》卷三五《创建宝坻县碑》。

④ 《析津志辑佚·古迹》。

⑤ 《金史》卷四四《兵志》。

也”。[①]可见，中都庞大的人口对粮食有着大量需求，使城内的粮价有利可图，尤其是在农业歉收时更甚，“涉河往来者特利其厚息”，[②]因此能够吸引商人运粮贩运。

金代饮茶之风盛行。“上下竞啜，农民尤甚，市井茶肆相属”，[③]中都城内茶肆林立，而且肆内“设双陆局，或五或六，多至十，博者蹴局，如南人茶肆中置棋具也”，[④]供人在饮茶时娱乐。金代的茶叶来源，“自宋人岁供之外，皆贸易于宋界之榷场”。[⑤]宋金在和谈之后，双方在边境开始进行榷场贸易，茶叶为宋朝主要输出的商品，仅泗州场每年就进口“新茶千胯”，这些茶叶又被商旅运送至中都，“商旅多以丝绢易茶，岁费不下百万”，[⑥]可见茶叶贸易数额的巨大。

中都酿酒业发达，因而酒也是市场的重要商品。自金廷允许民间酿酒以来，中都地区的酿酒业发展迅速，出现了本地的名酒金澜酒。“燕山酒颇佳，馆晏所饷极醇厚，名金澜酒，盖用金澜水所酿”，海陵王曾赏赐宋使周麟之金澜酒，周麟之作诗赞云：“南使来时北风冽，冰山峩峩千里雪。休嗟北酒不醉人，别有班赐下层阙。或言此酒名金澜，金数欲尽天意阑。”[⑦]中都城内酒楼遍布，在城南有“崇义楼、县角楼、揽雾楼、遇仙楼”等酒楼，[⑧]在皇城附近还有槽坊以及安寿酒楼。酒楼的出现，反映出了中都饮酒之风的盛行和酒业的繁华。

辽金时期，北京地区处于游牧民族政权的统治之下。辽代的南京和金代的中都，都有大量的契丹、女真等少数民族人口迁入，在这过程中，少数民族将自身的文化习俗带入北京地区，又与当地的汉族文化融合，这必然对此时期北京地区的商业文化产生影响。如辽金时期

① 《金史》卷五〇《食货志五》。
② 《金史》卷一〇八《侯挚传》。
③ 《金史》卷四九《食货志四》。
④ ［宋］洪皓：《松漠纪闻》。
⑤ 《金史》卷四九《食货志四》。
⑥ 《金史》卷四九《食货志四》。
⑦ 《金史纪事本末》卷二七。
⑧ 《析津志辑佚·古迹》。

北京市场上酒、茶贸易的盛行，就是受少数民族和汉族文化交融的影响：塞北寒冷的气候，使契丹、女真等民族习惯饮酒，每逢节日、庆典时饮酒必不可少，而饮茶则是在与宋朝的交流中所传入的汉族习俗。金代女真人的婚宴上“酒三行，进大软脂、小软脂……宴罢，富者瀹建茗，留上客数人啜之”，[①]正是这种情况的鲜明写照。诸如其他的方面，如饮食、衣服等同样也有所影响，游牧民族喜食的雉、兔等肉类和汉族喜食的粮食、蔬果均出现在市场之上，都可看出民族融合在商业上的体现。

辽金时期，北京城市在历史上的地位发生了巨变。北京不再是之前的地方行政中心和边陲重镇，而是变成了陪都、首都。城市地位的上升使北京的城市规模、经济水平大幅提升，金中都更是金朝全国的政治、经济、文化中心。辽代皇帝依捺钵制不定期地驻于南京，金代中期更是直接迁都燕京，这都使北京变为了“皇城”。伴随皇帝而来的，是大量的皇室、贵族、官员，在这一群体的需求下，北京商业中奢侈消费的文化也随之兴起。

宋金贸易中，除了茶叶外，南方特有的果蔬、特产成为金朝皇家、官僚贵族的最爱。《归潜志》载：“王状元泽在翰林，会宋使进枇杷子，上索诗，泽奏：‘小臣不识枇杷子。’惟王庭筠诗成，上喜之。”[②]可见南方的水果深受金朝皇家喜爱。北方不产生姜，因此自南方来的生姜价格昂贵“两价至千二百金”，“遇大宾至，缕切数丝置碟中，以为异品”。[③]《金史·食货志》载，泗州榷场宋朝每年就向金输入“荔支五百斤、圆眼五百斤、金橘六千斤、橄榄五百斤、芭蕉干三百个、苏木千斤、温柑七千个、橘子八千个、沙糖三百斤、生姜六百斤、栀子九十称”，[④]这些来自南方的食品，通过榷场贸易流入金朝，再由商旅贩运至中都，以满足皇家和达官显贵的需求。

---

① ［宋］宇文懋昭：《大金国志校正》卷三九。

② ［金］刘祁：《归潜志》卷七。

③ ［宋］洪皓：《松漠纪闻》。

④ 《金史》卷五〇《食货志五》。

随着商业的繁盛，金代中都的市场上出现许多娱乐性的消费场所。市场周围普遍设有酒楼、瓦舍，供人娱乐。中都钟楼“西斜街临海子，率多歌台酒馆。有望湖亭，昔日皆贵官游赏之地”。[①]金代杂剧极为流行，“各地城镇或建有瓦舍，以供‘乐人作场’。而瓦舍勾栏多置于城镇热闹之处，易于引聚人众，即所谓‘市有优乐’”，[②]而中都城内的北市周围，就有明义楼、大安楼、仁风楼三座瓦楼。此外，城市中还出现了说书人，他们专于市井之中“说传奇小说，杂以俳优诙谐语为业”，说书人张仲轲甚至曾被海陵王“引之左右，以资戏笑”，[③]可见当时这一行业的盛行。歌台、瓦楼说书人的兴起与中都商业繁华密切相关，也是当时商业文化的特色。

在金代中都市场上，已出现公平交易的理念。大定年间，秘书监校勘刘文中在描绘中都南市的马市时，说道：“昔扬子云有言曰：一哄之市，不胜异意焉。是知卖者欲贵，而买者欲贱。苟不立之平，而交易必不得其所。凡物之货易，莫不依平而后定焉。况人役物，以为养马之于人最为急用，代劳致远者也……然而马不可一概言也。有骐骥，有驽骀，马非经伯乐之相，王良之驭，未易别也。去古虽远，而今之马市之平，皆人人善相善驭，岂非如良、乐者耶？总成人之交易，莫不以平为心。而虽有卖欲贵、买欲贱者，皆取于一二言之定矣。不如是，以二百廿余人，家计口算不为少矣。皆不耕不蚕，而取给乎衣食于是，非神默佑，焉能得摇唇鼓舌各取给欤？”[④]由此可见，马市商人在交易时“莫不以平为心”，诚实守信，买卖双方也都遵从公平交易的原则。这种优良品德源于商业的发达，也作为商业文化反过来推动了金代中都商业更加兴旺，中都马市之所以能够发展到“二百廿余人”的规模，和这种品德不无关系。

---

① 《析津志辑佚·古迹》。

② 薛瑞兆编著：《金代艺文叙录》，北京：中华书局，2014年，第97页。

③ 《金史》卷一二九《佞幸传》。

④ 《析津志辑佚·祠庙仪祭》。

## 第三节　元代：繁荣富丽的元大都

元代时北京首次成为大一统王朝的首都，由于金中都毁于战火，元大都的城市是重新修建的，新建的城市布局和设施基本被明清两代沿用，并逐渐发展为现代北京城市的雏形，北京城内的商业区域都是在元代形成，明清两代沿袭，有些商业集市的地名沿用至今。元代又是中国历史上民族大融合时期，各个民族的商业汇集于元代的大都城，为元代北京的商业文化注入了新的特色。

原址位于今天北京城西南方的辽南京和金中都，虽然也曾有过辉煌的宫殿庙宇和繁华的商业街区，但在13世纪遭蒙古铁骑的洗劫和焚毁，整个城市已荡然无存。今天的北京城，主要是从元、明、清延续下来的。

金章宗泰和六年（1206），铁木真在蒙古斡难河畔举行蒙古贵族的议会“忽里台”。在会议之上，铁木真被推举为大汗，号成吉思汗，蒙古诸部自此统一为蒙古汗国。当年铁木真便“始议伐金”，“然未敢轻动”。在先后征服西夏、畏兀儿及哈剌鲁部等势力后，铁木真于大安三年（1211）率兵伐金，蒙古军队在野狐岭（今河北张家口市万全区）大败金军主力，贞祐元年（1213）蒙古已攻陷金西京（今山西大同市）、东京（今辽宁辽阳市），并攻入居庸关，兵分三路，河北、山东、山西大部分地区均被攻陷，“唯中都、通、顺、真定、清、沃、大名、东平、德、邳、海州十一城不下”，[①]金中都危在旦夕。

在这种情况下，金章宗于金贞祐二年（1214）“决意南迁”，将都城迁址南京开封府。在得知金帝南迁的消息后，蒙古军立刻南下，围攻中都。贞祐三年（1215）二月，蒙古军队击败了李英、完颜合住所

① 《元史》卷一《太祖纪》。

率的驰援中都的金军，中都孤立无援，粮草耗尽；五月，镇守中都的金丞相完颜承晖自杀，金将抹捻尽忠弃城而逃，中都落入蒙古军手中。

蒙古在占领中都后，就于当地设置燕京路，总领大兴府。太祖十二年（1217），铁木真任命木华黎于燕京建立行省，总领中原汉地的军政事宜。此后，至忽必烈迁都以前，蒙古主要派遣色目人作为燕京的断事官，对当地进行管理。

蒙哥汗时期，忽必烈掌漠南军国政务事，为了有效地管理中原地区，便一直驻于桓州、抚州之间的龙冈（今内蒙古锡林郭勒盟正蓝旗），以加强中原地区和当时蒙古国首都哈剌和林之间的联系。在此期间，忽必烈深受汉文化的影响，并同汉族官员、文人保持有密切的联系，依靠他们支持战胜了阿里不哥，夺得汗位。故而中统元年（1260）忽必烈在继位后，便以龙冈为都，设置中书省等机构，号开平府。

在迁都开平府之后，忽必烈就很重视金朝旧都燕京的地位，考虑是否再次迁都。在忽必烈继位前，其近臣霸突鲁就曾言："幽燕之地，龙蟠虎踞，形势雄伟，南控江淮，北连朔漠。且天子必居中以受四方朝觐。大王果欲经营天下，驻跸之所，非燕不可。"[①]在忽必烈定都开平府不久后，汉臣郝经就上疏"定都邑以示形势"，认为"今日于此建都，固胜前日，犹不若都燕之愈也。燕都东控辽碣，西连三晋，背负关岭，瞰临河朔，南面以莅天下。……夫燕、云，王者之都，一日缓急，便可得万众，虽有不虞，不敢越关岭、逾诸司而出也。形势既定，本根既固，则太平可期"。[②]燕京的地理位置易守难攻，且交通便利，其政治地位明显要高于开平。经过辽金两代的经营，燕京也是当时中国北方经济最发达的地区。因此在群臣的建议下，至元元年（1264），忽必烈以"开平府阙庭所在，加号上都"，燕京"分

① 《元史》卷一一九《霸突鲁传》。

② ［元］郝经：《便宜新政》，《全元文》卷一二一。

立省部”，改为中都，仍领大兴府，[1]同时下诏“营城池及宫室”，[2]准备迁都。

蒙古灭金的战争中，金朝旧中都城遭到了极大的破坏，中都的宫室“为乱兵所焚，火月余不绝”。[3]“班朝出治之所无复存者，故中统元年车驾来燕，只驻近郊”。[4]因此，在决定迁都中都后，必须对城市进行重建。现在的北京城，始建于蒙古至元四年（1267），次年宫城基本完成。至元八年（1271）忽必烈改国号为“大元”，九年（1272）将中都改名为大都，并设中书省，共历时九年建成。至此，大都正式成为元朝首都，也是历史上北京第一次成为大一统王朝的首都。

经历了辽金数百年的时间，中都地区的自然环境发生了很大的变化。一方面，原来供给中都城市水源的是城西的莲花河，但元代时莲花河水量减少，且遭到了污染和破坏，无法再满足城市的水源需求。另一方面，原中都城东北方郊外的高梁河水源充沛，而且还形成了一个积水湖，金时称为白莲潭（元时称为积水潭），大定十九年（1179）时，金朝还在白莲潭旁修建了万宁宫，由于万宁宫远离金中都城，因此并未毁于战火，忽必烈数次至燕，皆驻于此宫。充足的水源和保留相对完整的宫室，使负责重建中都的大臣刘秉忠将新中都城的选址确定于此。

在选定了城址后，忽必烈“命秉忠筑中都城，始建宗庙宫室”。[5]刘秉忠对元大都城的兴建进行了全方位的设计。首先，从宫城开始修建。宫城以万宁宫为基础，在积水潭以南的太液池东岸扩建其他宫殿。其次，将太子居住的隆福宫及太后居住的兴圣宫建在太液池西岸，这样宫城、隆福宫、兴圣宫确定了整个皇城的范围。最后，确定外城的范围，以宫城“中心线向北的延长线上，于太液池以北的积

① 《元史》卷五八《地理志一》。

② 《日下旧闻考》卷四《世纪三》。

③ ［宋］宇文懋昭：《大金国志校正》卷二五。

④ ［清］赵翼：《廿二史札记》卷二七。

⑤ 《元史》卷一五七《刘秉忠传》。

水潭东北岸确定了城市规划的中心”，以此中心向南以包括皇城，向西以包括积水潭的距离确定了南城墙和西城墙的位置，北城墙和东城墙的位置则与南城墙和西城墙至中心的位置相同，[①]通过这种方法新中都城的规模基本定型。外城的坊区呈方形，“并且彼此在一条直线上……像一块棋盘那样”。[②]坊间的街道“自南以至于北，谓之经；自东至西，谓之纬。大街二十四步阔，小街十二步阔。三百八十四火巷，二十九衖通”。[③]据《析津志》记载，大都城内有坊区五十，而《元一统志》仅记载四十九坊，这很可能是因为大都依《周易》“大衍之数五十，其用四十有九”而进行的规划。[④]此外，刘秉忠还根据儒家的星象说规划了各个官署的位置。

元代的大都城由宫城、皇城、外城三部分构成。在这其中，宫城的修建是最先开始的，至元三年（1266）十二月，忽必烈“诏安肃公张柔、行工部尚书段天佑等同行工部事，修筑宫城”，[⑤]次年四月，“新筑宫城”，五年（1268）十月，“宫城成”。[⑥]十年（1273）十月，“初建正殿、寝殿、香阁、周庑两翼室”，次年正月，“宫阙告成，帝始御正殿，受皇太子诸王百官朝贺”。[⑦]而皇城的城墙，大约在至元中后期完成，外城的城墙，始建于至元九年（1272），约于十八年（1281）完成。[⑧]

大都城修筑时间前后长达20余年，耗费了大量的人力物力。至元八年（1271）时，朝廷一次便征发“中都、真定、顺天、河间、平滦民二万八千余人筑宫城”。[⑨]元人魏初也曾提及，大都城的修建前

---

① 尹钧科：《北京城市发展史》，北京：北京出版社，2016年，第162页。
② 《马可·波罗游记》第八十四章，上海：上海书店出版社，2006年，第210页。
③ 《析津志辑佚·城池街市》。
④ 尹钧科：《北京城市发展史》，北京：北京出版社，2016年，第169页。
⑤ 《元史》卷六《世祖纪三》。
⑥ 《元史》卷六《世祖纪三》。
⑦ 《元史》卷八《世祖纪五》。
⑧ 曹子西主编：《北京通史》第五册，北京：中国书店出版社，1994年，第40页。
⑨ 《元史》卷七《世祖纪四》。

后“不下一百五六十万工”，耗费的物资“买秆草、烧草又不下数十百万束，料粟不下数十万石，车具不下数千余辆。其余杂细，不能缕数也”，[①]更是不计其数。正是如此大规模的工程，为大都的繁荣奠定了基础。对于新建大都城的壮丽，元人陶宗仪赞叹道：“城京师，以为天下本。右拥太行，左注沧海，抚中原，正南面，枕居庸，奠朔方，峙万岁山。浚太液池，派玉泉，通金水，萦畿带甸，负山引河，壮哉帝居！择此天府。”[②]

在蒙古灭金的战争中，一部分人口随金章宗南迁到南京开封府。蒙古军攻占中都后，又对城内的人口大肆掳掠，以至于中都人口锐减。忽必烈决定迁都大都后，一方面重建大都城，一方面“迁居民以实之”促进城市的发展。[③]建设大都城的工程浩大，需要大批人力、工匠，因此元廷“乃鸠天下之工，聚之京师，分类置局，以考其程度，而给之食，复其户，使得以专于其艺”。[④]忽必烈“敕徙镇海、百八里、谦谦州诸色匠户于中都，给银万五千两为行费。又徙奴怀、忒木带儿炮手人匠八百名赴中都，造船运粮”。[⑤]此后为满足皇室和官府的各种需求，不断有工匠迁往大都。至元十三年（1276），元军攻陷临安后，南宋工匠十余万户被迁到大都；至元十六年（1279）“三月，括两淮造回回炮新附军匠六百人，及蒙古、回回、汉人、新附人能造炮者，至京师”；[⑥]至元三十年（1293），“上都工匠二千九百九十九户，岁縻官粮万五千二百余石，宜择其不切于用者，俾就食大都”。[⑦]大批的工匠迁往大都，既充实了大都人口，又促进了城市的建设和发展。

为拱卫大都，还有大量的军队被调入。中统元年（1260）四月，忽必烈“谕随路管军万户，有旧从万户三哥西征军人，悉遣至京师充

---

① ［元］魏初：《奏章》，《全元文》卷二六四。

② ［元］陶宗仪：《南村辍耕录》卷二一。

③ 《日下旧闻考》卷三八《京城总纪二》。

④ 《元文类》卷四二。

⑤ 《元史》卷六《世祖纪三》。

⑥ 《元史》卷九八《兵志一》。

⑦ 《元史》卷一七《世祖纪一四》。

防城军”;[1]至元十四年（1277）正月，“命阿术选锐军万人赴阙”;[2]十六年（1279）四月，“谕扬州行中书省，选南军精锐者二万人充侍卫军，并发其家赴京师，仍给行费钞万六千锭”，[3]此后的其他元朝皇帝也经常调集各地军队，屯驻大都，大量的军人由此迁入大都。此外，为了满足朝廷的其他需求，其他有特殊技能的人也被召入大都。至元十二年（1275）时，忽必烈曾“诏遣使江南，搜访儒、医、僧、道、阴阳人等”;[4]至元二十二年（1285）又“徙江南乐工八百家于京师”。[5]

大都城市竣工后，朝廷开始向城内迁入大量居民，至元二十二年（1285），“诏旧城居民之迁京城者，以赀高及居职者为先，仍定制以地八亩为一分；其或地过八亩及力不能作室者，皆不得冒据，听民作室”。[6]元朝大规模向大都迁入人口，效果显著。仅从至元元年（1264）到至元十八年（1281）这段时间，迁入大都的各种人口大约有16万户。[7]至元十八年（1281）大都城基本完工时，人口已达88万，泰定四年（1327）时已达95.2万人，[8]元末时“京师人烟百万”。[9]庞大的人口昭示了大都城的规模，其需求也促进了大都商业的发展。

元初，中都地区的经济因战争遭到了严重的破坏，“自贞祐元年十一月至二年正月，鞑靼残破河东、河北、山东、山西复一十七府、九十余州、镇县二十余处。数千里间，杀戮皆尽，城郭丘虚。金帛、子女、牛羊马畜皆席卷而去，屋宇悉皆烧毁”。[10]在忽必烈迁都大都之前，管理燕京的蒙古官员也经常掳掠财富，如定宗三年（1248），“是

---

① 《元史》卷九九《兵志二》。
② 《元史》卷九《世祖纪六》。
③ 《元史》卷一〇《世祖纪七》。
④ 《元史》卷八《世祖纪五》。
⑤ 《元史》卷一三《世祖纪十》。
⑥ 《元史》卷一三《世祖纪十》。
⑦ 韩光辉：《北京历史人口地理》，北京：北京大学出版社，1996年，第253页。
⑧ 韩光辉：《北京历史人口地理》，北京：北京大学出版社，1996年，第84页。
⑨ ［清］杜文澜：《古谣谚》卷一五《京师人为脱脱丞相语》。
⑩ ［宋］谢采伯：《密斋笔记》。

岁大旱，河水尽涸，野草自焚，牛马十死八九，人不聊生。诸王及各部又遣使于燕京迤南诸郡，征求货财、弓矢、鞍辔之物……驿骑络绎，昼夜不绝，民力益困”，[1]燕京的经济更是雪上加霜。忽必烈迁都大都后，对于大都的经济发展极为重视，通过一系列手段恢复经济，使大都逐步成为北方经济最发达的城市。

蒙古人在最初进入中原时，并不重视农业，甚至想将农地变为牧场。但忽必烈即位后，在汉人大臣们的建议下，开始重视农业生产。至元二十三年（1286），元廷颁行《农桑辑要》于各地，鼓励全国农业发展。为了促进大都地区的农业发展，朝廷大力推行秋耕。“秋耕之利，掩阳气于地中，蝗蝻遗种皆为日所曝死，次年所种，必盛于常禾也”。皇庆二年（1313），“复申秋耕之令，惟大都等五路许耕其半”，[2]由于大都地区的土地有一部分需要作为牧场，因此只有一半土地进行秋耕。

为供应大都地区的驻军，元朝在大都周边进行大规模屯田。至元二十六年（1289），“于大都路霸州及河间等处立屯开耕……为田一千三百九十九顷五十二亩”；至大元年（1308），“于大都路漷州武清县及保定路新城县置立屯田……为田一千五百顷”。[3]为保证农业生产，大都地区的水利也为朝廷所重。元廷发动大量人力物力，先后对大都境内的河流进行了大规模的修治。至元三年（1266），“准制国用司给所需，都水监差夫修治”双塔河，“凡合闭水口五处，用工二千一百五十五”；至元二十八年（1291）郭守敬修通惠河时，“凿通州至大都河，改引浑水溉田”，延祐元年（1314），浑河泛滥，“涨水所害合修补者一十九处，无堤创修者八处，宜疏通者二处”，元廷“先发军民夫匠万人，兴工以修其要处”共“计工三十八万一百，役军夫三万五千”进行修治。大规模的水利兴修，一方面解决了水患灾害，另一方面有利于灌溉农田，保障了大都地区农业的恢复和发展。

---

① 《元史》卷二《定宗纪》。

② 《元史》卷九三《食货志一》。

③ 《元史》卷一〇〇《兵志三》。

大都地区“雨霁土沃，平平绵绵，天接四目”。[①]拥有适合农业发展的自然条件。在朝廷政策的推动下和水利设施的保障下，大都农业发展迅速，农产品种类丰富。主要的粮食作物有谷、黍、豆、米、麦等，而且品种多样，以适应不同的环境。如谷类就有十多个品种，有“平川田宜布之，猛风烈日无妨”的种类，也有“高山上奈风，宜种之”的种类；黍类则有适宜酿酒的糯黍和适宜食用的小黍。[②]元朝在北方普遍推广水稻种植，稻米也是大都地区最为重要的粮食作物之一，脱脱任大司农时，在大都周边地区“西至西山，东至迁民镇，南至保定、河间，北至檀、顺州，皆引水利，立法佃种”，[③]从而在大都周边地区形成了诸多水稻种植区，甚至还出现了专门种植水稻的“稻户”。

除粮食作物外，大都的农产品中也有不少经济作物，以满足城市的需求。就蔬菜来说，就有“菜、莙蓬、甜菜、蔓青、茼蒿、葫芦、萝葡、葫芦服、王瓜、茄、天青葵、赤根、青瓜、稍瓜、冬瓜、蒲、笋、葱、韭、蒜、苋、瓠、塔儿葱、回回葱”等多种，皆“园种莳之蔬”；[④]大都周边的山地上则种有壮菜、蕨菜、山韭、山薤、山药、豆芽、山石榆、人杏、苦马里、沙芥、地椒等蔬菜。

果木种植业同样发达。栗是大都地区传统的特产，元代大都地区有西山栗园、斋堂栗园、寺院栗园、道家栗园、庆寿寺栗园等多座栗园，其中“紫荆关下有栗园尤富，岁收栗数千斛”。[⑤]此外，梨、西瓜、胡桃、榛子、枣、桃、葡萄都是大都地区广泛种植的果品。

大都地区农业的恢复，为手工业和商业的发展奠定了基础。大都作为帝都，为满足皇室和官府的需求，官营手工业的发展受到朝廷的高度重视。蒙古在战争初期，从各地掳掠了大批工匠。忽必烈迁都大都后，将大批工匠迁入大都。其中一大批工匠到官府的匠局中工作，

① [元]黄文仲：《大都赋》，《全元文》卷一四二一。
② 《析津志辑佚·物产》。
③ 《元史》卷一三八《脱脱传》。
④ 《析津志辑佚·物产》。
⑤ 《析津志辑佚·物产》。

由大都路管领诸色人匠提举司管理，为宫廷和官府服务。如大都留守司下的修内司，“领十四局人匠四百五十户，掌修建宫殿及大都造作等事”。大都四窑场“领匠夫三百余户，营造素白琉璃砖瓦”。大都器物局“掌内府宫殿、京城门户、寺观公廨营缮，及御用各位下鞍辔、忽哥轿子、帐房车辆、金宝器物”，下设十余个匠局，“凡精巧之艺，杂作匠户，无不隶焉”。①可见大都的官营手工业分工细致，种类繁多，工匠数量庞大，水平高超。

私营手工业随着大都的经济发展和市场的需求，也有所发展。大都是元代北方最发达的手工业城市，其手工业涉及纺织、矿冶、采煤、酿酒等诸多行业。

纺织业是大都地区的传统手工业，元代时极为发达。普通农户和市民家的妇女，几乎都从事纺织生产以补贴家用，有的孤寡之家的妇女“织纴以为生，保育其孤”。②据《马可·波罗游记》载，“仅丝一项，每日入城者计有千车。用此丝制作不少金锦绸绢，及其他数种物品”，③由此可见中都纺织业规模之大，产量之高。

大都地区矿产资源丰富，“金、银、铜、铁、锡、画眉石，同出斋堂”，④《元史·食货志》载，产银、产珠之所，“曰大都”；产金之所，在大都城附近的檀州。⑤元廷允许矿产由民间开采，因而大都的矿冶业极为发达，如在檀、景的冶铁所就有双峰、暗峪、银崖、大峪、五峪、利贞、锥山七处，银矿则由民间在檀州、蓟州的山中大规模开采。由于矿冶业的发展，大都对煤炭有着大量的需求。北山地区产煤，但品质不佳，“都中人不取，故价廉”，故而“城中内外经纪之人，每至九月间买牛装车，往西山窑头载取煤炭，往来于此……往年

① 《元史》卷九〇《百官志六》。
② ［元］危素：《赵氏家法记》，《全元文》卷一四七四。
③ 《马可·波罗游记》第九十四章。上海：上海书店出版社，2006年，第238页。
④ 《析津志辑佚·物产》。
⑤ 《元史》卷九四《食货志二》。

官设抽税，日发煤数百，往来如织”。[①]煤炭的贸易就此盛行，既反映出中都矿冶业的发达，也促进了商业的发展。

元代饮酒之风盛行，大都地区更是酒的消费中心，从皇室到民间都好饮酒。至元二十八年（1291），忽必烈下令于宫城中建“葡萄酒室”，可见皇家对于酒的喜好。[②]至元年间任中书右丞的卢世荣曾估算，“大都酒课，日用米千石”，占全国的三分之一。[③]对酒的大量需求使大都酿酒业极为发达，至元十七年（1280），“割建康民二万户种稻，岁输酿米三万石，官为运至京师”，[④]专供大都酿酒之用，可见大都酒的产量之高。大德八年（1304），大都酒课提举司设槽房一百所，此后陆续增加，到至大三年（1310）增加到五十四所，专司酿酒。[⑤]民间的酿酒业也很发达，“京师列肆百数，日酿有多至三百石者，月已耗谷万石，百肆计之，不可胜算”。[⑥]但由于民间酿酒消耗粮食过多，且“京师富豪户酿酒，价高而味薄，以致课不时输”，因此至元二十一年（1284），卢世荣上奏将民间酿酒业“一切禁罢，官自酤卖。向之岁课，一月可办”。[⑦]此后大都的酿酒业就被官方垄断，酒课“每石取一十两”，[⑧]朝廷对于民间私酿进行严厉打击：“诸私造唆鲁麻酒者，同私酒法，杖七十，徒二年，财产一半没官，有首告者，于没官物内一半给赏。诸蒙古、汉军辄酝造私酒醋曲者，依常法。诸犯禁饮私酒者，笞三十七。诸犯界酒，十瓶以下，罚中统钞一十两，笞二十，七十瓶以上，罚钞四十两，笞四十七，酒给元主。酒虽多，罚止五十两，罪止六十。”[⑨]

---

① 《析津志辑佚·风俗》。
② 《元史》卷一六《世祖纪十三》。
③ 《元史》卷二〇五《卢世荣传》。
④ 《元史》卷一一《世祖纪八》。
⑤ 《元史》卷九四《食货志二》。
⑥ [元]姚燧：《中书左丞姚文献公神道碑》，《全元文》卷三一四。
⑦ 《元史》卷一三《世祖纪十》。
⑧ 《元史》卷九四《食货志二》。
⑨ 《元史》卷一〇四《刑法志三》。

忽必烈迁都大都后，重振大都经济势在必行。大量人口的涌入带来了巨大的粮食需求，为稳定市场上的粮价，元廷制定了完善的粮食供给制度。首先是“京师赈粜之制”，“以京师人物繁凑而每岁赈粜”。[①]至元二十二年(1285)，朝廷“于京城南城设铺各三所，分遣官吏，发海运之粮，减其市直以赈粜焉”。元贞元年(1295)，为平抑粮价，又“设肆三十所，发粮七万余石粜之”。由于赈粜粮“多为豪强嗜利之徒，用计巧取，弗能周及贫民”，因此除了赈粜粮制度外，大德五年(1301)朝廷还设“红贴粮”，“令有司籍两京贫乏户口之数，置半印号簿文贴，各书其姓名口数，逐月对贴以给。大口三斗，小口半之。其价视赈粜之直，三分常减其一，与赈粜并行。每年拨米总二十万四千九百余石，闰月不与焉。其爱民之仁，于此亦可见矣”。[②]元廷这种官方的粮食配给制度，为大都人口的持续增长提供了有力保障。

元廷还在大都设有多座常平仓，储备粮食，以备随时能够平抑粮价。至元六年(1269)，元廷开始设立常平仓，“丰年米贱，官为增价籴之；歉年米贵，官为减价粜之”。至元二十三年(1286)，“又以铁课籴粮充焉”。[③]常平仓粮食的具体运营，亦有制度，“细民籴于官仓，出印券，月给之者，其直三百文，谓之红贴米；赋筹而给之，尽三月止者，其直五百文，谓之散筹米”。但是大都有“贪民买其筹贴以为利”，因此官方又进行相应的调整“遣官坐市肆，使人持五十文即得米一升”，[④]以保证常平仓能够起到有效地稳定粮价、赈济贫民的作用。

常平仓对于保证大都的粮食供应起到了很大的作用。至元二十三年(1286)、二十五年(1288)、二十七年(1290)，大都地区都出现了饥荒。朝廷“发仓赈大都饥民”，二十七年一次便用25万余石的粮食赈济，这对于刚刚建成不久的大都城来说，有着重要作用。常平仓制

① 《元史》卷九六《食货志四》。

② 《元史》卷九六《食货志四》。

③ 《元史》卷九六《食货志四》。

④ 《元史》卷一四〇《铁木儿塔识传》。

度的建立保障了大都人口可以持续地增加，而稳定的人口又是城市繁荣和经济兴旺的基础。此后大都数次出现饥荒，常平仓都发挥了积极的作用。

漕运和海运对于大都的经济和商业发展有极为重要的影响。大都城市人口庞大，其粮食需求只依靠周边地区的农业不能满足，因此需要将江南的粮食通过大运河运至大都。“元都于燕，去江南极远，而百司庶府之繁，卫士编民之众，无不仰给于江南。”[①]因此，漕运是元代重要的政务，事关大都的粮食供应和商品流通，故而元代在前朝的基础上继续修浚从江南到大都的运河，并在大都设立了完备的漕运机构进行管理。总管大都地区漕运的是京畿都漕运使司，“止领在京诸仓出纳粮斛，及新运粮提举司站车攒运公事”。京畿都漕运使司下辖二十四个附属机构，包括管理运粮坝河漕运的新运粮提举司、掌管通惠河漕运的通惠河运粮千户所和大都地区二十二个粮仓。

至元二十六年（1289），元朝修通了由山东须城至临清的会通河，使大运河直达通州，运往大都的漕粮运至通州后，再通过陆地运送至城内。但通州距大都城仍有五十里的距离，“陆挽官粮，岁若千万，民不胜其悴”。故而至元二十八年（1291），都水监郭守敬建议开通一条由通州到大都城内的运河，“改引浑水溉田，于旧闸河踪迹导清水，上自昌平县白浮村引神山泉，西折南转，过双塔、榆河、一亩、玉泉诸水，至西水门入都城，南汇为积水潭，东南出文明门，东至通州高丽庄入白河……以通漕运，诚为便益”。至元三十年（1293）运河修成，取名通惠河。

通惠河的开凿，具有重大意义。大运河在通惠河的连接下直达大都城内，“船既通行，公私两便，先时通州至大都五十里，陆挽官粮，岁若千万，民不胜其悴，至是皆罢之”。[②]自此之后大运河直接进入大都，漕粮等货物可直接运送至城内，有效地保障了大都的粮食供应，

① 《元史》卷九三《食货志一》。

② 《元史》卷六四《河渠志一》。

也使各种商品更加便捷地运入大都，促进了商业的发展。

大运河开通后，大都“道路通达，关梁修治，水无胶舟，陆无蹶骑……转粟南州，扬帆北海，远达朝鲜，旁溯辽水”。发达的交通为大都商业的繁荣提供了基础。“京师天下之都会也，东至于海，西逾于昆仑，南极交广，北抵穷发，舟车所通，货宝毕来，可废居以为富。行之十年，累资巨万。”①“川陕豪商、吴楚大贾，飞帆一苇，径抵辇下。”各地商人的云集为大都的市场上带来各色的商品，“万货别区，匪但迩至，亦自远输”。②“万方之珍怪货宝，璆琳琅玕，珊瑚珠玑，翡翠玳瑁，象犀之品，江南吴越之髹漆刻镂，荆楚之金锡，齐鲁之柔纩纤缟，昆仑波斯之童奴，冀之名马，皆焜煌可喜，驰人心神。”③

由于“漕运粮储及南来诸物商贾舟楫，皆由直沽达通惠河，今岸崩泥浅，不早疏浚，有碍舟行，必致物价翔涌”，④许多地段运河的修筑与维护“劳费不赀，卒无成效”，⑤元代也曾实行过海运漕粮，弥补河运的不足。海运由长江的刘家港至直沽，每年春夏运送两次，“自浙西至京师，不过旬日而已”，相对于河运，海运更为便捷，“民无挽输之劳，国有储蓄之富”。⑥

实行海运后，每年都有大量的粮食通过漕运和海运运至大都。至元末期每年运往大都的粮食已达120多万石，至大年间达到270多万石，泰定年间更突破330万石。⑦每年通过运河运至大都的粮食则有500多万石。⑧

运往大都的粮食除了用于官吏、士兵俸禄的漕粮外，还有大部

---

① ［元］程巨夫：《姚长者碑》，《全元文》卷五三六。

② ［元］李洧孙：《大都赋》。

③ ［元］马祖常：《李氏寿桂堂诗序》，《全元文》卷一〇三五。

④ 《元史》卷六四《河渠志一》。

⑤ 《元史》卷九三《食货志一》。

⑥ 《元史》卷九三《食货志一》。

⑦ 《元史》卷九三《食货志一》。

⑧ 《元史》卷四一《顺帝纪四》。

分是商人贩运，用于供应城市人口的需求。“大都居民所用粮斛，全藉客旅兴贩供给”，然而“漕运司押纲头目并船户人等，指装运官粮为名，将御河上下兴贩物斛客旅，非理搔扰，及将在船物货，强行剥卸，阻滞贩卖，以致京师物斛添价”。[①]元廷对于商业在供给大都粮食中起到的作用有明确认识，因此明令禁止漕运官员过多占用运河资源，以保障商船的运作。至元二十五年（1288）“京师籴贵”，忽必烈便下诏“禁有司拘顾商车”；[②]至元三十年（1293），御史中丞崔彧上疏：“大都民食唯仰客籴，顷缘官括商船载递诸物，致贩鬻者少，米价翔踊。臣等议：勿令有司括船为便。”[③]也获批准。此后元廷直接规定“诸漕运官，辄拘括水陆舟车，阻滞商旅者，禁之”。[④]

漕运和海运的开通使大都的常平仓可有足够的粮食储备，市场上也有足够的粮食以供市民消费，是供给大都粮食的基础。同时，运河对于大都的商业发展有着重大意义。大都不仅人口庞大，且作为元代的政治中心，皇室、官府、军队用资糜繁，远非周边地区能够供应，故“元都于燕，去江南极远，而百司庶府之繁，卫士编民之众，无不仰给于江南”，[⑤]“民物繁夥，若非商旅懋迁，无以为日用之资”，[⑥]而大运河为商人向大都运送物资提供了捷径。

大都还是沟通南北的地理枢纽。元朝重新将分裂的中国统一，且疆域辽阔，远超前代。因此，从江南到漠北的商品在元代的流通更加便捷，而大都既是元代的首都，又是北方的经济中心，“北出燕齐，南抵闽广，懋迁络绎”，[⑦]因而成为南北商品流通的必经之地。上都“自粟帛器用财贿，凡宫廷供用万端，皆赖商贾贸迁”，[⑧]为了给地处游

① 《通制条格》卷二七《杂令》。
② 《元史》卷一五《世祖纪十二》。
③ 《元史》卷一七三《崔彧传》。
④ 《元史》卷一〇三《刑法志二》。
⑤ 《元史》卷九三《食货志一》。
⑥ 《元典章》卷二〇《户部六》。
⑦ ［元］陆文圭：《巽溪翁墓志铭》，《全元文》卷五六七。
⑧ 《元史新编》卷三三《贺仁杰传》。

牧地区的上都供应物资，忽必烈曾下诏减免上都的商税，在朝廷政策的鼓励下，大量南方商品被商人由大运河运至大都，然后再运至上都及蒙古地区。大运河便利的交通使大都作为南北商贸的中转站，不但沟通了南北商业的交流，对于其自身的商业发展也有裨益。

元代，大都城市的发展水平远胜于前代，城市民俗等文化开始和商业活动相结合，因而出现了在特殊节日进行商业活动的节日文化。作为元朝首都，大都城内达官显贵云集，辽金时期奢靡之风和奢侈消费的文化在元代更甚。同时大都商业的发展也使商家形成了品牌意识，广告文化开始出现。

农历新年，是元代重要的节日。从正月初一开始“车马纷纭于街衢、茶坊、酒肆，杂沓交易至十三日”，“市利经纪之人，每于诸市角头，以芦苇编夹成屋，铺挂山水、翎毛等画，发卖糖糕、黄米枣糕之类及辣汤、小米团”，“自朝起鼓方静，如是者至十五、十六日方止”。①

正月十五上元节时，丽正门外的一棵名叫“独树将军”②的大树上“悬挂诸色花灯于上，高低照耀，远望若火龙下降”，在大树旁边“诸市人数，发卖诸般米甜食、饼馈、枣面糕之属，酒肉茶汤无不精备，游人至此忘返”，次日为烧灯节，“市人以柳条挂焦槌于上叫卖之”。③

二月二日龙抬头时，“市人以竹拴琉璃小泡，养数小鱼在内，沿街擎卖”。八日，大都平则门外的西镇国寺会举行庆典，“帝坐金牌与寺之大佛游于城外”，届时寺庙周边“买卖富甚太平，皆南北川广精粗之货，最为饶盛。于内商贾开张如锦，咸于是日。南北二城，行院、社直、杂戏毕集……极甚华丽。多是江南富商，海内珍奇无不凑集，此亦年例故事。开酒食肆与江南无异，是亦游皇城之亚者也”。

---

① 《析津志辑佚·岁纪》。

② 《析津志辑佚·岁纪》：“世皇建都之时，问于刘太保秉忠定大内方向。秉忠以今丽正门外第三桥南一树为向以对，上制可，遂封为独树将军，赐以金牌。”

③ 《析津志辑佚·岁纪》。

端午节时，大都等北方地区的民俗为食凉糕、挂艾虎等。于是“节前二三日，经纪者于是中角头阅阛处，芦苇架棚挂画，发卖诸般凉糕等项。市中卖艾虎、泥大师、彩线符袋牌等，大概江南略同。南北城人于是日赛关王会，有案，极侈丽”。

三月二十八日，为东岳大帝生辰，自二月起，全城士庶官员、诸色妇人都会至东岳庙。“酬还步拜与烧香者不绝”，在庙前“道涂买卖，诸般花果、饼食、酒饭、香纸填塞街道，亦盛会也”。

九月重阳节，元帝从上都返回大都。“是日，都城添大小衙门，官人、娘子以至于随从诸色人等数十万众。牛、马、驴、骡、驼、象等畜，又称可谓天朝之盛。”皇帝返京的盛况使“京都街坊市井买卖顿增”，“都中以面为糕馈遗，作重阳节，亦于阛阓中笊篱芦席棚叫卖”。[①]

城中有多处为官僚贵族消费的商业地点。如钟楼附近的沙剌市，就是专卖“金、银、珍珠宝贝”的市场，湛露坊附近“多是雕刻、押字与造象牙匙筯者，及成造宫马大红鞦辔、悬带、金银牌面、红绦与贵赤四绪绦、士夫青匾绦并诸般线香。有作万岁藤及诸花样者，此处最多”，[②]这些市场专门出售奢侈品，显然是专供富人消费的。

为满足官僚贵族的奢侈消费，不少商家的商品和服务都极尽精致。酒店在夏天“载大块冰，入于大长石枧中，用此消冰之水酝酒，槽中水泥尺深”。[③]饭店更是“北腊西酿，东腥南鲜，凡绝域异味，求无不获”。[④]达官显贵所消费的酒楼、饭店之处，少不了歌楼舞榭，娱乐消费也随之兴旺。金代时中都城内已有瓦楼，金代的金院本、杂剧、诸宫调等戏剧形式在元代发展为元杂剧，大都则是元杂剧在中国北方的中心，城内的娼妓有两万五千余人，专门为权贵们服务，黄文仲曾描绘道：“货殖之家，如王如孔，张筵列宴，招亲会朋，夸耀都

① 《析津志辑佚·岁纪》。

② 《析津志辑佚·风俗》。

③ 《析津志辑佚·风俗》。

④ ［元］许有壬：《至正集》卷三二〇《如舟亭宴饮诗后序》。

人，而几千万贯者，其视钟鼎岂不若土芥也哉？若夫歌馆吹台，侯园相苑，长袖轻裾，危弦急管。结春柳以牵愁，伫秋月而流盼。临翠池而暑消，褰绣幌而云暖。一笑金千，一食钱万。此则他方巨贾，远土谒宦，乐以消忧，流而忘返。”[①]可见大都城内饮食、戏曲消费的奢靡之风。

① ［元］黄文仲：《大都赋》，《全元文》卷一四二一。

# 第四节　明代：北京城市的奠定

明代北京城市规模已与今日极为相似，南城的扩建形成了诸多新兴的商业区，同样也影响到了今日北京城市布局。同时，随着资本主义萌芽的出现和商品经济的快速发展，北京的商业也达到了前所未有的繁荣程度。

元至正二十八年（1368）正月，朱元璋在应天称帝，国号大明，改元洪武。七月，明军攻陷大都，元顺帝北逃，元朝灭亡。八月，朱元璋下诏“改大都路为北平府”。[①]灭元后，为了防备北元，朱元璋实行藩王戍边的政策，即将北方边境册封于诸子，防卫边疆。洪武三年（1370），朱元璋封朱棣为燕王，十三年（1380）朱棣“之藩北平”。

建文帝朱允炆继位后，朱棣发动靖难之役。建文四年（1402）朱棣攻入南京，朱允炆下落不明，朱棣随即在南京称帝。但是朱棣仍视北平为其“龙兴之地”，并且礼部尚书李刚等官员认为“自昔帝王或起布衣平定天下，或由外藩入承大统，而于肇庆之地皆有升崇。窃见北平布政使司，实皇上承运兴王之地”，因此建议“宜遵太祖高皇帝中都之制，立为京都”。[②]朱棣接受此建议，次年一月，下诏“以北平为北京”，[③]“称为行在”，[④]将北京作为明朝陪都。并在北京设立一系列中央机构，如永乐元年（1403）二月，“设北京留守行后军都督府、北京行部、北京国子监，改北平府为顺天府”；[⑤]永乐二年（1404）二月，又设北京兵马指挥司。[⑥]

---

① 《明太祖实录》卷三四，洪武元年八月。

② 《明太宗实录》卷一六，永乐元年正月。

③ 《明太宗实录》卷一六，永乐元年一月。

④ 《明史》卷四〇《地理志一》。

⑤ 《明太宗实录》卷一七，永乐元年二月。

⑥ 《明太宗实录》卷二八，永乐二年二月。

朱棣在设北京为陪都后，考虑到北京重要的战略位置，“北枕居庸，西峙太行，东连山海，南俯中原，沃壤千里，山川形胜足以控四夷、制天下，诚帝王万世之都也”，[①]因此决定作迁都北京的准备。永乐五年（1407），明朝开始修建紫禁城、扩建城市，直至永乐十八年（1420）竣工。同年十一月朱棣“以迁都北京诏天下”，次年正月“奉安五庙神主于太庙。御奉天殿受朝贺，大宴”，“大祀天地于南郊”，[②]标志着北京再一次成为中原王朝的首都。

朱棣迁都北京的决策对明朝有重大影响，明人谢肇淛评价道：“燕山建都，自古未尝有此议也。岂以其地逼近边塞耶？自今观之，居庸障其背，河济襟其前，山海扼其左，紫荆控其右，雄山高峙，流河如带，诚天造地设以待我国家者。且京师建极，如人之元首然，后须枕藉，而前须绵远。自燕而南，直抵徐淮，沃野千里，齐晋为肩，吴楚为腹，闽广为足，浙海东环，滇蜀西抱，真所谓扼天下之吭而拊其背者也。且其气势之雄大，规模之弘远，视之建康偏安之地固已天渊矣。国祚悠久，非偶然也。”[③]将首都迁于北京，对明朝在之后对抗蒙古起到了巨大的积极作用，也对后世有着深远影响。

明代北京城是在金中都、元大都的旧城和遗址上，经过几次扩建和修筑而成的，其主体为宫城、皇城、内城、外城。洪武元年（1368）明军占领大都后，徐达曾“命指挥华云龙经理故元都”。华云龙“督工修故元都西北城垣”，[④]“建燕邸，增筑北平城”。[⑤]洪武三年（1370）“诏建诸王府……燕用元旧内殿”，[⑥]具体来说，即将元代太液池西的隆福宫改建为燕王府。

在决定迁都北京后，明朝开始在北京修建皇城及宫城（即紫禁

① 《明太宗实录》卷一八二，永乐十四年十一月。

② 《明史》卷七《成祖纪三》。

③ ［明］谢肇淛：《五杂俎》卷三。

④ 《明太祖实录》卷三四，洪武元年八月。

⑤ 《明史》卷一八《华云龙传》。

⑥ 《明太祖实录》卷五四，洪武三年七月。

城)。永乐四年(1406),“诏以明年五月建北京宫殿，分遣大臣采木于四川、湖广、江西、浙江、山西”。[①]“遣工部尚书宋礼诣四川，吏部右侍郎师逵诣湖广，户部左侍郎古朴诣江西，右副都御史刘观诣浙江，右佥都御史仲成诣山西，督军民采木……命泰宁侯陈珪、北京刑部侍郎张思恭督军民匠砖瓦造……命工部征天下诸色匠作，在京诸卫及河南、山东、陕西、山西都司，中都留守司，直隶各卫选军士，河南、山东、陕西、山西等布政司，直隶凤阳、淮安、扬州、庐州、安庆、徐州、和州选民丁，期明年五月俱赴北京听役。”[②]次年还有“交址诸色工匠七千七百人至京”。[③]

兴建北京皇宫耗费了巨大的人力物力，除了在北京外，甚至动员了全国其他地方参与。为了将湖南一带的木材运至北京，便需“十万众入山辟道路，召商贾，军役得贸易，事以办”。[④]修建皇宫所需的砖瓦，“在外临清砖厂，京师琉璃、黑窑厂，皆造砖瓦，以供营缮”。[⑤]各地的材料都通过大运河运至北京，永乐六年(1408)时，朱棣“命户部尚书夏原吉自南京抵北京，缘河巡视军民运木造砖”，对运输和工程进度进行监督。[⑥]

永乐十八年(1420)，北京宫殿、坛庙等皇宫的主体建筑完成，“凡庙社祈祀场坛宫殿门阙规制悉如南京，而高敞壮丽过之。复于皇城东南建皇太孙宫，东安门外建十王邸，通为屋八千三百五十楹”。[⑦]紫禁城从南端大明门起，向北依次是承天门(天安门)、端门、午门、皇极门、乾清门、玄武门，形成一条直线。在这条直线上，还坐落着皇极殿、中极殿、建极殿、交泰殿、钦安殿、乾清宫、坤宁宫等紫禁城主要宫殿建筑。此后北京城市修建的主要建筑如山川坛、天坛等，

---

① 《明史》卷六《成祖纪二》。
② 《明太宗实录》卷五七，永乐四年闰七月。
③ 《明太宗实录》卷七一，永乐五年九月。
④ 《明史》卷一五〇《师逵传》。
⑤ 《明史》卷八二《食货志六》。
⑥ 《明太宗实录》卷八〇，永乐六年六月。
⑦ [清]孙承泽：《天府广记》卷二一。

都以此条直线左右对称，因而此条直线现在被称为北京中轴线，对明代及后世北京城市的规划产生了深远影响。元代时建于皇城外的太庙和社稷坛被纳入明代新建的皇城之中，分别位于端门外的东西两侧，沿紫禁城的中轴线对称。

此外，紫禁城周边还新增了护城河。护城河水引自什刹海，由北海东侧流向东南通惠河。而挖掘护城河的渣土堆于紫禁城北，成为景山。

明代的北京城区，与元代相比变化较大。明初华云龙修建北平城时，考虑到元代城墙“城围大广”，于是“乃减其东西迤北之半，创包砖甓”，将原先的六十里城墙改为四十里，“其东南西三面各高三丈有余，上扩二丈，北面高四丈有奇，扩五丈”。[①]永乐年间，由于明代皇城向南扩建，因此北京城区也随之向南扩大。永乐十七年（1419）统计，“拓北京南城计二千七百余丈”，[②]即将元代大都的南城墙废弃，重新修建南城墙。新扩展的城墙将原来元大都南护城河、通惠河等几条河道纳入城中。

宣德年间，北京城进一步扩建。宣德七年（1432）六月，“以东安门外缘河居人逼近黄墙，喧嚣之声彻于大内，命行在工部改筑黄墙于河东。皇城之西有隙地甚广，豫徙缘河之人居之。命锦衣卫指挥、监察御史、给事中各一员，度其旧居地广狭，如旧数与地作居。凡官吏、军民、工匠俱给假二十日使治居”。[③]八月，“移东安门于桥之东”，[④]可见皇城东墙的扩建完成。

嘉靖二十九年（1550）八月，“俺答大举入寇，攻古北口，蓟镇兵溃……掠通州，驻白河，分掠畿甸州县，京师戒严”，[⑤]史称“庚戌之变”。庚戌之变使明廷受到极大震动，工部侍郎王邦瑞“奏请筑重城，

---

① 《日下旧闻考》卷三八。

② 《明太祖实录》卷二一八，永乐十七年十一月。

③ 《明宣宗实录》卷九一，宣德七年六月。

④ 《明宣宗实录》卷九四，宣德七年八月。

⑤ 《明史》卷一八《世宗纪二》。

浚治九门濠堑，设闸于大通桥蓄水”，嘉靖帝批准“浚濠、设闸二事，以筑城事重，令且休兵息民，待来秋行”。[1]十二月，兵部再次上奏“筑关厢之城。谓京师南三城关厢之城，应筑外墙五千七百八十丈，建楼五座”，嘉靖帝批准后，“筑正阳、崇文、宣武三关厢外城”，[2]但次年二月，又因“选将练兵，休息民力”，“财出于民，分数有限，工役重大一时未易卒举”等原因停修。[3]

嘉靖三十二年（1553）三月，兵科给事中朱伯辰上奏言称，三十年时修筑外城“仅正南一面，规制偏隘，故未成旋罢……矧今边报屡警，严天府以伐虏谋，诚不可不及时以为之图者”，建议利用金代城墙的“土城故址”，“增卑培薄，补缺续断即可使事半而功倍矣”。大学士严嵩认为“南关一面，昨岁兴筑，功已将半，若因原址修筑为力甚易”，同意该建议。嘉靖帝批准后，“命总督京营戎政平江伯陈圭、协理侍郎许伦、锦衣卫掌卫事陆炳，督同钦天监官同臣等，相度地势，择日兴工”。[4]不久，兵部尚书聂豹等官员考察，认为“京城外四面宜筑外城约计七十余里”，具体方位是：“自正阳门外东外道口起，经天坛南墙外及李兴、王金箔等园地，至荫水庵墙东止，约计九里；转北经神木厂、獐鹿房、小窑口等处，斜接土城旧广禧门基址，约计一十八里；自广禧门起，转北而西，至土城小西门旧基，约计一十九里；自小西门起，经三虎桥村东马家庙等处接土城旧基，包过彰义门至西南，直对新堡北墙止，约计一十五里；自西南旧土城转东，由新堡及黑窑厂经神祇坛南墙外，至正阳门外西马道口止，约计九里。大约南一面计一十八里，东一面计一十七里，北一面势如倚屏，计一十八里，西一面计一十七里，周长共计七十余里。内有旧址堪因者，约二十二里；无旧址，应新筑者，约四十八里。……外城规制，臣等议得外城墙基应厚二丈，收顶一丈二尺，高一丈八尺。上用

① 《明世宗实录》卷三六五，嘉靖二十九年九月。

② 《明世宗实录》卷三六八，嘉靖二十九年十二月。

③ 《明世宗实录》卷三七〇，嘉靖三十年二月。

④ 《明世宗实录》卷三九五，嘉靖三十二年三月。

砖为腰墙。垛口五尺，共高二丈三尺。城外取土筑城，因以为濠。正阳等九门之外，如旧彰义门、大通桥，各开门一座，共门十一座。”[①]

但是开工不久后，嘉靖帝认为“工费重大，工程不易”，主张“先作南面，待财力都裕时，再因地计度，以成四面之计”。严嵩建议：“京城南面，民物繁阜，所宜卫护。今丁夫既集，板筑方兴，必取善土坚筑务可持久，筑竣一面总挈支费多寡，其余三面即可类。推前此度地画图，原为四周之制，所以南面横阔凡二十里。今既止筑一面，第用十二三里便当收结，庶不虚费财力。今拟将见筑正南一面城基东折转北，接城东南角；西折转北，接城西南角，并力坚筑，可以克期完报。其东、西、北三面，候再计度以闻。”[②]最终，外城的扩建只修建了南面城墙。当年十月，外城修成。扩建出的外城面积约24平方公里，“使北京城在平面上构成了特有的‘凸’字形轮廓”。[③]

嘉靖年间北京外城的修建对于城市的发展有着重大的意义。自明初以来，经过长时间的发展，原北京城的南郊地区，已是商业极为繁荣的地区。这片区域位于正阳、崇文、宣武三座城门外，被称为三关厢外城，“居民繁夥，无虑数十万户，又四方万国商旅货贿所集”，[④]也正是因为这一原因嘉靖年间修建外城的呼声会如此高涨，甚至嘉靖三十年（1551）修建外城时，“居民宋良辅等奏愿自出财力”。[⑤]即使嘉靖帝担心财政吃紧，最终仍放弃东、西、北三面外城的扩建而唯独修建南面外城。外城修建，将原本的北京南郊纳入城内，扩大北京城市的面积和人口，促进了北京经济和商业的发展，也对之后北京城市的发展和区域规划产生了深远影响。

明初，北平府地区因受战乱影响，人口锐减。永乐年间，在确定

---

① 《明世宗实录》卷三九六，嘉靖三十二年闰三月。

② 《明世宗实录》卷三九七，嘉靖三十二年四月。

③ 唐晓峰：《北京外城修建的社会意义》，葛剑雄主编：《当代学人精品：唐晓峰卷》，沈阳：辽宁大学出版社，2016年，第155页。

④ 《明世宗实录》卷三九五，嘉靖三十二年三月。

⑤ 《明世宗实录》卷三七〇，嘉靖三十年二月。

将北京作为首都后，为充实京城，明廷从各地迁徙大量居民。永乐元年（1403）七月，“发流罪以下垦北京田”，“徙直隶苏州等十郡、浙江等九省富民实北京”，[①]九月“徙山西太原、平阳、泽、潞、辽、沁、汾民一万户实北京”，[②]一年后又从上述各地徙民万户至北京。[③]由于“天下财货聚于京师，而半产于东南，故百工技艺之人亦多出于东南，江右为夥，浙、直次之，闽、粤又次之”。[④]因此，为了修筑北京城市和兴办官营手工业，明廷还从江南征调一部分工匠至北京。朱棣迁都便“取民匠户二万七千以行”，[⑤]宣德五年时（1430），朝廷又征调“南京及浙江等处工匠起至北京”，并“附籍于大兴、宛平二县”。[⑥]朱棣迁都后，“在南诸卫多北调”，[⑦]大批的军队、官吏也迁至北京。到了景泰年间，“在京各衙门执事吏典，皆各布政司大小衙门两考给由到部，不下数万”，[⑧]“南北二监监生不下万余人”。[⑨]

大批人口的迁入促进了北京经济的发展，进而吸引更多的人口来到北京，“今辇毂之下，四方之人咸鳞集焉”。[⑩]“都城之中，京兆之民十得一二，营卫之兵十得四五，四方之民十得六七”，[⑪]这些外来的人口，或是从事私营手工业，或是外地商人，从而进一步带动了北京经济的发展。正统年间，明廷规定“原籍千里之外不能还乡者，许各所在官司行原籍官司照勘，原系军民匠籍，照旧收附”，[⑫]大批的外来人口便附籍于北京。正统十三年（1448），北京城市人口已达到96万，

---

① 《明史》卷六《成祖纪二》。
② 《明太宗实录》卷三四，永乐二年九月。
③ 《明太宗实录》卷四六，永乐三年九月。
④ ［明］张瀚：《松窗梦语》卷四。
⑤ ［清］顾炎武：《天下郡国利病书》。
⑥ 《明宣宗实录》卷六四，宣德五年三月。
⑦ 《明史》卷九〇《兵志二》。
⑧ 《明经世文编》卷四五。
⑨ 《明英宗实录》卷二五五，景泰六年六月。
⑩ ［明］张瀚：《松窗梦语》卷四。
⑪ ［明］于慎行：《榖山笔尘》卷一二。
⑫ 《大明会典》卷二〇《户部七》。

若算上周边顺天府所辖各县，人口已突破219万。[①]北京人口的增长和北京城市建设和经济发展息息相关，庞大的人口促进了京城经济的发展，尤其是大量的工匠促进了北京的手工业发展，丰富了北京的商品生产，也促进了商业的发展。

元朝末年，大都地区久经战乱，农业生产遭到极大破坏。自明初起，朝廷就着力回复北京地区的农业。宣德六年（1431），又下令“北直隶地方比照洪武年间山东、河南事例，民间新开荒田，不问多寡，永不起科”。[②]除鼓励民间农业发展外，永乐初年，明廷在北京地区组织大规模的屯田，用于供应军队。按明制，各地驻军需进行军屯，“军屯则统之卫所”，[③]明代北京地区有数十卫所，皆有屯田，以供军需。

北京地区种植的最主要粮食为水稻。水稻在北京城内外广为种植，“积水潭水从德胜桥东下，桥东偏有公田若干顷，中贵引水为池，以灌禾黍。绿杨鬖鬖，一望无际……德胜门水次，稻田八百亩，以供御用”；[④]在德胜街左巷有“观稻亭”，“南人于此艺水田，粳秔分塍，夏日桔槔声不减江南”；[⑤]草桥“众水所归，种水田者，资以为利”；[⑥]城西的海甸地区有二十亩地“沉洒种稻，厥田上上”；[⑦]此外房山县、西苑、先农坛等地均有水稻种植。万历二十九年（1601），“恩诏款开近京水田”，“沿边蓟门左右，如玉田、丰润、涿州、宝坻，近京小马房、青龙桥等处”都成为水稻种植区，“迩年垦地成田熟者十分有九，京米之不甚贵，皆由于此”。[⑧]可见，北京地区大规模的水稻种植，有的用于皇家之用，还有的则流入市场，供城内百姓购买食用。除了水

① 韩光辉：《北京历史人口地理》，北京：北京大学出版社，1996年，第104页。
② 《皇明通纪·历朝资治通纪》卷一一。
③ 《明史》卷七七《食货志一》。
④ ［清］朱一新：《京师坊巷志稿》。
⑤ 《日下旧闻考》卷五四。
⑥ 《日下旧闻考》卷九〇。
⑦ ［清］孙承泽：《春明梦余录》卷六五。
⑧ 《明神宗实录》卷五一八，万历四十二年三月。

稻外，小麦以及大麦、高粱、小米、豆类等杂粮也有种植。

随着商品经济的发展，经济作物的种植业日益普遍。北京地区蔬菜种植广泛，京师面积广大的郊区，“居民咸莳蔬为业，沟塍畦畛甚整，比数十畦，则置井及桔槔，蔬不一品，或秀或蘖，生意皆津津”。[①]种植的蔬菜以白菜为主，“京师每秋末，比屋腌藏以御冬，其名箭杆者，不亚苏州所产”。[②]丰台地区有大批“种花人”，“每月初三、十三、二十三日以车载杂花至槐树斜街市之，桃有白者，梨有红者，杏有千叶者，索价恒浮十倍，日映则虽不得善价亦售矣”。[③]随着农业技术的改进，明中期时许多南方的蔬菜也都能在北京一带种植，“永乐间，南方花木蔬菜，种之皆不发生，发生者亦不盛。近来南方蔬菜，无一不有，非复昔时矣”。[④]甚至还有一种“穴地煴火”的技术，使“隆冬之际一切蔬果皆有之”，[⑤]以满足市场的需要。

明代前期，手工业多为官营。朝廷设立匠户制对全国的工匠进行管理，每年轮流赴京师服役的称为“轮班匠”，在本地官府服役的称为“住坐匠”。朱棣迁都后，朝廷规定有十八万轮班匠分三至四年至北京服役。“有五年、四年一班者，有三年、二年、一年一班者。”由于“天下财货聚于京师，而半产于东南，故百工技艺之人亦多出于东南，江右为夥，浙、直次之，闽、粤又次之”。[⑥]因此，朝廷还从江南征调一部分工匠常住于北京，作为北京的住坐匠，朱棣迁都便“取民匠户二万七千以行”，[⑦]宣德五年时（1430），朝廷又征调“南京及浙江等处工匠起至北京”，并“附籍于大兴、宛平二县”。[⑧]

大量工匠的调入促进了北京官营手工业发展。明代宫廷内设有

① ［清］孙承泽:《春明梦余录》卷六四。
② ［明］陆容:《菽园杂记》卷六。
③ 《日下旧闻考》卷一四九。
④ ［明］陆容:《菽园杂记》卷六。
⑤ ［明］杨士聪:《玉堂荟记》卷四。
⑥ ［明］张瀚:《松窗梦语》卷四。
⑦ ［清］顾炎武:《天下郡国利病书》。
⑧ 《明宣宗实录》卷六四，宣德五年三月。

二十四监，其中许多部门负责为皇室提供不同的制品，如内官监“掌木、石、瓦、土、塔材、东行、西行、油漆、婚礼、火药十作，及米盐库、营造库、皇坛库，凡国家营造宫室、陵墓，并铜锡妆奁、器用暨冰窖诸事”；御用监“凡御前所用围屏、床榻诸木器，及紫檀、象牙、乌木、螺甸诸玩器，皆造办之”；尚衣监“掌御用冠冕、袍服及履舄、靴袜之事”；银作局“掌打造金银器饰”：巾帽局“掌宫内使帽靴，驸马冠靴及藩王之国诸旗尉帽靴”；针工局“掌造宫中衣服”；内织染局“掌染造御用及宫内应用缎匹”等等。[①]大批进京的工匠便在这些衙门内服役，以供皇室之需。

明代中期以后由于官吏的压迫、商品经济的冲击等因素，官营手工业开始衰落。官营手工业的产品质量严重下滑，“朝廷御用之物，其工视民间常千百倍，而其坚固适用，反不及民间，计侵渔冒破之外，得实用者千分中之一分耳”。[②]许多工匠不堪压迫，纷纷逃亡，正统年间，朝廷军器局工匠有五千七百余名，然而到了成化二十一年（1485），因“人匠逃亡事故”，只有二千多名，[③]嘉靖二年（1523），仅剩一百九十一人。[④]工匠的大批逃亡，使官营手工业难以维持，最终，明廷开始采取班匠银的制度，工匠只要纳银，便不用服役，这一措施实际上是官府放弃了对工匠的人身控制，“国初以工役抵罪，编成班次……其造作若干、成器若干、廪饩若干，皆因其多寡大小而差等之，精粗美恶亦然，其大率也。自后工少人多，渐加疏放，令其自为工作，至今隶于匠籍”，此后私营手工业便开始兴起，“若闾里之间，百工杂作奔走衣食者尤众”。[⑤]

北京的私营手工业在明代中后期发展极为迅速，酿酒业、纺织业、印刷业、矿冶业等行业都极为发达。北京城内有知名的酒坊，

① 《明史》卷七四《职官志三》。

② ［明］谢肇淛:《五杂俎》卷一五。

③ 《明宪宗实录》卷二六一，成化二十一年正月。

④ 《明世宗实录》卷二八，嘉靖二年七月。

⑤ ［明］张瀚:《松窗梦语》卷四。

“刑部街以江南造白酒法，酝酿酒浆，卖青蚨尤数倍，如玉兰腊白之类，则京师之常品耳”。[1]“京城军民百万之家，皆以石煤代薪”[2]，因此北京市场上煤炭需求旺盛，民营采煤业发展迅速，万历年间，西山地区的煤窑中，“官窑仅一二座，其余尽属民窑”。[3]繁荣的北京市场也吸引大批外地工匠的到来，在京从事手工业生产。苏松一带的工匠多“丛聚两京”，他们多是“乡里之逃避粮差者，往往携其家眷，相依同住”，在北京“或创造房居，或开张铺店……代与领牌上工……粉壁题监局之名，木牌称高手之作”。[4]

北京私营手工业和商业紧密联系，许多作坊同时经营商铺，形成了“前店后坊”的模式，明末“市肆著名者，如勾栏胡同何关门家布，前门桥陈内官家首饰，双塔寺李家冠帽，东江米巷党家鞋，大栅栏宋家靴，双塔寺前赵家薏苡酒，顺承门大街刘家冷淘面，本司院刘崔家香，帝王庙前刁家丸药，而董文敏亦书刘必通硬尖笔，凡此皆名著一时，起家巨万。又抄手胡同华家柴门小巷专煮猪头肉，日鬻千金。内而宫禁，外而勋戚，由王公逮优隶，白昼彻夜，购买不息……富比王侯皆此辈也”。[5]

明代北京私营手工业的兴旺是商业发达的基础。私营手工业的发展动力很大程度上是由于北京市场的消费需求旺盛，北京之所以百工云集，就是因为京城的权贵有巨大的消费能力，对奢侈品有着巨大需求，“以元勋、国戚、世胄、貂珰极靡穷奢，非此无以遂其欲也”。手工业发达也为市场上提供了足够的商品，“百货充溢，宝藏丰盈，服御鲜华，器用精巧，宫室壮丽，此皆百工所呈能而献技，巨室所罗致而取盈”。[6]可见，随着商品经济的发展，在北京这样经济发达的地区，

① ［明］史玄：《旧京遗事》卷二。
② 《明经世文编》卷七三。
③ 《明神宗实录》卷三八一，万历三十一年二月。
④ 《明经世文编》卷二二。
⑤ ［清］阮葵生：《茶余客话》卷一八。
⑥ ［明］张瀚：《松窗梦语》卷四。

手工业和商业的结合愈发紧密。

明初，受战乱影响，北京的商业遭到破坏，“商贾未集，市廛尚疏”。永乐初年，明廷于钟鼓楼、西四牌楼、东四牌楼以及各个城门等处，兴修了几千间“廊房”，“招民居住，招商居货”，[①]从而促进了商业的发展。永乐二十一年（1423）时，北京已是“百货倍往时”。[②]弘治年间，北京城内已经有大批市民“素无农业可务，专以懋迁为生”。[③]

为保障北京的交通便利和粮食供应，在修建北京城时，明廷也开始着手疏浚河道。永乐九年（1411），朝廷重修了会通河和通惠河。运河开通后，交通便利，“万国梯航，鳞次毕集，然市肆贸迁，皆四远之货，奔走射利，皆五方之民”，[④]明代北京又如同元代的大都一样，成为全国商品集散之地。利玛窦曾描述道：“从水路进北京城或出北京城都要经过运河，运河是为运送货物的船只进入北京而建造的。他们说有上万条船从事这种商业，它们全都来自江西、浙江、南京、湖广和山东五省，除去这些进贡的船只外，还有更大量的船都属于各级官吏们，来往不绝，再有更多的船从事私人贸易，于是由内陆通向大海，通向南端最大港口广州的大动脉京广水道构成了。作为内层贸易带干线动脉的京广水道，其主要意义不仅是具有交通运输的效益，更在于它具有联结市场的功能。”[⑤]可见来自全国各地的商船都通过大运河进入北京，甚至远达广州的商品也能通过运河被运送到北京的市场之上，“四方之货，不产于燕，而毕聚于燕。其物值既贵，故东南之人不远数千里乐于趋赴者，为重糈也”。[⑥]

北京市场上商品种类繁多、数量巨大。《大明会典》记载仅需

① ［明］沈榜：《宛署杂记》卷六。

② 《明史》卷八一《食货志五》。

③ 《明经世文编》卷一九一。

④ ［明］谢肇淛：《五杂俎》卷三。

⑤ 《利玛窦中国札记》第四卷第二章。

⑥ ［明］张瀚：《松窗梦语》卷四。

要纳税的商品便多达二百三十余种，其中包括各种蔬菜、肉类、水果、衣服、生活用品、手工制品、手工原材料、奢侈品等。为了满足北京城的市场需求和皇室用度，商品的数量也很庞大。《酌中志》记载，明代后期北京皇店每年征税的货物就有："貂皮约一万余张，狐皮约六万余张，平机布约八十万匹，粗布约四十万匹，棉花约六千包，定油、河油约四万五千篓；芝麻约三万石，草油约二千篓，南丝约五百驮，榆皮约二十驮，各省香馆分用也。北丝约三万斤，串布约十万筒，江米约三万五千石，夏布约二十万匹，瓜子约一万石，腌肉约二百车，绍兴茶约一万箱，松萝茶约二千驮，杂皮约三万余张，大曲约五十万块，中曲约三十万块，面曲约六十万块，京城自造细曲约八十万块……四直河油约五十篓，四直大曲约一十万块，玉约五千斤，猪约五十万口，羊约三十万只，俱各有税，而马、牛、驴、骡不与也。如滇粤之宝石、金、珠、铅、铜、沙、贡、犀、象、药材，吴、楚、闽、粤、山、陕之币、帛、绒货又不与也。"[①]如此种类繁多且数额巨大的商品涌入北京，可见北京市场的繁荣。

北京市场上有许多特色商品。北京作为文化中心，城内有大量官员、文人和参加科举考试的考生，因此对书籍等文化商品有很大的需求，书籍成为北京市场上的重要商品。"今海内书，凡聚之地有四：燕市也，金陵也，阊阖也，临安也……燕中刻本自稀，然海内舟车辐辏，筐篚走趋，巨贾所携，故家之蓄，错出其间，故特盛于他处耳。"[②]北京书市分布根据不同的时期会有不同的变化。平日里多在"大明门之右及礼部门之外及拱辰门之西"，因为该地区是朝廷衙门集中所在；每逢会试时，则"列于场前"，供来京考生购买。在特定日期的集市开张时，书市就会在集市中开张："每花朝后三日则移于灯市，每朔望并下瀚五日则徙于城隍庙中。灯市极东、城隍庙极西，皆日中贸易所也。灯市岁三日，城隍庙月三日，至期百货萃焉，书其

① ［明］刘若愚：《酌中志》卷一六。

② ［明］胡应麟：《少室山房笔丛·甲部·经籍会通四》。

一也。”[①]

自金、元以来，奢侈品一直是中都、大都市场上的重要商品，明代的北京也不例外。北京市场上云集中外各地而来的珍宝，“京师负重山，面平陆，地饶黍谷驴马果蓏之利，然而四方财货骈集于五都之市。彼其车载肩负，列肆贸易者，匪仅田亩之获；布帛之需，其器具充栋与珍玩盈箱，贵极昆玉、琼珠、滇金、越翠。凡山海宝藏，非中国所有，而远方异域之人，不避间关险阻，而鳞次辐辏，以故畜聚为天下饶”。[②]苏绣蜀锦等名贵的丝织品，唐宋字画等历代古董，景德镇等名窑瓷器，宣德铜器、景泰蓝珐琅等宫廷产品都能在北京市场上看到，以满足京城达官显贵的购物需求。

随着北京市民生活水平的提高，养花之风开始盛行，花卉也是明代北京的特色商品。全年任何季节，商场上都有鲜花出售，每至四五月时，“市上担卖茉莉，清远芬馥”，即使在冬季，花商仍“盆盎种丁香花，花小而香，结子鸡舌香也”。由于“丁香花不堪翦佩”，茉莉花是北京市民普遍喜欢的品种，“雅客以点茶，妇人以耀首，为用百端矣”。[③]

明代北京商品经济的发展，促成了众多行业的分化和形成，其细致程度远超前代。万历十年（1582）时，“宛、大二县原编一百三十二行”，其中“本多利重”的行业如典当行等有一百行，小本经营的行业有“网边行、针篦杂粮行、碾子行、炒锅行、蒸作行、土碱行、豆粉行、杂菜行、豆腐行、抄报行、卖笔行、荆筐行、柴草行、烧煤行、等秤行、泥罐行、裁缝行、刊字行、图书行、打碑行、鼓吹行、抿刷行、骨簪箩圈行、毛绳行、淘洗行、箍桶行、泥塑行、媒人行、竹筛行、土工行”等三十二行。[④]行业的高度分化影响到了城市的市场。北京城内的市场也按专业分布，有米市、羊市、猪市、肉市、果

① ［明］胡应麟：《少室山房笔丛·甲部·经籍会通四》。
② ［明］张瀚：《松窗梦语》卷四。
③ ［明］史玄：《旧京遗事》卷二。
④ ［明］沈榜：《宛署杂记》卷一三。

子市、粮市、煤市、花市、油市等，这与元代时大都的市场类似。此外，由于北京的手工业者盛行“前店后坊”的经营模式，因此还有许多同行业的作坊集中于一个地点，从而形成了诸多市场，现今北京市内的许多地名，都可看出。如帽儿胡同、当铺胡同、棺材胡同、钱市胡同、煤铺胡同等，前门外的廊房头条、二条、三条的地名，也是源自明代永乐年间设置于此的廊房。

## 第五节　清代："天下四聚"之一的北京

清代前期，清廷的一些错误政策加剧了社会矛盾和民族矛盾，不利于北京地区的经济和商业发展。但是随着这些政策纠正以及清廷诸多城市建设政策的展开，北京的经济和商业发展重新回到正轨。运河和交通的改善为北京商业的发展提供了便利条件，同时全国各大区域经济发展的联系日益紧密，北京也成为全国的商业中心之一。

明朝崇祯十七年（1644）三月，李自成的农民军攻入北京，崇祯帝自缢煤山，明朝灭亡。然而仅一个月后，镇守山海关的吴三桂与清军联合，在山海关击败了农民军，李自成被迫放弃北京。五月，多尔衮率部进入北京城，在和诸亲王商议后，上奏顺治帝，认为"燕京势踞形胜，乃自古兴王之地，有明建都之所，令既蒙天畀，皇上迁都于此，以定天下"。[①]十月，顺治帝于北京登基，北京也成为中国最后一个王朝——清朝的首都。

清入关后，便开始在明京师的基础上重建北京城。"京师古冀州地，左负辽海，右引太行，喜峰、居庸，拥后翼卫，居高驭重，临视乎六合。京城周四十里，为门九……外城环京城南面，转抱东西角楼，长二十八里，为门七。"[②]凸字形的城池下是逐渐繁盛的帝国首都，全国的政治文化中心，华北地区及北方地区的商贸中心。"到乾隆年间，交通更加方便。从陆路交通来说，东由蓟州经山海关以达盛京。北由昌平、宣化经山西以达三秦；再出张家口过长城以通内、外蒙古。往南下良乡、涿州分三路：东南方由河间府到齐鲁、吴越闽广；西南方由保定，经正定、广平、大名四府，过河南以缘山、

① 《清世祖实录》卷五，顺治元年五月。

② 光绪《顺天府志》。

陕；正南方经两湖以尽滇黔。整个中国，这样大的版图，咸会归于京师。”[1]

由于明末经济崩溃及明清之际连年战乱，清初北京虽仍有大明门（后改大清门）左右之朝前市、东华门外灯市（后移至外城）、正阳桥上穷汉市、刑部街城隍庙市（后移至报国寺），顺治十一年（1654）又增灵佑宫市，但“皆不如昔日之盛”[2]。在顺承门（今宣武门）内大街有骡马市、牛市、羊市，“又有人市，旗下妇女欲售者丛焉”。[3]清初实行满汉分居政策，满人及八旗军居内城，汉人居外城，因此原内城的商业区也移至外城。据谈迁所记：“京师佣贩肩装者，各高呼待售。戊子（顺治五年），摄政王俄闻外城嚣声而疑之，遣骑驰捕，绝无有之。自是肩佣慑息，第摇铃为号，凡二年复故。”[4]当时，满洲贵族往往恃势强夺商货，如同虎狼，这就更妨碍北京商业经济恢复。顺治十七年（1660）内大臣伯索尼遵谕上言十一事，其云：“商贾往来贸易络绎不绝，然后知京师之大。今闻各省商民担负捆载至京师者，满洲大臣家人出城迎截，短价强买者甚多。如此则商人必畏缩而不敢前。”[5]康熙、雍正之世，随着全国的统一和政治的稳定，社会经济开始恢复和发展。康熙八年（1669）下诏停止圈地，并定“更名田”之法，刺激农民生产积极性。五十一年（1712）复定“盛世滋丁，永不加赋”。[6]雍正七年（1729）正式在全国实行地丁合一制度，将丁银全部摊入地赋，按粮起征，减轻农民负担。在农业、手工业生产恢复、发展的基础上，清代商业经济继元、明之后，复呈发展局面。

清朝入关之初，大量八旗兵丁进驻北京，清廷一方面为了确保满

---

① 李华：《明清以来北京工商会馆碑刻选编》，北京：文物出版社，1980年，第10页。
② ［清］谈迁：《北游录·记闻上》。
③ ［清］谈迁：《北游录·记闻下》。
④ ［清］谈迁：《北游录·记闻上》。
⑤ ［清］蒋良骐：《东华录》
⑥ 《清圣祖实录》卷二四八，康熙五十年十月。

洲贵族的权益，一方面为了解决八旗士兵的粮食供应问题，在北京地区进行大规模的圈地。顺治元年（1644）十二月，清廷下令“凡近京各州县民人无主荒田，及明国皇亲驸马公侯伯太监等死于寇乱者，无主田地甚多……若本主尚存或本主已死而子弟存者，量口给与，其余田地尽行分给东来诸王勋臣兵丁人等”。①圈地令实行后，北京地区各州县大量的耕田被八旗圈占，“近京五百里州县均有旗圈地亩”，通州“距京密迩，圈投者多”“实在民地无”；②大兴“旗屯星列，田在官不在民”③；顺义“腴田正自不乏，但以旗庄圈残，所余无几”；④平谷“旗七民三”⑤；密云大量耕地被圈占，“所余民田不过六分之一”；⑥怀柔“旗圈之后，所余无几”；⑦良乡“膏腴之田尽被圈入，竟将阖县民粮全行撤销”。⑧这些被圈占的耕地，或是做皇庄、王庄，或是做八旗庄田。

圈地对北京的经济发展造成了极大的阻碍和破坏。名义上八旗所圈之地为无主之田，但实际大量民田被强占，虽然清廷规定“凡民间房产，有为满洲圈占兑换他处者，俱视其田产美恶，速行补给，务令均平”，⑨但实际上所兑换的土地都是偏远的贫瘠之地，补偿也形同虚设，导致了大量农民流离失所，“圈田所到，田主登时逐出，室中所有皆其有”，⑩以至于“其地之圈入东兵者，谷种牛力业已付之东流；其地之未经圈入者，观望疑虑，又安望有西成”？⑪

圈地的过程中，不仅有耕地被八旗贵族抢占，还有诸多百姓赖以

① 《清世祖实录》卷一二，顺治元年十二月。
② 光绪《通州志》卷四。
③ 康熙《大兴县志》卷二。
④ 康熙《顺义县志》卷二。
⑤ 民国《平谷县志》卷二。
⑥ 民国《密云县志》卷四。
⑦ 民国《怀柔县志》卷四。
⑧ 民国《良乡县志》卷三。
⑨ 《八旗通志》卷六二。
⑩ ［明］史惇：《恸余杂记》。
⑪ 《清代档案史料丛编》第四辑，北京：中华书局，1979年，第49页。

生存的山泽之地也被圈占。如昌平地区的山地被满洲贵族占有，“各王爷有分管山场之举，必有不容樵采之禁”，以致“山林樵采易米资生”的百姓失去生计；[①]“通津运河一带漕艘商舶衔尾往来”，许多沿河居民以“击柝防奸”“荷锸疏浅”为业，但是河岸之地也被圈占，不但使河工失业，还导致“行旅惊畏，裹足不前”。[②]

失去了耕地的农民“青黄不接，众口嗷嗷，鹄面鸠形，昕不保夕”，[③]而清廷颁行圈地令不久后，又规定“如因不能资生，欲投入满洲家为奴者，本主禀明该部。果系不能资生，即准投充”，[④]因此有不少农民在失去土地后“其佃户无主者，反依之以耕种焉”，[⑤]被迫依附于八旗贵族，为其耕种庄田，即所谓“投充”。为了掠夺更多的劳动力，不少管理八旗庄田的庄头“将各州县庄村之人逼勒投充，不愿者即以言语恐吓，威势逼胁，各色工匠，尽行搜索，务令投充”。[⑥]投充的农民受到满洲贵族残酷的压迫，“以一切召买喂养之役，尽责之见在孑遗之民”，因此“相率逃徙，莫可禁遏”。[⑦]为了防止投充之民逃脱，清廷又颁布逃人法，规定“投充旗下人民，有逃走者。逃人及窝逃之人、两邻十家长、百家长、俱照逃人定例治罪”。[⑧]投充和逃人法激化了清初的社会矛盾，进一步加剧了圈地对北京地区农业的破坏，大量的土地因投充佃户逃亡无人耕种，“诸大人之地，广连阡陌，多至抛荒”，[⑨]农民因担心自己的田产被圈占，“不敢视田为恒产”，[⑩]以致农业生产废弛。在这种情况下，清廷最终放弃圈地的政策，顺治四年

① 《清代档案史料丛编》第四辑，北京：中华书局，1979年，第49—51页。
② 《清代档案史料丛编》第四辑，北京：中华书局，1979年，第53页。
③ 《清代档案史料丛编》第四辑，北京：中华书局，1979年，第49页。
④ 《清世祖实录》卷一五，顺治二年三月。
⑤ ［明］史惇：《恸余杂记》。
⑥ 《清世祖实录》卷一五，顺治二年三月。
⑦ 《清代档案史料丛编》第四辑，北京：中华书局，1979年，第49页。
⑧ 《清世祖实录》卷一五，顺治二年三月。
⑨ 《清代档案史料丛编》第四辑，北京：中华书局，1979年，第53页。
⑩ 康熙《宛平县志》卷六。

(1647)，清廷下令“自今以后，民间田屋不得复行圈拨，着永行禁止，其先经被圈之家着作速拨补”，[①]八年(1651)重申“将前圈地土，尽数退还原主。令其乘时耕种”。[②]康熙八年(1669)，“自后圈占民间房地永行停止，其今年所已圈者，悉令给还”，[③]正式废除了圈地令，之后投充、逃人法也相继废除。取消圈地令保障了农民土地的安全，投充和逃人法废除后，京城的人口停止流失，逐步稳定下来，北京地区的农业才开始恢复。

清代前期，为了发展北京地区的农业，朝廷极为重视水利的兴修。北京南部的永定河(原名浑河)经常改道、泛滥，康熙七年(1668)最严重时河水决堤，“直入正阳、崇文、宣武、齐化诸门，午门浸崩一角”，[④]严重危害了北京的社会经济和农业生产，因此康熙帝决心要治理永定河。康熙三十七年(1698)至三十九年(1700)，清廷开始进行第一次治理永定河，分别沿良乡、永清县等地河道南北岸修筑堤坝，康熙帝曾六次巡视河工，以示重视。此后雍正、乾隆年间清廷共六次大规模修浚永定河。经过几次治理，解决了永定河频繁改道的问题，水患大幅度减轻，附近的农田可以引河灌溉。除永定河外，清廷对北通河、通惠河、团河等河流也进行了修治。北京地区的水利兴修为农业的发展提供了有利的条件。

随着社会的稳定和恢复，经过清初朝廷一系列的政策调整，北京地区的农业和手工业均从明末的战乱中恢复过来，城市稳步发展，人口增加。至康熙二十年(1681)时，北京地区人口已达164万余人，城市人口有76万余人；康熙五十一年(1712)，北京城市人口已达92万余人。人口的增加为经济发展奠定了基础，同样也带动了巨大的消费能力和需求，促进了商业发展。北京城的人口在整个18世纪也一直呈上升趋势。“清前期京师人口有学者估计为55万余……也有学者

---

① 《清世祖实录》卷三一，顺治四年三月。

② 《清世祖实录》卷五三，顺治八年二月。

③ [清]蒋良骐：《东华录》卷九。

④ [清]彭孙贻：《客舍偶闻》。

估计清代前期已接近百万。”[①]布罗代尔却认为北京有更多的人居住。他写道，马加良恩斯神父说：“这座城市居民数量之多，我不敢说出确数，说了也无法相信。旧城和新城的每条街巷，无论大小，无论位于中心还是僻处一隅，莫不住满了人。各处人群之拥挤，我们欧洲只有集市上和宗教游行时的盛况差堪比拟。1793年北京的面积远不如伦敦，但人口为伦敦人口的二到三倍。”[②]18世纪的北京的盛况，绝不亚于伦敦。“在华北有着来自其他地区人数特别多、种类特别复杂的客居者，他们几乎全部住在北京。这些人包括京官，参加全国三年一次考进士和顺天府考举人的士子、候补官员、商人和在水陆两路为京城服务的搬运工。北京控制着整个帝国的资源，既输入货物也输入了人，成了一个全国性的货栈。”[③]

清代北京地区的主要粮食作物依旧是水稻。清廷极为重视水稻在北京的种植和推广，康熙三十一年（1692），康熙帝曾下令在丰泽园开辟稻田，从中选取适宜在北方种植的品种。雍正年间，随着水利工程的修建，朝廷又在直隶地区进行营田，大规模推广水稻种植。雍正四年（1726），清廷设营田水利府，专司直隶营田事；次年，府下增设四局，其中北京地区有京东、京西、京南三局。在清廷的大力推动下，北京地区的水田已有十余万亩，“苑囿以南，淀河以北，行潦顺流，秔稻葱郁”。[④]经济作物方面，北京地区的蔬菜、水果、花卉种植普遍，棉花、靛蓝等纺织作物也普遍种植。

清代北京的官营手工业，自康熙年间开始发展，分属于工部和内务府等机构管理。清代工部的手工业部门基本沿袭明制，设有神木厂、黑窑厂、琉璃厂等提供宫廷及城市建设所用材料的作坊，以

---

① 方行、经君健、魏金玉主编：《中国经济通史·清代经济卷（中）》，北京：中国社会科学出版社，2007年，第774页。

② ［法］布罗代尔：《15—18世纪物质文明、经济和资本主义》第一卷，顾良、施康强译，北京：生活·读书·新知三联书店，1992年，第664页。

③ ［美］韩书瑞、罗有枝：《18世纪中国社会》，陈仲丹译，南京：江苏人民出版社，2008年，第142页。

④ 雍正《畿辅通志》卷四六。

及军器厂、火药厂等生产武器的部门。内务府下设的宫廷手工业作坊一般称为“作”，隶属于诸多部门。如广储司下设有银作、铜作、染作、衣作、绣作、花作、皮作七作，专门生产皇室所用器物，“以供御用及宫中冠服、器币”；[①]营造司负责“修造紫禁城内工程，小修、大修、建造，皆会同工部，大内缮完”，[②]下有铁作、漆作、炮作三作；武备院专门制造御用的军用器械和仪仗用品，下设箭匠作、髀头作、靴皮作、熟皮作、鞍板作、染毡作、沙河毡作等；康熙年间设立的养心殿造办处下辖有画院、如意馆、盔头作、做钟处、舆图房、珐琅作等四十二个部门，乾隆年间精简为十五个，是内务府最大的手工业部门，原隶属工部的织染局在康熙初年也划归内务府管理。

总体上，清代官营手工业的规模比明代小很多，规模和人数都不及明代，其中重要的原因是清初朝廷就彻底废除了明代的匠籍制度。顺治二年（1645），清廷规定“前明之例，民以籍分，故有官籍、民籍、军籍、医、匠、驿、灶籍，皆世其业，以应差役，至是除之。其后民籍而外，惟灶丁为世业”，康熙三十六年（1697），又将班匠银并入地丁银。清廷的这一系列政策，减轻了对工匠的控制，朝廷一般需要进行工程建设，多从民间雇用工匠，如顺治二年“营建太和殿，需用工匠”，清廷便“令顺天府属州县各派匠役一百名，赴工应役”，并“按工给值”；顺治十二年（1655）“工部以匠役缺少，工程稽迟，复奏令顺天等八府派解赴工”。[③]清朝废除匠籍制度，并且依赖民间工匠进行生产建设，形成雇佣关系，一方面使官营手工业没有必要保持前代的大规模，另一方面也促进了民间手工业的发展。

清代北京的私营手工业在官方的鼓励之下发展迅速。如采煤等矿业便是在官方的政策推动下发展起来的。西山等地的煤矿明代时就进行了大规模的开发，其中既有官营矿场，也有私营，清代

---

① ［清］王庆云：《石渠余纪》卷三。

② ［清］徐珂：《清稗类钞·爵秩类》。

③ 《清朝文献通考》卷二一。

时私营煤矿的规模扩大，考虑到煤炭为城市居民必需用品，清初朝廷就对北京地区的私营煤矿给予免税的优惠，乾隆末年许多私营煤矿仍是“悉听民间自行开采，以供炊爨，向不完纳税课”；[①]另外许多官营煤矿，清代时也不再由官方直接经营，而是采取招商开采，官方抽税的方式，因而北京地区私营的煤矿业规模庞大、发展迅速，乾隆二十七年（1762），宛平、西山、房山等地区的煤矿已达到六百九十余座。

其他民营手工业的发展大多受市场需求影响，且与商业紧密结合，城市内的手工作坊也都是前店后坊的经营模式。铜器为民间日常用品，清代北京城制铜作坊遍布，乾隆年间“京城内外、八旗三营地方现有镕铜大局六处，铜铺四百三十二座，内货卖已成铜器不设炉铺户六十八座外，设炉铺户三百六十四座，逐日镕化打造，京城废铜器无几”。[②]奢侈品手工业也因市场需求有了新的发展，明代的景泰蓝技术清代时由宫廷传入民间，“今都人能制之”；[③]“京师人尝用麋鹿之角，或象齿驼骨，制如牛角式，长二寸余，系于腰间为绾佩前火镰之属”，因此北京也有不少骨雕等雕刻业；[④]清代民间吸烟之风流行，其中吸食鼻烟在达官贵族中风行，因此北京也有不少制造鼻烟壶的手工业，自乾隆年间逐渐分为辛家坯、袁家坯、靳家坯等，其中“辛家坯皆玻璃料地内含珍泡者，彩有金糕红、蔚蓝、湖绿水、金黄魄四种，雕花刀口极深而彩皆通明。袁家坯白砗磲地，彩凡五种，除前四种之外，有松绿、豆青二彩。雕刻玲珑，非辛家坯之古雅比，且多套彩于一壶，又有烧料、缠料数种，光怪离奇，不可殚述”。[⑤]

---

① 彭泽益编：《中国近代手工业史资料（1840—1949）》第一卷，北京：中华书局，1962年，第318页。《清代钞档》乾隆五年十一月初九领侍卫内大臣工部尚书哈达哈等题。

② 《清高宗实录》卷二二六，乾隆九年十月。

③ ［清］徐珂：《清稗类钞·工艺类》。

④ ［清］福格：《听雨丛谈》卷一一。

⑤ ［清］崇彝：《道咸以来朝野杂记》。

不少手工业作坊在商业的发展中形成自身的品牌，潘荣陛在《帝京岁时纪胜》中描述道，北京城内的纺织业有陈庆长、伍少西，酿酒业有中山居，糕点业有聚兰斋、贾集珍，剪刀、钢针有王麻子，香蜡有花汉冲、陈集成，制药业则是品牌众多、各具特色，有“毓成号、天汇号，聚川广云贵之精英；邹诚一、乐同仁，制丸散膏丹之秘密。史敬斋鹅翎眼药，不让空青；益元堂官拣人参，还欺瑞草；刘铉丹山楂丸子，能补能消；段颐寿白鲫鱼膏，易脓易膭”。[①]由此可见民营手工业也受到了商业的影响，并与之结合日益密切，超越前代。

城市成为市场的集中地，市场规模不断扩大，经营的产品却越来越专一。随着分工的精细化，不同产品的市场在城市中占据了各自的位置，形成了以市场商业买卖为主导的城市功能区域。崇文门外商业街区，是行业较集中的地方。这里中药栈多，药栈不同于药铺，药铺主要是门市零售。而药栈是药材的大宗批发，不做零售买卖。与药栈相似，酒市也在这一区域。“当年，北京不论大饭庄，小饭铺还是酒缸等都到崇文门外大街来趸酒。”[②]另外五金行大多数也集中在崇文门外一带。与此相似，北京还有专业批发的粮食市、菜市、果子市、骡马市等专业市场。当时的巡城谚语称：“东城布帛菽粟，南城禽鱼花鸟。”[③]专业市场的形成以及专营批发业务的出现，说明了当时北京城的商业发展已经到达了很高程度。清代中期特别是乾隆朝中后期，北京商业的发展已经和城市的发展融为一体。固定商业街区的形成，批发市场和零售商业的分离，在城市中逐渐形成了著名的商业街区。在其中往来经营的商人也更加专业化。

城市不仅仅是货物的集散地，也是各种原材料的加工地。通过对原料的加工与制作，新的产品产生了，新的价值也在加工过程中出现了。这种增值过程同样被看作是商业发展对城市发展所做的贡献。正

① ［清］潘荣陛：《帝京岁时纪胜》。

② 王永斌：《商贾北京》，北京：旅游教育出版社，2005年，第86页。

③ 吴建雍：《北京城市发展史（清代卷）》，北京：北京燕山出版社，2008年，第206页。

所谓，首善之区，求名利者，莫不云集。首都城市对人的吸引力是无限的。“北京控制着整个帝国的资源，既输入了货物也输入了人。输入的货物有金、银、铜、珍珠、玉石、精美丝绸、瓷器、皮毛、贵重药材，当然还有武器和粮食，全都流入京城。”[①]同时，各商帮带着瓷器、景泰蓝、地毯等消费品销往全国。城市的生活让许多人改变了自己的农业生活方式，涌入城市中依靠着各种市场生活。这种人口的增长保证了劳动力的需求，也使整个城市不断向外扩展。显然市场并不只是简单的经济单位，同时也是重要的城市标志和文化空间。

北京作为国家的首都，是全国科举考试的中心，因此每逢会试之时，各地的数万考生聚集于京，这些外来的人口有着巨大的消费需求，促进了北京商业的发展，“京师买卖，逢乡会试年尤盛”，“休言刻下无生意，且等明春会试来”。[②]“每春秋二试之年，去棘闱最近诸巷，西则观音寺、水磨胡同、福建寺营、顶银胡同，南则裱褙胡同，东则牌坊胡同，北则总捕胡同，家家出赁考寓谓之状元吉寓，每房三五金或十金，辄遣妻子归宁以避之。东单牌楼左近，百货麇集，其直则昂于平日十之三，负戴往来者至夜不息。当此时人数骤增至数万，市侩行商欣欣喜色。”[③]

城市的建设与商人的利益决策紧密地联系在一起。大商人建造了华丽的豪宅，中等贸易商人在城市中扩展着商业设施，同时，对于公共设施的建设，也多有商人阶层出资并且直接监督建造。清代中期，北京已经是“人民商贾，四方辐辏”[④]，“畿辅盈宁，视外省为更盛，惟是商贾云集，嗜利多人”，[⑤]城内“第宅云连，市廛棋布，为四方会极之区”。[⑥]“燕京为都会之所，致天下之民，聚天下之货，熙熙攘攘，

---

① ［美］韩书瑞、罗有枝：《18世纪中国社会》，陈仲丹译，南京：江苏人民出版社，2008年，第142页。

② ［清］得硕亭：《草珠一串》。

③ ［清］震钧：《天咫偶闻》卷三。

④ 《清朝通典》卷一〇〇。

⑤ 《清高宗实录》卷一二七，乾隆五年九月。

⑥ 《清仁宗实录》卷二四三，嘉庆十六年五月。

骈阗辐辏，驵侩之徒群萃杂出。”[1]市场上商品种类繁多，来自全国各地，还有不少外国商品，“汇万国之车书，聚千方之玉帛。帝京品物，擅天下以无双；盛世衣冠，迈古今而莫并”。[2]

清代以北京为中心的商路主要有六条：

（1）北京—河北涿县—保定—邯郸—河南洛阳—南阳—湖北襄樊—（汉水）—汉口—（洞庭湖）—湖南湘潭—衡阳。衡阳之后分为两支：衡阳—石坪—广东韶关—广州；衡阳—零陵—广西兴安—桂林。

（2）北京—襄樊—宜城—公安—湖南常德—沅陵—芷江—贵州玉屏—贵阳—云南昆明—大理。

（3）北京—通州—（运河）—浙江杭州—慈溪—峰岭关—福建福州。

（4）北京—张家口。张家口之后分为三支：张家口—多伦；张家口—库伦；张家口—归化。

（5）北京—山海关—沈阳—吉林—佳木斯；北京—河北三河—喜峰口—热河—辽宁沈阳。

（6）北京—河北正定—山西平定—太原。太原分为两支：太原—崞—代；太原—临汾—陕西潼关。潼关再分为三支：潼关—洛阳—开封；潼关—渭南—西安—褒城—四川成都—西藏拉萨；潼关—兴平—甘肃兰州—安西—新疆乌鲁木齐。[3]

可见，北京在清代是全国的一个商业中枢：既可由水路、陆路通至江南，也可由陆路通至东北、西北以及蒙古。正是由于便利的交通条件和多条商路的交会，北京才能成为清代全国的一大商业中心，与苏州、汉口、佛山并称“天下四聚”，全国各地的商人均可通过水、陆商路赴京贸易。太平天国起义从咸丰朝一直延续到同治前期，历时

---

① 光绪《顺天府志》卷一一。

② ［清］潘荣陛：《帝京岁时纪胜》。

③ 李瑚：《清代前期经济的发展》，朱东润、李俊民主编：《中华文史论丛》第3辑，第245—246页。

十余年，影响及于全国大部分省份，是清代规模最大的一次反清起义，对清朝的政治、经济、文化造成了巨大影响，对财政体制也造成毁灭性的打击。

## 第六节　近代：动荡沉浮中的发展

1840年以后，西方列强在华进行经济入侵、商品倾销，虽然丰富北京市场的商品，但也对北京的民族资本主义和传统的自然经济造成冲击。另一方面，北京也开始出现近代化的城市设施，为近代商业的发展创造了条件。民国时期，政权更迭、战乱频繁，国民政府迁都南京，日本帝国主义的侵略统治，都对北京的商业造成了严重破坏。

1840年以后，西方资本主义列强开始对中国进行经济渗透，中国社会传统的自然经济受到冲击并开始逐渐解体，传统的手工业、商业都受到极大影响，北京地区也不例外。民国初年，军阀割据、连年混战，全国商品流通受到阻碍，1920年和1922年直系军阀和奉系军阀为争夺北京地区的统治权而爆发了两次直奉战争，战火波及北京，更是使北京的商业发展遭到严重挫折。北伐战争后，国民政府迁都南京，东南沿海城市的商业迅速兴盛起来，北京商业则逐步衰落。1937年日本占领北京后，对北京地区进行残酷的经济统治、资源掠夺、市场垄断、倾销日货、捐税榨取，北平的商业更是日渐萧条。抗日战争胜利后，美国商品取代日本商品开始倾销于北平市场，加上国统区经济崩溃，以致货币贬值物价飞涨，许多资本雄厚历史悠久的北京老字号也经受不住沉重打击，甚至面临停业倒闭的危险。

道光三十年十二月初十日（1850年1月11日），太平天国起义在广西桂平县金田村爆发后，迅速演变成一场规模浩大的反清战争。1853年3月，太平军攻占南京，并将南京改名为天京，定都于此。不久后太平天国派遣天官副丞相林凤祥、地官正丞相李开芳以及春官副丞相吉文元、检点朱锡锟为解天京危急而出师北伐。北伐军从浦口出发，仅一个月便经安徽蒙城、亳州入河南。9月，太平军攻破临洺关进入直隶，此后连破沙河、赵州、栾城、藁城、晋州，10月占领深州。北伐军在此地休整数日后进军沧州，占领静海和独流镇，留兵驻守静海，一部分太平军则乘胜挺进杨柳青，前锋直抵天津城西十里的稍直口。不过，在稍直口一战中，北伐军战败，只得暂时放弃夺取天津城的打算，退往杨柳青、独流和静海一带驻扎。太平军逼近，京畿震动，京中官绅逃迁者3万余户。咸丰帝一度准备逃往热河，并急派惠亲王绵愉和僧格林沁前往镇压，命令他们严守保定、涿州。钦差大臣胜保率清军在南，威胁静海；参赞大臣僧格林沁移营王庆坨，自北堵截。时值隆冬季节，北伐作战的太平天国将士不适应北方气候，且军中物资匮乏，久等援军不至，北伐军处境日益艰难，最终北伐失败。太平军占领南京后，漕运中断，再加之其后大规模的北伐战争，对北京的商业造成了极其严重的打击。

第二次鸦片战争期间，咸丰九年（1859）五月，英法联军攻击天津大沽口，被僧格林沁击败。次年六月，英法联军再攻天津，僧格林沁发起反击却无力阻止，六月二十八日（7月17日）塘沽失陷。七月初大沽炮台失守。咸丰帝手谕僧格林沁："以国家依赖之身，与丑夷拼命，太不值矣！"[①]僧格林沁将防守官兵全部撤走，大沽失陷，联军长驱直入，并于七月初八日（8月24日）占领天津。英法联军从天津出发向北京进犯，清政府派怡亲王载垣、兵部尚书穆荫为钦差大臣前往通州议和，因双方争执不下，清政府将巴夏礼等39人扣押送往北京当作人质，谈判再次破裂，英法联军继续进军北京。

八月初四日（9月18日），英法联军进攻张家湾，清军顽强抵抗，伤亡极大，最后通州陷落。八月初七日（9月21日），清军与敌军在八里桥激战。僧格林沁督率马队与联军进行决战，法国远征军中尉保罗·德拉格朗热描述当时激战场面："炮弹和子弹无法彻底消灭他们，骑兵们似乎是从灰烬中重生。他们如此顽强，以至于一时间会拼命地冲到距大炮只有30米远的地方。我们的大炮持续和反复地排射，炮弹于他们的左右飞驰，他们在炮火中倒下了。"保尔·瓦兰在《征华

① 《筹办夷务始末》咸丰朝卷五五。

记》记载说："中国人和以勇气镇定著称的鞑靼人在战斗的最后阶段表现得尤为出色……他们中没有一个后退，全都以身殉职。"[1]得知八里桥战败消息的咸丰皇帝于八月初八日（9月22日），带领后妃及一群官员仓皇逃往热河（今河北承德），留下恭亲王奕䜣负责议和。几天后，英法联军占领安定门，控制北京城。

圆明园始建于康熙四十六年（1707），经雍正、乾隆、嘉庆、道光、咸丰五位皇帝一百五十多年的经营，规模宏大，建筑风格中西合璧，珍藏文物众多，是中国古代皇家园林艺术的巅峰之作，有"万园之园"之称。圆明园还是一座珍宝馆，是一座当时世界上最大的皇家博物馆、艺术馆，收藏着许多珍贵的图书和杰出的艺术品，汇集了中国传统文化的精华。清朝皇帝每到盛夏就来此避暑、听政，处理军政事务。英法联军攻入北京后，要求清政府归还被扣押的39名人质。然而，此时人质仅存18人，英法联军以清廷虐待人质为由，于八月二十二日（10月6日）占领圆明园。从第二天开始，英法联军军官和士兵就疯狂地进行抢劫和破坏。

九月初五日（10月18日），侵略军3500余人直趋圆明园，英军中校吴士礼在日记中记载："连续两个整天，浓烟形成的黑云一直飘浮在昔日繁华富丽之乡的上空，西北方向吹来的清风，将这浓密的黑云刮向北京城，浓烟带来了大量炽热的余烬，一浪接一浪地涌来，无声地落在大街小巷，述说和揭露皇家宫苑所遭受的毁灭与惩罚，日光被黑烟和浓云遮蔽，仿佛一场持久的日食一般。暗红的火光映照在往来忙碌的士兵脸上，使得他们活像一群魔鬼，在为举世无双珍宝的毁灭而欢呼雀跃。"[2]法国作家维克多·雨果对英法联军火烧圆明园的暴行也进行了强烈的谴责："有一天，两个来自欧洲的强盗闯进了圆明园。一个强盗洗劫财物，另一个强盗在放火，似乎得胜之后，便可

① ［法］保尔·瓦兰：《征华记》，齐思和等编：《第二次鸦片战争》第六册，上海：上海人民出版社，1978年，第292页。

② ［法］贝尔纳·布里赛（Bernard Brizay）：《1860：圆明园大劫案》，高发明等译，杭州：浙江古籍出版社，2005年，第273—274页。

以动手行窃了。对圆明园进行了大规模的劫掠，赃物由两个胜利者均分。……将受到历史制裁的这两个强盗，一个叫法兰西，另一个叫英吉利。”[1]八国联军侵华期间，圆明园再次遭到破坏。

1900年义和团运动时，受到慈禧太后支持的义和团民众大量进入北京。他们在卢沟桥至保定一线频繁活动，招募了大量信徒。4月下旬，部分团众潜入北京，在教堂上遍贴揭帖，如“消灭洋鬼子之日，便是风调雨顺时”等，宣扬攻击教堂和外国人。4月底，北京出现了第一个义和团坛口。此后，京城内外的义和团相互配合，北京、保定等地相继出现多起焚毁教堂、杀害教民的恶性事件。5月28日，义和团焚毁北京至天津之间的丰台车站、机车房、外国人住房。6月1日，高碑店以北的车站、电杆、铁路均被拆毁，涿州城被义和团占据。

外国军队进入京津地区前后，义和团的一份揭帖写道：“兹因天主教并耶稣堂，毁谤神圣，上欺中华君臣，下压中华黎民，神人共怒，人皆缄默。以致吾等俱联系义和神拳，保护中原，驱逐洋寇，截杀教民，以免生灵涂炭。”[2]义和团在京津地区对外国人和侵略军进行了多次打击。6月8日，北京义和团在南西门外杀死教民数人，焚毁房屋，迫使城门关闭半天；在通州，义和团杀害了一批美国传教士。6月12日，天津义和团勇猛对抗西摩尔联军，尽管死伤惨重，却令联军无法继续前进。6月14日晚，北京义和团在使馆区附近示威，并对使馆区进行了几次试探性攻击。6月16日，义和团将前门外大栅栏内的老德记西药房焚毁，且不许旁人救火，导致大火连烧三日，数千间房屋被毁，无数珠宝、玉器、古玩、字画付之一炬。

由于北京的清军和义和团发动对外国使馆的围攻，8月4日约2万名联军沿运河两岸进逼北京。其中，日军约8000名，俄军4800名，英军3000名。8月5日，联军占领北仓。6日，联军占领杨村，直隶

---

① 雨果：《就英法联军远征中国给巴特勒上尉的信》，1861年。

② 《告白》，翦伯赞等编：《义和团》第四册，上海：上海人民出版社，1957年，第149页。

总督裕禄兵败自杀。7日，清廷任命李鸿章为议和大臣。11日，联军逼近张家湾，清军全线溃败，统帅李秉衡自杀身亡。慈禧太后“闻秉衡军败而哭，顾廷臣曰：‘余母子无类矣！宁不能相救耶？’廷臣愕然，皆莫对”。[①]13日，联军占领通州。当晚日俄军队抵近北京城下。14日，英军攻破广渠门，进入内城，北京失陷。为防止一国独占或抢先占领皇宫造成的混乱，联军并未立刻占领皇城，而是交由外交团决定。经过十天的斡旋，外交团决定占据清政府的象征紫禁城。

8月15日黎明，慈禧偕光绪更换民服，在载漪、奕劻、载勋、载澜等宗室和刚毅、赵舒翘等大臣的陪同下，由马玉昆部护卫，仓皇出逃。两宫“西狩”一年有余，直到1902年1月8日才返回北京。8月28日，联军在昆冈等人带领下进入大清门，俄军司令利涅维奇检阅了部队。外国人在中国的最高政治权力机构检阅外国军队，成为中国人遭受耻辱的见证。可以说，到了清末，国家内乱外祸不断，经济状况节节恶化，商业经营风险也在增大，北京城的商业遭到了沉重打击。

当然，事物有其两面性。1861年，清朝与英法等国签订《天津条约》，条约规定各国可派遣公使进驻北京，此后东交民巷成为各国的使馆区。《辛丑条约》签订后，使馆区的面积比之前扩大数倍，从崇文门至前门南边的区域，皆纳入使馆区，各国可于此自行派驻军队、设立警察，中国人不得居住。使馆区内有各国自行设立的银行、医院、商店、饭馆、教堂，因而使馆区也成为北京最为繁华的区域之一。许多外国公司和洋行也坐落于此，故而使馆区周围也有许多新设的商店，方便与之贸易，“因为有这个经济基础，所以（使馆区周围）很快地就凌驾于前门商业区之上，成为北京最繁华的区域”。[②]

自鸦片战争以后，东南沿海的诸多城市开埠，成为列强向中国输入商品的通商口岸。北京虽不是开埠城市，但洋货依然通过各种途径

---

① 翦伯赞等编：《义和团》第一册，上海：上海人民出版社，1957年，第22页。

② 中国建筑设计研究院建筑历史所：《北京近代建筑》，北京：中国建筑工业出版社，2008年，第16页。

流入，为了在北京销售洋货，各国纷纷在京设立洋行，从事进出口贸易，倾销商品。辛丑之后，各国洋行在北京迅速发展，已多至几百家，英国的怡和洋行、安利洋行，丹麦的慎昌洋行，德国的禅臣洋行、礼和洋行，日本的三井洋行、三菱洋行均在京设立分行。各国的洋行一般坐落在使馆区附近。

为了能够顺利销售洋货，洋行不但在京设立分行，拓展业务，还与中国的买办商人合作，买办商人在北京开设商号，代销洋货。如1900年，英美烟草公司在北京的代理商徐学源开办的祥记栈，齐耀堂开办的大丰烟庄和荣丰恒，代理商宋世明开办的海淀合兴栈房和京南万昌公司栈房，[①]均属洋行的代理机构。洋行虽然是外国列强向中国倾销商品的机构，倾销的商品也打击了中国传统的手工业产品和民族资本企业，但是此过程中洋行将新式的商业经营模式和商业机构带入了中国，对中国本地商业改革也起到了一定的推动作用。

20世纪30年代东交民巷一带景观
图片来源 《北京名所》（*Photos of Peking*），美丽照相馆，约拍摄于1935年

① 北京市地方志编纂委员会：《北京志·综合经济管理卷·工商行政管理志42》北京：北京出版社，2001年，第49页。

随着洋货的涌入，北京市场上的商品种类大幅增加。除了比中国传统手工业商品质量更好的商品，如洋布、烟酒、米面、衣帽等商品，还有许多新式的商品，如火柴、留声机、钟表等。这些洋货质量上乘，如洋布、洋纱质地优于中国手工业的布、纱，洋油照明质量更好、洋烛便于携带，因此逐渐取代了传统手工业制品，北京的制烛业就此衰落。洋货在市场上排挤了中国手工业产品，同时还改变了人们的生活需求和消费观念，社会上兴起了“崇洋”的风气，“近来民间日用，无一不用洋货，只就极贱极繁者言之，洋火柴、缝衣针、洋皂、洋烛、洋线等，几几无人不用”。[①]“凡物之极贵重者，皆谓之洋。重楼曰洋楼，彩轿曰洋轿，挂灯名洋灯，火锅名洋锅……大江南北，莫不以洋为尚。”[②]在崇洋风气的影响下，北京的官绅们抽洋烟、喝洋酒“器必洋式，食必西餐”，“向日请客，大都同丰堂、会贤堂，皆中式菜馆。今则必六国饭店、德昌饭店、长安饭店，皆西式大餐矣”。[③]北京的商业市场上，也因洋货的涌入而出现了新的行业，如五金业、西药业，还有不少专门从事进出口贸易的商人。

北京的商业也受到了西方的影响。1872年，由美国传教士创办的《中西见闻录》在北京刊行，这是北京历史上第一份近代报纸。1900年后，大量国人创办的报刊在北京出现。报纸的出现为商业的经营发展提供了新的模式，不少商家在报纸上刊登广告作为宣传和促销手段。

北京洋行均为西式建筑，其风格也影响到了北京的商铺。许多商铺的装潢均融入西式元素，谓之“洋门面”，但是在模仿过程中融入了不少中国元素，“用中国手法处理，并加上臆造的成分，结果就成了一种很怪的变体”，[④]呈现出一种中西合璧的形式。当时观音街的青

① 《清朝经世文编》卷九二。

② 陈登原：《中国文化史》下，北京：商务印书馆，2014年，第887页。

③ 胡朴安：《中华全国风俗志》下，上海：上海文艺出版社，1988年，第2页。

④ 中国建筑设计研究院建筑历史所：《北京近代建筑》，北京：中国建筑工业出版社，2008年，第16页。

云阁、宴宾楼，廊房头条的首善第一楼、劝业场等商业建筑，都是中西混合的元素。瑞蚨祥绸布店的商铺1900年被八国联军烧毁，次年重建时也吸取了西式建筑元素，在店内也装上了洋式栏杆，店门前有洋式的钢罩棚，用于停车。

清代后期北京的商号，由于规模的扩大，其经营模式也开始发生变化，不再是以前一家一铺的小商户，而是采取不同的手段筹集资金，扩大经营规模。有的商号采用合资集股共同经营的模式。如同仁堂等大型的商号，均是历史悠久的家族型企业，因此其持股人都是由其家族亲戚组成。新式商业兴起后，还有不少商号进行募股，“如现有二三商人欲经营商业，但资本不足，此时便募集股份而兴办事业。募集股份的方法，首先拟就宗旨书，写明欲兴办的事业、欲募集资本总数、股份数、一股之数额、利率等。然后向熟人、朋友出此宗旨书，开始募集。其股东人数通常为十人至二三十人，资本总额多时，可提高一股数额，绝不增加股东人数。因此，其集资方式以不通过新闻等机关向公众募集，通常只在熟人、朋友中宣传。而且，股票不在市场上进行交易”。[①]还有的商号是投资者委托他人经营，这种模式在传统的中国社会很常见。如瑞蚨祥绸布店、万全堂药店等商号，均是“东家”出股，提供资金，“掌柜”负责经营。

随着商业近代化的发展，传统的经营模式已不适合近代企业。以家族出资或是亲朋募股的方式筹集资金，无法供应近代企业发展所需的更多资本，因此当时所谓“合股”“连财”的合作经营模式越来越普遍，清末的《公司法》规定公司体制有合资公司、合资有限公司、股份公司、股份有限公司四种，可见股份、合资制的公司也得到了法律保障。这种新的经营模式对于股东之间、股东和经理人之间的关系协调提出了新的要求，因此企业的经营制度发生了极大的改变。

① 吕永和、张宗平：《清末北京志资料》，北京：北京燕山出版社，1994年，第334页。

清末的万全堂药铺已从最初的九户出资变为合资经营的模式，为了处理股东和经理人之间的关系，万全堂形成了一系列新的管理制度。首先，各股东之间签订合同，合同上明确表明股东们的出资金额；其次，明确规定了股东、经营人员、雇员的权利和义务，并对股东进行约束，不许随意干涉药店的经营；最后，合同还对药店的经营人员给予优厚待遇，甚至能获得股权。这种新的经营模式明显适应了商业近代化的发展，冲击了传统的商业经营模式，有助于传统商号向近代企业转化。

清末北京城市的基础设施有大幅发展。1888年清廷于西苑设立了发电厂，1890年正式运转；不久又在东宫门外建发电厂，以供颐和园用电。使馆区建立后，英国于1903年在东交民巷内建立发电站，以供使馆之用。1904年清廷批准京师华商电灯有限公司成立，电灯开始在北京城市内普及。该公司位于正阳门内，负责在北京城内安装电灯，1912年时北京城内已有电灯3万盏。

清代后期北京城市人口增长迅速，北京的饮水供应压力极大，清廷曾下令“京师地广人稠，现有井泉，不足以供汲饮。着步军统领衙门相度情形，于各处街巷，多开水井，以通地脉而便民生”，[①]但传统的开凿水平效率低下，提供的水源也极为有限。因此，1908年农工商部大臣溥颋、熙彦、杨士琦上奏：“京师自来水一事，于消防、卫生关系最要……为京师地方切要之图，亟宜设法筹办”，并建议官督商办，“迭经商民在臣部禀请承办”。[②]经过清廷批准后，京师自来水公司成立，开始筹建北京的自来水工程。工程确定以孙河水为水源，并建立孙河水厂、东直门水厂，铺设管道，历时两年，于1910年开始供水。

近代城市的通信系统也在北京出现。1866年总税务司署设立邮务办事处，驻京各国使节的邮件，均由总税务司署传递发送，此为中

① 《清德宗实录》卷五〇〇，光绪二十八年六月。

② 刘耿生：《北京自来水公司档案史料》，北京：北京燕山出版社，1986年，第1页。

国最早的邮政机构。随着邮政业务的扩大，1876年，清廷依赫德的建议创办邮政系统，1878年“始设送信官局于北京、天津、烟台、牛庄，以赫德主其事，九江、镇江亦继设局。是为中国试办邮政之始”。1895年张之洞上疏，认为中国邮政为外国掌控“侵我大权，攘我大利，实背万国通例”，因此建议创办国家邮政，“权操于上，有所统一，利商利民，而即以利国”。[①]1897年大清邮局成立，1906年邮传部和邮政总局设立，至此中国拥有了专门的近代邮政机构。1907年时，“北京城内计有总局一处，支局10处，信柜26处，信筒123座，代售邮票所68处”。[②]

1880年，李鸿章上奏：“各国以至上海，莫不设立电报，瞬息之间，可以互相问答。独中国文书尚恃驿递，虽日行六百里加紧，亦已迟速悬殊。”“用兵之道，神速为贵……是电报实为防务所必需。现自北洋以至南洋，调兵馈饷，在在俱关紧要，亟宜设立电报，以通气脉。”该奏议获得批准后，天津电报局成立，天津至上海等地的电报线开始架设。后李鸿章又建议“今总理衙门与曾纪泽皆以近畿展线为善策，拟暂设至通州，逐渐接展至京”，[③]1882年天津的电报线通至北京。

1904年北京电话总局成立，位于东单二条，下设西苑、南苑、米市大街、厂甸四个分局。次年，京津间的长途电话开通，1907年时，北京的长途电话可达天津、大沽、塘沽、新河、通县等地。至清末时北京电话局在城市及郊区附近已安装电话3300多部。

铁路是近代交通发展的重要标志，同时也对社会经济的发展有重大作用，张之洞就曾评价道：“商有铁路，则急需者应期，重滞者无阻；工有铁路，则机器无不到，矿产无不出，煤炭无不敷。”[④]但由于备受争议，铁路的铺设一直遭受很大的阻力。1888年，清廷在西苑

① 《清史稿》卷一五二《交通志四》。

② 《北京邮政史料》，北京：北京燕山出版社，1988年，第18页。

③ 《清史稿》卷一五一《交通志三》。

④ ［清］张之洞：《劝学篇》。

修建了一条宫廷内的铁路——紫光阁铁路，这是北京历史上第一条铁路。紫光阁铁路虽然没有经济价值，但是它的修筑代表了清朝统治者对铁路认可的态度。此后北京地区的铁路开始陆续修建起来。19世纪末，中国的铁路发展迅速，北京地区也先后修建了数条铁路：1895年唐胥铁路延伸至丰台，同年京津铁路修建完成；1906年京汉铁路修建完成，汉口的商货可于两天内便运抵北京；1907年京山铁路增修，改名为京奉铁路；1909年京张铁路修建完成；1911年京浦铁路竣工，次年通车。

金融机构也开始近代化，全国各地开始设立新式银行。1885年英国汇丰银行就在北京设立分行，这也是北京第一家银行。随后美国、俄国、法国、日本、比利时等国均在北京设立银行，有的银行还有中国参股，为中外合资银行。1897年，盛宣怀在上海成立中国通商银行，次年于北京设立分行，中国人兴办的商业银行也在北京出现。1904年清廷颁布《大清银行则例》和《银行通行则例》，规定了银行的业务和经营范围。次年，清朝设立了中央银行——户部银行，三年后改为大清银行，大清银行是当时中国最大的银行。至清末时，在北京开办的华资银行已有十几家。新式银行的成立，代替了传统的银号、钱庄等金融机构，推动了北京金融业的发展。

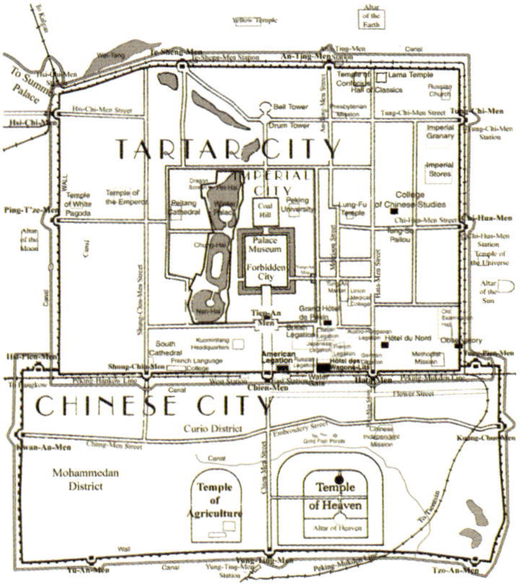


20世纪30年代北京城的英文地图。这本书原文是英文，名为《美国人在中国》。
（图片来源 http://club.kdnet.net/dispbbs.asp?id=6527965&boardid=1）

近代城市设施的建立，推动了晚清北京商业的发展。电话、自来水、电灯开始在城内普及，方便了市民生活。良好的城市设施也为商业发展营造了有利的环境。路灯在北京城市内普及后，夜间出行的市民和营业的店铺都大幅增加。北京周围多条铁路的修建，方便了与全国各地的交通运输，“利于漕务，赈商务、矿物、厘梢、行旅者，不可肆述”。[①]近代设施兴办的过程中，清廷普遍采用官督商办的模式，因而推动了一批北京民族资本主义企业的发展。

明清时期，北京地区的采煤业一直都很发达。清代后期，门头沟一带也出现了近代煤矿，1872年中国官僚、商人出资兴办了通兴煤矿，采用蒸汽锅炉等先进设备，为北京地区第一家近代工业。此后，北京出现了一批民族资本主义工业。如1905年成立的京师华商电灯公司、凤丹火柴公司，1906年成立的益华织布厂，1907年成立的溥利呢革公司，1908年成立的京师自来水公司、大恒砖瓦公司，1910年成立的贻来牟和记面粉厂等。这些企业初期规模不大，但作为第一批北京的民族近代工业，为城市和经济的发展也做出了贡献。

在清廷“振兴实业”的推动下，北京出现了多家工艺局。1901年已革翰林院侍读学士黄思永“拟就京师外城琉璃厂义仓，收养游民，创立工艺局，招股试办”，该提议获得清廷支持，并下令“于京师内城外城各设工艺局一所，招集公正绅士，妥筹创办，由顺天府府尹督率鼓励，切实举行”。[②]次年，顺天府尹陈璧在北京成立官办的工艺局暨农工学堂，并“召募女工，试办纺织”，[③]1907年农工商部也创办官营工艺局，“募致外洋外省专门工师来京，分科制造器物，教习艺徒。所设各工科，多系京中未有之艺事”。[④]为了培养近代工业人才，官方先后在北京建立北洋工艺局、京师习艺所、北京首善工艺厂等培训机构，招收工徒学员，教授纺织、印刷、染色等技术。工艺局的建立，促进了北京地区手工业的近代化以及近代工业的发展，也为北京

① 《清史稿》卷一四九《交通志一》。

② 《清德宗实录》卷四九〇，光绪二十七年十一月。

③ 《清德宗实录》卷五〇〇，光绪二十八年六月。

④ 彭泽益编：《中国近代手工业史资料（1840—1949）》第三卷，北京：中华书局，1962年，第164页。

民族资本主义经济和商业的发展做出了贡献。

民国时期，外商在北京的洋行、银行和企业数量更多。据1934年10月的《北京市商会会员录》记载，当时北京由外商开办的银行有：花旗银行、东方汇理银行、华俄道胜银行；洋行有：亨达利洋行、英国利威洋行、新华洋行、力古洋行、吴鲁生洋行、隆福洋行、吕德洋行、恒顺洋行、德士古洋行、美孚洋行等。洋行经营的商品种类众多，有布料、衣服、鞋帽、装饰品等日用品，也有钟表、钻石、金银器皿等名贵商品，还有机器、电器、化学药品等西方先进的科技产品。

由于北京洋人增多，同外商交易获利颇丰。因此有的中国商店也开始经营洋货，有的根据洋商的市场需求提供商品。如当时北京有不少中国商人开办的西装店。由于不少洋人有“嗜古好奇”的需求，他们多在北京市场上搜罗中国的古玩，因此有不少商铺专门提供价格高昂的古董，“这些商号，多属供给外侨之用品”，“华人前往购买者其属廖廖”。[1]

---

① 刘娟：《民国时期北京地区商业的发展状况及特点》，《北京商学院学报》1996年第4期。按：“廖廖”应为“寥寥”，刘氏原文可能已误。

# 第二章

# 商业政策

中国传统社会受儒家思想的影响，大多提倡重农抑商的政策，但由于现实的需要，又不得不依赖商业活动和商人的存在。当然，由于每个朝代采取的商业政策存在着差异，导致每个时期北京的商业政策也存在不同的特点。尤其是在明清时期，北京出现了各种百年老店，并能在持续的压力之下继续发展。除了商家本身的货真价实、童叟无欺，以及在经营过程中的诚信认真、勇于开拓创新之外，封建王朝在商业政策上的宽松，在客观上也起到了积极的作用。

自辽金以来，北京作为历代王朝都城，为了满足皇室对于物质的需要，封建朝廷往往鼓励工商业的发展，既可以繁荣商业，也可为官府带来可观的税收。但是有的时候，皇室和达官显贵利用手中特权，侵犯商人利益，扰乱市场秩序，也对北京的商业发展造成了不利影响。受朝廷政策和官僚干预，一直是北京商业的特点，北京商业文化中也一直都有服务于皇家、官府的风气。

## 第一节　辽金时期：中央商业机构和管理建立

辽金时期，北京地区作为少数民族政权疆域中经济较为发达的地区，且又是陪都、首都，因此统治者极力促进工商业发展。辽代开始在北京地区疏通运河、金代在北京周边修桥铺路，都是为了改善北京地区的交通环境，以促进经济发展。同时，与宋朝的商业贸易，也促进了北京地区商业的繁荣。金代开始在北京地区发行纸币，更是推动了商业的发展。

在辽朝，北京被称为南京。为保证商业收入，辽代朝廷极为重视对南京的经济和商业进行保护。“圣宗统和初，燕京留守司言，民艰食，请弛居庸关税，以通山西籴易”，[①]可见朝廷利用调整关税的手段保护南京的经济发展。此外，朝廷对于关税的实行也非常严格，统和四年（986），“以古北、松亭、榆关征税不法，致阻商旅，遣使鞫之”。[②]随着南京商业的发展，市场上的货币需求增加，圣宗年间便下令“凿大安山，取刘守光所藏钱，散诸五计司，兼铸太平钱，新旧互用。由是国家之钱，演迤域中。所以统和出内藏钱，赐南京诸军司”。[③]

辽朝实施的一系列政策，促进了南京商业的发展，使南京及周边地区成为辽国经济最发达的地区。宋人刘敞使辽，在途经檀州（今北京密云）时，看到当地商贸盛况，便写下“市声衙日集，海盖午时消”的诗句。太平五年（1025），“燕民以年谷丰熟”，辽圣宗至南京。夜晚，南京城内“六街灯火如昼，士庶嬉游，上亦微行观之”，[④]可见

① 《辽史》卷六〇《食货志下》。
② 《辽史》卷一一《圣宗纪二》。
③ 《辽史》卷六〇《食货志下》。
④ 《辽史》卷一七《圣宗纪八》。

城内繁华。

南京城市规模的扩大、人口的增多、国家政策的保护以及南京历史上积淀的优势，都促进了南京经济的发展。据《契丹国志》载，南京“锦绣组绮，精绝天下。膏腴蔬蓏、果实、稻粱之类，靡不毕出，而桑、柘、麻、麦、羊、豕、雉、兔，不问可知。水甘土厚，人多兹艺……”，[1]可见南京的农业、种植业、纺织业等行业都极为发达，此外，南京的矿冶、造纸、印刷等手工业也具有较高水平。

经济的发达自然是商业发展的基础。此外，南京城内的庞大人口所产生的需求，也促进了商业的发展。首先，庞大的人口带来了巨大的粮食需求。为供应南京城的粮食需求，辽代在北京东南地区疏浚运河。城内的市场上，既有以稻米为主的粮食，也有契丹等少数民族习惯食用的牛、羊、兔等肉类。其他蔬果等农产品也在南京市场上流行，如栗子在南京就是极为流行的食物，朝廷在南京设有栗园司，辽代著名文学家萧韩家奴曾“典南京栗园”，在向辽兴宗谏言时，还以栗为喻说：“臣惟知炒栗，小者熟，则大者必生；大者熟，则小者必焦。使大小均熟，始为尽美，不知其他。”[2]

南京城的文化商品也极为发达。城内居住着大量官员、学生、文人且城内有大量的佛寺、僧人，使当地对于书籍的需求旺盛，这既促进了南京印刷业、造纸业的发展，也使书籍作为商品在南京市场上广为流行。即使宋朝实行极为严格的书禁，禁止本国书籍出口辽国，但仍有宋书流通至辽，并在南京市场上大量流行。北宋绍圣元年（1094），宋使张舜民出使辽国，“闻范阳书肆亦刻子瞻（苏轼）诗数十篇，谓《大苏小集》”。[3]可见，宋书在流传至辽后，南京城内的书肆进行编辑、刊印，并在市场上流通，这说明南京的印刷业和书籍的商业流通相当发达。除了刊印宋书外，辽国佛教盛行，南京的书肆、佛寺也刊印了大批佛经。自20世纪70年代以来，在山西应县佛宫寺

① 《契丹国志》卷二二。

② 《辽史》卷一〇三《文学上》。

③ 祝尚书：《宋人别集叙录》，北京：中华书局，1999年，第402页。

释迦塔、河北丰润县天宫寺塔、内蒙古巴林右旗辽代庆州释迦牟尼佛舍利塔中发现了佛经300多件，其中大量的佛经均为南京刻印，可见南京刊印书籍数量之大，流通之广。

金海陵王下诏迁都北京，改名中都。金朝迁都后，在中都设置中央官署，以中都都转运司管理中都的经济，其下设置各种管理具体事宜的机构，如中都都商税务司、中都广备库、永丰库（镀铁院都监隶焉）、中都流泉务、中都店宅务、中都左右厢别贮院、中都木场、中都买物司、绫锦院、漕运司、诸仓、草场等。相比辽代，金代在中都所设管理经济的机构更加完备和细致，其中有许多官署对经济和商业有着极大的影响。除了征收商税的中都都商税务司外，还有“掌平物价，察度量权衡之违式、百货之估直”[①]的市令司，“掌发卖给随路香茶盐钞引”[②]的榷货务，还有因“民间质典，利息重者至五七分，或以利为本，小民苦之。若官为设库务，十中取一为息，以助官吏廪给之费，似可便民”[③]而设立的中都流泉务等官署。这些官署的出现都表明了官方对商业的干预和管理更深。

金朝为鼓励商业的发展，制定了许多积极的商业政策。金朝统治者曾几次减轻商税，鼓励商业发展。大定九年（1169），金世宗针对“凡监临使司、院务之商税，增者有赏，亏者克俸”的旧制进行改革，“止增亏分数为殿最，乃罢克俸、给赏之制，而监官酬赏仍旧”，[④]不再以征收商税的多寡为奖惩相关官署的依据，这无疑保护了商人的利益；大定二十年（1180），朝廷又“定商税法，金银百分取一，诸物百分取三”，[⑤]税率相较以前大幅降低；金章宗明昌元年（1190），“定院务课商税额，诸路使司院务千六百一十六处，比旧减九十四万一千

① 《金史》卷五七《百官志三》。
② 《金史》卷五六《百官志二》。
③ 《金史》卷五八《百官志四》。
④ 《金史》卷五八《百官志四》。
⑤ 《金史》卷四九《食货志四》。

余贯，遂罢坊场，免赁房税”，又“罢提点所给赏罚俸之制”，[①]进一步减免商税。大定年间，中都税使司年获商税16万余贯，至承安元年（1196）岁获21万余贯，商税减免后，税收反而增加，可见中都商业获得了很大的发展，这与金朝不断减免商税的政策不无关系。

金朝统治者对待商业及商人的态度也很友好。金世宗曾言“农家种田，商人营财，但能不坠父业，即为克家子”；[②]金章宗也认为“所谓万民，农工商贾皆是也”。[③]可见，金朝的皇帝并不歧视商人、视商业为“末业”，商人同农民一样，均属万民；商人经商同农民种田一样，只要“不坠父业”都是克家之子。除了对待商业的友好态度外，金朝皇帝们也严禁扰商、损害商人利益的行为。大定二十一年（1181），金世宗至兴德宫祭祀元妃李氏，官署因此禁绝沿路市肆，世宗“过市肆不闻乐声”，对大臣说：“细民日作而食，若禁之是废其生计也，其勿禁。有司请由蓟门，朕恐妨市民生业，特从他道。顾见街衢门肆，或有毁撤，障以帘箔，何必尔也。自今勿复毁撤。”[④]金章宗也曾数次下令不得扰商，王公大臣不得“占纲船、侵商旅及妄征钱债”，[⑤]宫中所需商品，不得强买。统治者对商业及商人的态度也促进了金朝商业的发展。

金朝为保障中都社会的稳定所采取的政策，也确保了中都商业能够稳定发展。中都庞大的人口需要大量的粮食供应，因此金朝统治者极为重视中都的粮食储备和市场上的粮价。金朝在中都修建常平仓，“丰年则增市价十之二以籴，俭岁则减市价十之一以出，平岁则已”，[⑥]用于应对粮食短缺、平抑粮价。明昌四年（1193），户部上奏“中都路去岁不熟，今其价稍减者，以商旅运贩继至故也，若即差官

① 《金史》卷四九《食货志四》。
② 《金史》卷八《世宗纪下》。
③ 《金史》卷五一《选举志一》。
④ 《金史》卷八《世宗纪下》。
⑤ 《金史》卷九《章宗纪一》。
⑥ 《金史》卷五〇《食货志五》。

争粜，切恐市价腾踊，贫民愈病，请俟秋收日，依常平仓条理收粜”，次年，金章宗又下诏“闻米价腾踊，今官运至者有余，可减直以粜之。其明告民，不须贵价私粜也”。[①]金朝官方保障中都粮食供应和粮价稳定的措施，自然有助于维护城市稳定和商业发展，而在平抑粮价的过程中，商人亦起到很大作用，可见朝廷的政策符合商业发展的需求。

除了常平仓，金朝还大力改善中都的交通环境，以解决粮食问题。为了解决粮食问题，辽代时就在南京东南开通萧太后运粮河，疏通漕运。金代在此基础上，修通了连接中都东和通州的漕渠，“为闸高良（梁）河、白莲潭诸水，以通山东、河北之粟”。[②]漕渠的开通一定程度上方便了粮食的输送。中都城南的卢沟河是当时的交通要地，商旅往来，多经于此，但是卢沟河水流湍急，因此金初时只能“每候水浅”时，“置小桥以渡”。[③]大定年间朝廷曾尝试疏通卢沟河道，但“以地势高峻，水性浑浊。峻则奔流漩洄，啮岸善崩，浊则泥淖淤塞，积滓成浅，不能胜舟”。此后，卢沟河又数次泛滥，严重阻碍了交通往来。大定二十八年（1188），金世宗下诏“卢沟河使旅往来之津要，令建石桥”，[④]新修建的卢沟石桥代替了原先只能根据水流情况临时搭建的木桥，改善了中都的陆路交通。开通漕运、修造卢沟桥等措施，改善了中都的交通环境，不仅方便了粮食的运送，也使商旅往来便捷，“南路诸货皆至京师，而价贱矣”。[⑤]

金朝的货币政策也推动了中都的商业。金初，市场上普遍使用辽朝和宋朝的铜钱，随着商业的发展，现有的货币已无法满足市场需求。因此，在迁都中都不久，朝廷一方面于中都设置宝源、宝丰二钱监，铸造铜币，一方面着手发行纸币。“贞元二年（1154），户部尚书

① 《金史》卷五〇《食货志五》
② 《金史》卷二七《河渠志》。
③ 《金史纪事本末》卷三〇。
④ 《金史》卷二七《河渠志》。
⑤ 《金史》卷二七《河渠志》。

蔡松年复钞引法，遂制交钞，与钱并用”，[1]朝廷于中都设立印造钞引库和交钞库，专司交钞的制造和发行。最初，金朝的交钞分为一贯、二贯、三贯、五贯、十贯面值的“大钞”以及一百文、二百文、三百文、五百文、七百文面值的“小钞”，并规定使用七年后，必须“纳旧易新”，由于纸币的使用符合商业发展的需要，“商旅利于致远，往往以钱买钞，盖公私俱便之事”，因此大定二十九年（1189），金章宗下令取消“乞削七年厘革之法，令民得常用”，只有在交钞因“岁久字文磨灭”时，才需要“于所在官库纳旧换新，或听便支钱”。[2]废除七年厘革之法后，交钞成为中国历史上第一种无限期流通的纸币，比南宋会子的无限期流通要早六十年，具有重大的历史意义。[3]金廷所设立的货币发行和管理机构，都在中都，因此自然满足了中都市场的货币需求，促进了中都的商业发展。

① 《金史》卷四八《食货志三》。

② 《金史》卷四八《食货志三》。

③ 彭信威：《中国货币史》，上海：上海人民出版社，2015年，第405页。

## 第二节　元朝：政府管理的加强

元代开始，北京城的各项商业为朝廷带来了可观的收入，因此愈发受到重视。元廷颁布了一系列的财税制度、市场政策，以加强对北京商业的管理。北京的商业发展与官方的政策联系愈加紧密，政治对商业的影响越来越强。

早在蒙古太宗二年（1230）时，燕京便设立燕京课税使。至元十九年（1282），“并大都旧城两税务为大都税课提举司。至武宗至大元年（1308），改宣课提举司”。宣课提举司的主要职责是“掌诸色课程，并领京城各市”，[1]在大都城内的马市、猪羊市、牛驴市、果木市、鱼蟹市、煤木所均设有官吏，征收商税。

元初虽然税收机构完备，但税率相比后世不是很高。至元二十年（1283），“徙旧城市肆局院，税务皆入大都，减税征四十分之一”。[2]“元于大都腹里设税务七十三处，其在京城者，猪羊市、牛驴市、马市、果木市、煤木所有宣课提举司领之，利网虽密，然自酒醋而外若鱼虾、药果之属以及书画、藁席、草鞋、筱帚、砖瓦、柴炭、诸色灯、铜、铁线、麻线、苎绵、草索、面货，皆为不合税之物，比于明崇文门税课条目疏矣。”[3]较低的税率无疑有利于大都商业的发展，为朝廷带了巨额的税收。天历年间，大都宣课提举司在大都城的额定商税为一十万三千六锭一十一两四钱，大都仅一个城市的额定商税，甚至超过了大部分行省，仅低于江浙行省，居全国第二，可见大都商业的繁荣。但是至元二十六年（1289）时，“从丞相桑哥之请，遂大增天下商税，腹里为二十万锭……逮至天历之际，天下总入之数，

① 《元史》卷八五《百官志一》。

② 《元史》卷一二《世祖纪九》。

③ 《日下旧闻考》卷六三。

视至元七年所定之额，盖不啻百倍云”。[1]商税额度的增加虽然不利于商业的发展，但也从侧面反映出元代商业的繁荣。

元代在太宗二年（1230）时便“定诸路课税，酒课验实息十取一，杂税三十取一”并“置十路征收课税使”。[2]元代征收的商税主要有岁课、酒课、盐课等。

所谓岁课，即是对“山林川泽之产”，如矿产、木材等物的开发征税，“元兴，因土人呈献，而定其岁入之课，多者不尽收，少者不强取”。[3]大都地区所产金、银矿，最早在至元十一年（1274）在檀州开采，珠则在元贞元年（1295）“听民于杨村、直沽口捞采，命官买之”。[4]因此，对金、银、珠的征税就是大都地区的主要岁课。

酒课是元代重要的商税，因此大都设有酒课提举司，“掌酒醋榷酤之事”。[5]大德八年（1304），大都酒课提举司下设槽房一百所，次年减为三十所，“每所一日所酝，不许过二十五石之上”，至大三年（1310），又增加五十四所。至元二十二年（1285）定酒课“每石取一十两”。[6]如此计算，至大三年（1310）时大都的酒课至少可达486万两。天历二年（1329），“在京酒坊五十四所，岁输课十余万锭”，[7]即500余万两白银，可见酒槽产量早已突破朝廷限制，这一数字远超各个行省的酒课数额，可见大都酿酒业的发达。

盐课也是元代朝廷财政的重要收入之一。盐向来由官府垄断销售，通过发行盐引获利。至元十三年（1276）时，“既取宋，而江南之盐所入尤广”，盐引价格仅为中统钞九贯，但此后朝廷数次提高盐引价格，“至大己酉至延祐乙卯，七年之间，累增为一百五十贯”，至天

---

① 《元史》卷九四《食货志二》。

② 《元史》卷二《太宗纪》。

③ 《元史》卷四八五《食货志二》。

④ 《元史》卷四八五《食货志二》。

⑤ 《元史》卷八五《百官志一》。

⑥ 《元史》卷九四《食货志二》。

⑦ 《元史》卷三三《文宗纪二》。

历年间盐课钞的征收已达“七百六十六万一千余锭”。[①]为加强对大都盐业管理，太宗八年（1236）时，元廷在“白陵港、三叉沽、大直沽等处置司，设熬煎办，每引有工本钱”，至元十九年（1282）又“令于大都置局卖引，盐商买引，赴各场关盐发卖”。

由于盐业的巨大利润，民间存在不少贩卖私盐的现象，官府对私盐的打击极为严厉。“凡伪造盐引者皆斩，籍其家产，付告人充赏。犯私盐者徒二年，杖七十，止籍其财产之半；有首告者，于所籍之内以其半赏之。行盐各有郡邑，犯界者减私盐罪一等，以其盐之半没官，半赏告者。”[②]至元八年（1271），由于大都私盐盛行，因而官府实行“验口给以食盐”的政策。

官方以大都户口为标准供给食盐，这种垄断贩盐业的制度导致了“官豪诡名罔利，停货待价……京师亦百二十贯，贫者多不得食”。故至元二十一年（1284），元廷改革盐法，“以二百万引给商，一百万引散诸路，立常平盐局，或贩者增价，官平其直以售”，[③]以仿常平仓平抑粮价的方式，设立常平盐局，防止权贵官僚抬高盐价，但此种现象依旧不能禁绝。大德七年（1303），仍有官员“诡名买盐万五千引，增价转市于人”，成宗下令“禁内外中书省户部转运司官，不得私买盐引”，[④]并“罢大都运司，令河间运司兼办。每岁存留盐数，散之米铺，从其发卖”，将大都食盐的销售权转交于商人手中，但“因富商专利，遂于南北二城设局，凡十有五处，官为卖之”，[⑤]“其余州县乡村并听盐商兴贩”。[⑥]可见常平盐局依旧能发挥平抑大都市场盐价的作用。

此后，大都食盐的销售制度便在商人销售和盐局销售之间变换。

---

① 《元史》卷九四《食货志二》。

② 《元史》卷九四《食货志二》。

③ 《元史》卷二〇五《卢世荣传》。

④ 《元史》卷二一《成宗纪四》。

⑤ 《元史》卷九七《食货志五》。

⑥ 《元史》卷一〇四《刑法志三》。

泰定二年(1325),“因局官纲船人等多有侵盗之弊,复从民贩卖,而罢所置之局”,但是“未及数载,有司屡言富商高抬价直之害”,因而元统二年(1334),大都南北二城的十五处盐局重新设立,“官自卖盐,以革专利之弊”,[①]“每局日卖十引,设卖盐官二员……如有豪强兼利之徒,频买局盐而增价转卖于外者,从提调巡督官痛治之。仍令运司严督押运之人,设法防禁,毋致纵令纲船人等作弊。其客商盐货,从便相参发卖”。[②]

至正三年(1343),监察御史王思诚、侯思礼上疏:“京师自大德七年罢大都盐运司,设官卖盐,置局十有五处,泰定二年以其不便罢之,元统二年又复之,迨今十年,法久弊生。在船则有侵盗渗溺之患,入局则有和杂灰土之奸……宜从宪台具呈中书省,议罢其盐局,及来岁起运之时,出榜文播告盐商,从便入京兴贩。若常白盐所用船五十艘,亦宜于江南造小料船处如数造之。既成之后,付运司顾人运载,庶舟楫通而商贾集,则京师百物贱,而盐亦不贵矣。”[③]自此大都常平盐局的制度废除。由此可见,大都的食盐销售在不同时期,根据不同的情况,或由官府设局销售,或由商人销售,主要原因是朝廷无法克服官僚体制的弊病,而不得不依靠商人,这反映了大都商业的水平之发达,可以作为朝廷用来进行体制调整的手段,而商人从朝廷手中得到了原本官方垄断的食盐销售权,无疑也促进了大都商业的发展。

元代官方对商业的管理力度超越前代,除了设立专门管理商业的各种机构,还制定了详细的法律。这一方面说明了发达的商业越来越受到朝廷重视,一方面也反映出了商业和官府的关系日益密切。《通制条格·关市》中收录元代与商业相关的法律有二十多条,杂令中也有不少关于商业的法规。这些法律中,既有维护商业利益、促进商业发展的法条,也有严格管理商人和市场的规定,以保障官方在商业中

① 《元史》卷三八《顺帝纪一》。

② 《元史》卷九七《食货志五》。

③ 《元史》卷九七《食货志五》。

获得的利益。

商业所带来的可观税收为朝廷所重视，因此元代商业法律中有诸多打击逃税的内容，如“诸匿税者，物货一半没官，于没官物内一半付告人充赏，但犯笞五十，入门不吊引，同匿税法”。[①]大都地区商业发达，朝廷更是极力打击商人逃税的现象。中统四年（1263），朝廷规定“凡在京权势之家为商贾，及以官银卖买之人，并令赴务输税，入城不吊引者同匿税法”。[②]除了针对商人逃税外，对官僚在征收商税时徇私贪赃的现象，法律也有惩罚，如：“诸在城及乡村有市集之处，课税有常法。其在城税务官吏，辄于乡村妄执经过商贾匿税者，禁之。诸办课官，侵用增余税课者，以不枉法赃论罪。诸职官，印契不纳税钱者，计应纳税钱，以不枉法论。”[③]

官僚机构深入商业的过程中，官员滥用权力欺压商人的现象愈演愈烈。征收课税的官员或“估物收税而辄抽分本色者”，或“辄冒估直，多收税钱，别立名色，巧取分例，及不应收税而收税”。[④]至正三年（1343），大都物价昂贵，原因便是大都盐运司“所遣之人，擅作威福，南抵临清，北自通州，所至以索截河道，舟楫往来，无不被扰”，商船经过运河关卡“一概遮截，得重贿而放行”，以致“客船所以狼顾不前，使京师百物涌贵”。[⑤]官僚的腐败和搜刮严重损害了大都的商业发展，也影响到了朝廷的税收，故而法律对于此种现象的打击也极为严厉，“诸漕运官，辄拘括水陆舟车，阻滞商旅者，禁之……辄受赃，纵水手人等以稻糠盗换官粮者，以枉法计赃论罪，除名不叙”；[⑥]关口津渡的官员“如遇兴贩物斛车船经过，不得非理遮当搜检，妄生刁蹬，取要钱物。违者痛行治罪”。[⑦]商业公平也是官方关

① 《元史》卷一〇四《刑法志三》。
② 《元史》卷九四《食货志二》。
③ 《元史》卷一〇四《刑法志三》。
④ 《元史》卷一〇四《刑法志三》。
⑤ 《元史》卷九七《食货志五》。
⑥ 《元史》卷一〇三《刑法志二》。
⑦ 《元典章》卷五九《工部二》。

注的重点。大德十一年（1307），大都市场上有“小民不畏公法，恣意货卖纰薄窄短金索段匹、盐丝药绵、稀疏纱罗、粉饰绢帛、不堪狭布，欺谩卖主，拟合钦依”，成宗便“圣旨禁治”。[①]

元代官方对于商业的管理一定程度上保护了商人的利益，促进了商业的发展。同时一些法律也反映出随着朝廷对商业管理的加强，官吏对于商业的侵蚀愈发严重。元代后期官吏腐败的加剧和朝廷提高商税横征暴敛，对于大都乃至全国的商业都造成了严重损害，这也成为官方对商业管理权力渗透中的不良影响。

元代继承了宋金的纸币制度，并且发展得更加完善。中统元年（1260），元朝发行中统钞，“以丝为本。每银五十两易丝钞一千两，诸物之直，并从丝例”。[②]同年又发行中统元宝钞，分为十文、二十文、三十文、五十文、一百文、二百文、五百文、一贯文、二贯文九种面值。至元十二年（1275）又发行面额较小的厘钞，面值为二文、三文、五文三种。

纸币的发行是由户部负责的。户部下设印造宝钞库、宝钞总库和诸路宝钞提举司。其中宝钞库负责印制纸币，宝钞总库和诸路宝钞提举司管理全国和各地的纸币储存。为了保障纸币的流通，中统四年（1263）元廷设立“燕京平准库，以均平物价，通利钞法”。[③]次年，于全国各路设平准库，“主平物价，使相依准，不致低昂，仍给钞一万二千锭，以为钞本”。[④]

纸币在流通过程中难免出现磨损，磨损的纸币称为“昏钞”，为解决磨损问题，元朝亦有相关制度。大都中央设有昏钞库和烧钞库，专门收集和销毁昏钞。各地的昏钞“委官就交钞库，以新钞倒换，除工墨三十文”，“其贯伯分明，微有破损者，并令行用……所倒之钞，

① 《元典章》卷五八《工部一》。

② 《元史》卷九三《食货志一》。

③ 《元史》卷五《世祖纪二》。

④ 《元史》卷九三《食货志一》。

每季各路就令纳课正官，解赴省部焚毁，隶行省者就焚之”。[1]

到了至元年间，中统钞出现了贬值，至元二十四年（1287），元廷颁发《至元宝钞通行条画》，增发至元宝钞，与中统钞并行，“每一贯文当中统钞五贯文”“随路设立官库，贸易金银，平准钞法”。[2]纸币的贬值很大程度上是由于朝廷过量发行造成，“始造钞时，以银为本，虚实相权，今二十余年间，轻重相去至数十倍”，因此一味地增发纸币不可能解决根本问题，因此赵孟頫认为，“又二十年后，至元必复如中统”。[3]因此武宗至大二年（1309），元廷又被迫发行至大银钞，以白银为面值，每一两银钞“准至元钞五贯、白银一两、赤金一钱”，[4]于各地平准库发行，“大抵至元钞五倍于中统，至大钞又五倍于至元”。[5]直到仁宗即位后，因至大银钞“以倍数太多，轻重失宜”而停用，市场上只使用中统钞和至元钞，可见此时元朝的钞法已经出现了无法克服的问题。到了元代末年，“海内大乱，军储供给，赏赐犒劳，每日印造，不可数计”，纸币大幅贬值，至正十一年（1351），朝廷被迫设立宝泉提举司，掌鼓铸至正通宝铜钱，“与历代铜钱并用，以实钞法”，[6]元代的钞法也至此崩溃。

元代前期的纸币制度相对完善，且管理较好，对于商业发展有积极作用。马可·波罗曾描述，市场上“各人皆乐用此币，盖大汗国中商人所至之处，用此纸币以给费用，以购商物，以取其售物之售价，竟与纯金无别”。[7]但元代中后期，官方纸币发行无度，纸币大幅贬值，元末时“京师鼓铸寻废，所铸钱流布不甚广，于是民间所用者，悉异代之旧钱”，[8]或是“皆以物货相贸易，公私所积之钞，遂俱不行，人

---

① 《元史》卷九三《食货志一》。

② 《元史》卷九三《食货志一》。

③ 《元史》卷一七二《赵孟頫传》。

④ 《元史》卷二三《武宗纪二》。

⑤ 《元史》卷九三《食货志一》。

⑥ 《元史》卷九七《食货志五》。

⑦ 《马可·波罗游记》第九十五章，上海：上海书店出版社，2006年，第261页。

⑧ ［元］王祎：《泉货议》，《全元文》卷一六八七。

视之若敝楮”。元代货币制度的崩溃，无疑也对大都的商业造成了冲击，“京师料钞十锭，易斗粟不可得”，[①]造成了不利影响。

元大都城商业的发达，催生了牙行和牙人出现。牙人亦称为牙侩，是市场上的中介商人，他们通过掌握市场上的商业信息，评定物价，促成贸易，并从中收取手续费，牙行则是牙人的商业组织。大都的羊市等市场中，都存在着牙人的身影。牙人的活跃说明了大都商业的繁荣，一定程度上也有利于商业的发展，官府也往往通过牙行掌握市场动向，观察市场上的物价，“街市货物，令行人每月一平，其直其比前申有甚增减者，各须称说增减缘由”，[②]以便随时进行调控。但是牙行也往往成为官府牟利的工具。朝廷于“各都立市易司，领诸牙侩人，计商人物货，四十分取一，以十为率，四给牙侩，六为官吏俸”，丞相安童就曾“立野面、木植、磁器、桑枣、煤炭、匹段、青果、油坊诸牙行”，[③]实际就是利用牙行收取各种商品的中介费用，盘剥百姓。

牙行为了给官府足够的利润，自然在交易过程中肆意估价，收取高额费用。市场上的牙行在进行买卖交易时往往“不令买主、卖主相见，先于物主处扑定”，“抽分牙钱，刮削市利，侵渔不便”，因此元廷规定“大都等路，诸买卖人口、头匹、房屋一切物货交易……须要牙保人等，与卖主、买主明白书写籍贯、住坐去处，仍召知识卖主人或正牙保人等保管，画完押字，许令成交，然后赴务投税。仍令所在税务，亦仰验契完备，收税明白，附历出榜，遍行禁治相应”，[④]“除大都羊牙及随路买卖人口、头匹、庄宅牙行，依前存设，验价取要牙钱，每拾两不过贰钱，其余各色牙人，并行革去”。[⑤]这一系列的规定，限制了牙行的盘剥，一定程度上保护了大都的商业。

---

① 《元史》卷九七《食货志五》。

② 《元典章》卷六〇《户部十二》。

③ 《元史》卷二〇五《卢世荣传》。

④ 《通制条格》卷一八《关市》。

⑤ 《通制条格》卷一八《关市》。

## 第三节　明朝：皇权对北京商业的渗透

明代时，皇室和官府的日用物品需求经常由北京的商铺供应，皇室和官府甚至在京城内直接开设皇店、官店，参与贸易以谋利，在此过程中封建特权对商业的发展造成了一定的不利影响。

明代北京繁华的商业受到了朝廷高度的重视，明廷制定了一系列的制度，对北京的商业进行严格的管理和控制。《大明律》中专设“市廛”类条文，其内容全部与市场、商业有关。

明代极为重视商业市场的公平，对此有明确的法律条文。《大明律》规定：“凡诸物行人评估物价，或贵或贱令价不平者，许所增减之价坐赃论。入已者准窃盗论。”强调对物价的合理评估有利于市场交易，也使官方在采购商品时能不损害商人利益。对于破坏市场者，法律也有处罚：“若见人有所买卖，在旁高下比价以相惑乱而取利者，笞四十；若已得利物计赃重者，准窃盗论。”[①]度量衡也由官方进行严格的管理，朱元璋在南京时，就“命在京兵马指挥领市司，每三日一校勘街市度量权衡，稽牙侩物价”；[②]成化十五年（1479），明廷又规定“令京城内外并顺天府所属地方，凡诸色货物行人，依式制造平等斛斗、秤尺、天平等件，赴官较勘印烙，方许行使，违者如律治罪”，[③]凡是私自制造、使用斛斗、秤尺、天平等度量衡工具的，均属犯法。

牙行作为市场上重要的中介机构，也受到官方管理。明廷规定牙行必须“选有抵业人户充应”，并且“官给印信文簿，附写客商船户住贯姓名、路引、字号、物货数目，每月赴官查照”，[④]若有私开牙行

① 《明经世文编》卷一〇二。
② 《明史》卷八一《食货志五》。
③ 《明经世文编》卷一〇二。
④ 《大明会典》卷一六四《刑部六》。

者，“除真犯死罪外，徒罪以上俱于所犯地方枷号一个月，发边卫充军；杖罪以下亦枷号一个月”。[1]牙行如果扰乱市场秩序，如“凡买卖诸物，两不和同而把持行市，专取其利及贩鬻之徒，通同牙行共为奸计卖物以贱为贵，买物以贵为贱，杖八十”；“各处客商辐辏去处，若牙行及无籍之徒用强邀截客货者，不论有无诓赊货物，问罪俱枷号一个月。如有诓赊货物，仍监追完足发落。若监追年久，无从赔还，累死客商属军卫者发边卫，属有司者发附近，俱充军”。[2]

明代的商税征收，主要由户部下的金科负责，最主要的商业课税为市舶、鱼盐、茶钞等。明初“务简约”，故而商税不高，洪武时“凡商税，三十而取一，过者以违令论”，然而后来，商税“增置渐多，行赍居鬻，所过所止各有税”，商税的种类也逐渐增多，“其名物件析榜于官署，按而征之，惟农具、书籍及他不鬻于市者勿算，应征而藏匿者没其半。买卖田宅头匹必投税，契本别纳纸价。凡纳税地，置店历，书所止商氏名物数”。征收商税的部门也有很多，“官司有都税，有宣课，有司，有局，有分司，有抽分场局，有河泊所。所收税课，有本色，有折色”。北京商业发达，商税征收数额巨大，“税课司局，京城诸门及各府州县市集多有之，凡四百余所”。[3]

明代顺天府的税务衙门为都税司，在正阳门外、正阳门、张家湾、卢沟桥四处设有宣课司，安定门外、安定门二处设有税课司，崇文门、德胜门二处设有税课分司。[4]

明初时，朱元璋在南京设立官店，征酒醋税，后改南京官店为宣课司、地方官店为通课司，作为正式的征税机构，后来又“改通课司为税课司、局”，“凡商贾、侩屠、杂市，皆有常征，以时榷而输其直于府若县。凡民间贸田宅，必操契券请印，乃得收户，则征其直百之

① 《大明会典》卷一七〇《刑部十二》。

② 《大明会典》卷一六四《刑部六》。

③ 《明史》卷八一《食货志五》。

④ 《明史》卷七四《职官志三》。

三”。[1]这一低税率的政策在永乐时也被继承，永乐六年（1408），朱棣令顺天府、大兴、宛平等县的铺户估定商品价格，按市价收取三十分之一的商税，且“嫁娶丧祭时节礼物、自织布帛、农器、食品及买既税之物、车船运己货物、鱼蔬杂果非市贩者，俱免税”。

明成祖朱棣像。朱棣（1360—1424）生于应天府（今天的南京），明朝建立后被封为燕王，就藩北平（也就是今天的北京）。通过靖难之役，从侄儿建文帝手中夺取帝位。为加强对北方和东北地区的控制，永乐十九年（1421）迁都北京。在他统治期间明朝经济繁荣、国力强盛，文治武功都有了很大提升，史称永乐盛世。谥号体天弘道高明广运圣武神功纯仁至孝文皇帝，庙号太宗，葬于长陵。明世宗时改谥为启天弘道高明肇运圣武神功纯仁至孝文皇帝，改庙号成祖。朱棣迁都和兴建北京，奠定了今天北京的格局。

较低的税率有利于北京商业的恢复和发展，永乐二十一年（1423）时，北京“百货倍往时”，有官员建议“商税宜遣人监榷一年，以为定额”。该建议获得批准后，商税开始逐渐增加。洪熙元年（1425），明廷新增市肆门摊课钞，宣德四年（1429），由于“钞法不通，由商居货不税。由是于京省商贾凑集地、市镇店肆门摊税课，

① 《明史》卷七四《职官志四》。

增旧凡五倍”，[①]并规定“两京及各处买卖之家门摊课钞，按月于都税宣课司税课司局交纳”。[②]课税的对象极广，“两京蔬果园不论官私种而鬻者，塌房、库房、店舍居商货者，骡驴车受雇装载者，悉令纳钞”，[③]“凡菜地每亩月纪旧钞三百贯，果树每十株岁纳钞一百贯，房舍每间月纳钞五百贯”，“驴骡车装载物货者每辆纳钞二百贯，牛车五十贯”，来京商船“南京至淮安、淮安至徐州、徐州至济宁、济宁至临清、临清至通州，俱每百料纳钞一百贯，南京直抵北京者每百料纳钞五百贯”。[④]御史、户部、锦衣卫、兵马司等官员，在各城门向来京商船征税，“计所载料多寡、路近远纳钞”，即为明代的最初的钞关。由于税率太高，又“减北京蔬地课钞之半，船料百贯者减至六十贯”。[⑤]

正统年间，为维护商业发展，明廷极力控制商税，强调“诏凡课程门摊，俱遵洪武旧额，不得借口钞法妄增”。于谦曾提及减少各地船料钞，“当输六十贯者减为二十贯”，景泰元年（1450）又减为十五贯，并减免张家湾的课税。次年，“定收税则，例依时估价直凡商客钞，罗绫锦绢布及皮货、磁器、草席、雨伞、鲜果、野味等一切货物，依时估价，直收税钞、牙钱钞、塌房钞，若干贯及文各有差。估计未尽者，照相等则例收纳，其进塌房钞并抽分布匹按月房钞，俱为除免”，减免一部分商品的税赋。景泰五年（1454），又“令两京塌房、店舍、菜果园并各色大小铺行俱减轻纳钞有差”。[⑥]

虽然朝廷经常减免规定的征税，但是却往往会出现其他税种，如利用官店、皇店收税，商人的负担有增无减。正统九年（1444），户部尚书王佐就在彰义门设置“官房”，对来往商旅征税商税课钞，此

---

① 《明史》卷八一《食货志五》。

② 《大明会典》卷三一《户部十八》。

③ 《明史》卷八一《食货志五》。

④ 《大明会典》卷三一《户部十八》。

⑤ 《明史》卷八一《食货志五》。

⑥ 《续文献通考》卷一八。

后“征榷渐繁矣”。嘉靖四年（1525），“九门守视内官，每门增至十余人，轮收钱钞，竞为朘削，行旅苦之”。[①]万历初年，虽然“令商货进京者，河西务给红单，赴崇文门并纳正、条、船三税；其不进京者，河西务止收正税，免条、船二税”，但是自隆庆以后，“凡桥梁、道路、关津私擅抽税，罔利病民”，“倍征横索，弊孔滋多”，“虽累诏察革，不能去也”。[②]商人们的负担更加沉重。

万历二十四年（1596）、二十五年（1597），乾清宫、坤宁宫、皇极殿、中极殿、建极殿先后失火，由于需要修复被火灾烧毁的宫殿，神宗以此名义开始在全国各地增设矿税，派宫中宦官为矿监税使，进行收取。此后“中官遍天下，非领税即领矿，驱胁官吏，务朘削焉”。这些税使不仅征收矿税，还依仗皇权“或征市舶，或征店税，或专领税务，或兼领开采……视商贾懦者肆为攘夺，没其全赀。负戴行李，亦被搜索。又立土商名目，穷乡僻坞，米盐鸡豕，皆令输税”。[③]万历二十四年（1596）神宗命御马监左监丞张烨核查通州、张家湾的店租，“额规每年四千两”，[④]并命张烨负责征收，自此北京地区开始出现税使。税使在北京各关口横征暴敛，从河西务至张家湾“百里之内，辖者三官，一货之来，榷者数税”。[⑤]矿监税使的横行严重阻碍了商业的发展，“自税使纷出，而富商之裹足者，十二三矣。及税额日增，而富商之裹足者，十六七矣”，[⑥]北京商业亦饱受其害甚至开始萎靡，自万历二十五年（1597）起，崇文门、河西务等地的关税连年减少，税使无疑是重要原因之一。

明代后期商税繁重，除了课税司等衙门及税使外，京城还有许多官店、皇店以及宫廷派出的税吏征收额外的商税，此外朝廷对商铺的

---

① ［明］王世贞：《弇山堂别集》卷九九。
② 《明史》卷八一《食货志五》。
③ 《明史》卷八一《食货志五》。
④ 《明神宗实录》卷三〇三，万历二十四年十月。
⑤ ［明］张萱：《西园闻见录》卷四。
⑥ 《古今图书集成》卷二三一《食货典》。

摊派、采买，也是北京商家的一种隐形赋税。繁重的负担使北京商业出现了衰退，明人张瀚对此情况的评价一针见血："而多方并取，亦所当禁。盖以各处商人所过关津，或勒令卸车泊舟、搜检囊匣者有之，或高估价值、多索钞贯者有之。所至关津既已税矣，而市易之处又复税之。夫以一货物当一税课，有羡余，有常例，巡拦之需索，吏胥之干没，不胜其扰；复两税之，贾人安得不重困乎？"[①]

官店是明代一种特殊的商业税收机构。朱元璋在南京时，就曾下令"征酒醋之税，收官店钱"，后又"改在京官店为宣课司，府县官店为通课司"。朱棣迁都北京后，亦"准南京例，置京城官店塌房"，[②]可见官店还和塌房类似，用于置放商人货物。官店为了征收商税，普遍设于交通要道，商旅必经之处。如通州的张家湾，即是漕运枢纽，此地便设有官店八所，"经纪牙税商贩食盐粮米于店房堆放，征收租银"。[③]明代中期以后，官店的职能开始扩大，不仅限于征收商税，还有其他职能。如北京的宝源、吉庆店，弘治年间是"顺天府批验茶引所，官攒取受"。[④]

官店带来的丰厚利润，往往被官员权贵垂涎。英宗时，权阉王振就曾"奏求塌房"牟利，"邀接商旅，倚势赊买，恃强不偿，行贾坐敝，莫敢谁何"；[⑤]太监僧保、金英等也"恃势私创塌店十一处，各令无赖子弟霸集商货，甚为时害"；[⑥]外戚孙继宗等人"占官民田地，起塌房，令家奴邀截客商，引盐发卖"。[⑦]孝宗经常将官店赏赐给皇亲国戚，如弘治六年（1493）时，"命以宝源店后房七十六间赐寿宁侯张鹤

---

① ［明］张瀚：《松窗梦语》卷四。

② 《明史》卷八一《食货志五》。

③ ［明］吕坤：《去伪斋文集》卷二。

④ 《明经世文编》卷一七四。

⑤ 《明史》卷一六四《华敏传》。

⑥ 《明英宗实录》卷二九，正统二年四月。

⑦ 《明英宗实录》卷一九三，景泰元年六月。

龄管业”[①]，九年（1496）又“赐皇亲夫人金氏宝源店房六十七间”，[②]因而后来“京城角头等处停积客货客店塌房，盖往年无事之日，出于一时恩赐，皆为贵近勋戚、权豪势要之家所有”。经营官店塌房的贵戚为了勒索商人，纵容手下“或号称管店，或叫名小脚，倚恃权豪，虚张声势于京城内外远近去处，邀截货物，不容客便。甚至欺诈银两，打死人命，靡所不为，虽曾事发治罪，犯者接踵”，“其所得客商之利，以岁计之何止巨万”。[③]太监、勋贵利用原属朝廷的官店盘剥商人聚敛钱财，因而有官员建议“将在京官店、塌房，尽数勘实，籍记在官，按季收钞以资军饷”，[④]但并无成效。嘉靖年间的翊国公郭勋“擅作威福，网利虐民诸事……师店舍多至千余区”。万历皇帝不顾官员劝阻，仍“听福府承奉谢文铨言，设官店于崇文门外，以供福邸”，[⑤]太监张诚“市店遍于都市，所积之资，都人号为‘百乐川’”。[⑥]

由于皇室的挥霍无度，皇帝开始将官店的收入据为己有，这些官店被称为“皇店”。正德年间，武宗命太监于经“创开各处皇店，榷敛商货”，[⑦]“科取扰害，人皆怨咨”。[⑧]其宠臣江彬，命人“毁积庆、鸣玉二坊民居，造皇店酒肆”，[⑨]聚敛钱财。刘瑾更是“渔利无厌。镇守中官率贡银万计，皇店诸名不一，岁办多非土产”。[⑩]万历皇帝的弟弟潞王朱翊镠“以帝母弟居京邸，王店、王庄遍畿内”，当其就藩后，这些王店、王庄就成了皇店、皇庄，北京城的“皇店、皇庄自此益侈”。[⑪]明代后期北京城设有宝和、和远、顺宁、福德、福吉、宝延六

① 《明孝宗实录》卷七四，弘治六年四月。
② 《明孝宗实录》卷一一六，弘治九年八月。
③ 《明经世文编》卷五九。
④ 《明经世文编》卷五九。
⑤ 《明史》卷八一《食货志五》。
⑥ 《明神宗实录》卷二九三，万历二十四年正月。
⑦ ［明］王世贞：《弇山堂别集》卷九七。
⑧ 《明经世文编》卷一七四。
⑨ 《明史》卷三〇七《江彬传》。
⑩ 《明史》卷八二《食货志六》。
⑪ 《明史》卷一二〇《穆宗诸子·潞王翊镠传》。

家皇店，“经管各处商客，贩来杂货一年所征之银约数万两”。[1]

官店、皇店盘剥商人，严重侵害了在京商人的利益。通州地区的张家湾“密切京畿，当商贾之辏”，是北京地区重要的商贸地点，但权贵之家多于此处“修造市肆，邀留商货，与民争利”，因而成化年间便有官员建议“宜尽革去，违者没入其肆”，[2]然而到了嘉靖初，依旧是“皇亲贵戚之家列肆其间，尽笼天下货物，令商贾无所牟利”。[3]正德年间的太监于经也在张家湾设立皇店，“税商榷利，怨声载路”。[4]万历年间的赵世卿曾列举并痛斥官店、皇店的危害：首先，官店、皇店“将各项客商杂货俱入官店发卖，不许附近私店擅行停宿”，而“辇毂居民，别无耕凿之利，置店聚商，聊用糊口。今不许附近私店擅行停货，是坐困也”，官店、皇店这种垄断市场的行为，极大地危害了北京本地的商民。其次，官店、皇店对外地商人进行严重的盘剥：“官店为间二百有余，兜揽客货，且停且发，则所用拦截征收稽巡盘验，非千百其人不可。此千百人者不招而集，不鼓而趋，亦惟是垂涎此店，自为鲜衣美食良田广宅计耳。千百人待此餍心而为之，商者不倾资竭髓其将免乎？”此外，官店、皇店还滋生出一批市井无赖“揣缓急之机，明挟权而横索，商人贪速售之利，姑忍痛以乘时”。[5]京城内“托名皇亲仆从，每于关津都会大张市肆，网罗商税”，[6]“假之以罔求市利则名其店曰皇店”，[7]商人也饱受这些人的压榨。总之，“此一店也，号召百千虎狼，窟穴其中，而择人以食。致使市货壅，行旅散，游手无赖相聚作奸，而闾巷心非，轻语变乱，亏国家之正课”，“商贾不至，市肆日虚，则门税必不得如常而正供必不

① ［明］刘若愚：《酌中志》卷一六。
② 《明宪宗实录》卷二六〇，成化二十一年正月。
③ 《明世宗实录》卷四，正德十六年七月。
④ ［明］王世贞：《弇山堂别集》卷九七。
⑤ 《明经世文编》卷四一一。
⑥ 《明史》卷一八一《李东阳传》。
⑦ 《明经世文编》卷八八。

得如额”。[1]

明初，朝廷将城市内从事商业的“铺居之民……因其里巷多少，编为排甲，而以其所业所货注之籍，遇各衙门有大典礼，则按籍给值役使，而互易之，其名曰行户，或一排之中，一行之物，总以一人答应，岁终践更，其名曰当行”。[2]即让铺户在朝廷有需求时进行生产，提供商品，而“官给其直”。

朝廷对铺户极为依赖，“铺行之役，不论军民，但买物则当行。大者如科举之供应与接王选妃之大礼，而各衙门所须之物，如光禄之供办，国学之祭祀，户部之草料，无不供役焉”。[3]而且官府的需求越来越多，“如内府供应及五府六部各衙门年例杂费，乡会科场各等用，至为浩繁”，铺户压力增大，但是官吏却“措抑需索，无所不有”，[4]而且肆意压价，有时购买铺户的商品，只给半价，“如扇子值二钱者只给一钱，他物类是”，[5]有时“或价不时给，或给不偿本”，如果摊派的商品无法供应，“赔补数倍”，[6]最终并导致了铺户“既有亏折之苦，又有奔迸之劳，于是人始以市物于官为厉”。[7]

朝廷繁重的需求使铺户“赔败不资”，而且也无法有效地供应官府。因此嘉靖四十五年（1566），明廷“议征行银”，将铺户分为九等，“上上则征银九钱；上中则征银八钱；上下则征银七钱；中上则征银六钱；中中则征银五钱；中下则征银四钱；下上则征银三钱，下中则征银二钱；下下则征银一钱”，“每遇有事，官中召商径自买办”，“嘉、隆间，收支数无可考，大约铺行全征，每年约一万余两”，万历七年（1579），大兴、宛平二县铺户“实征银一万六百四十一两三钱一分”。但是“宫府不时之需，取办仓卒而求之不至，且行银不敷，

① 《明经世文编》卷四一一。
② ［明］沈榜：《宛署杂记》卷二。
③ ［明］顾起元：《客座赘语》卷二。
④ ［明］沈榜：《宛署杂记》卷二。
⑤ ［明］何良俊：《四友斋丛说》卷一二。
⑥ ［明］沈榜：《宛署杂记》卷二。
⑦ ［明］顾起元：《客座赘语》卷二。

多至误事。当事者或以贾祸，不得已复稍稍诿之行户，渐至不论事大小，俱概及之”，铺户有时仍要满足官府需求，而且“中官之贵势，勒取店银，即受制豪徒，多索税契。差役浩繁，而财力有限”，[①]依旧饱受盘剥。

明廷获得宫廷所需物品主要有两种方式。其一为“岁办”，即各地“上供之物，任土作贡”；其二为“采办”，即“官出钱以市”，[②]采办的对象既有京城铺户，也有外地行商。明初时，朝廷便经常于市场采办，朱元璋极为重视对采办商人的保障，规定“内外军民官司并不得指以和雇和买扰害于民，如果官司缺用之物，照依时值，对物两平收买，或客商到来中买物货，并仰随即给价。如或减驳价直及不即给价者，从监察御史按察司体察，或赴上司陈告，犯人以不应治罪”，[③]甚至后来还规定“宫禁中市物，视时估率加十钱”。[④]正统年间，同样规定“凡遇造作等项急用物料，上于官库关用，有不敷者方许具奏，先给官价派买”。[⑤]

明代中期以后，宫廷日渐奢靡，“大约靡于英宗，继以宪、武，至世宗、神宗而极。其事目繁琐，征索纷纭”，“世宗末年，岁用止十七万两，穆宗裁二万，止十五万余，经费省约矣。万历初年，益减至十三四万，中年渐增，几三十万”。[⑥]因而朝廷采办的力度也逐渐加大，“国家内廷所需，强半召商买办以进”，[⑦]“本折兼收，采办愈繁”，而且多是官府滥用权力，不按市价强行购买，或“责买于京师铺户”，或“召商置买”，以至于“价直不时给，市井负累”“物价多亏，商

① ［明］沈榜：《宛署杂记》卷二。

② 《明史》卷八二《食货志六》。

③ 《大明会典》卷三七《户部二十四》。

④ 《明史》卷八二《食货志六》。

⑤ 《大明会典》卷三七《户部二十四》。

⑥ 《明史》卷八二《食货志六》。

⑦ ［明］沈榜：《宛署杂记》卷七。

贾匿迹”,[1]“铺户之累滋甚”。[2]

光禄寺在市场购买商品时，“概以势取。负贩遇之，如被劫掠……宣索过额，侵渔妄费”，“委用小人买办，假公营私，民利尽为所夺”。[3]光禄寺侵犯商人的事情越演越烈，成化四年(1468)，礼科给事中成实上奏：“近因内帑暨光禄寺缺罗段猪鸡等物，和买于市，人甚苦之。”[4]弘治六年(1493)李东阳又上奏：“至若京师市铺，光禄寺科派太繁，供应之物急于田赋，买办之使亟于催征，官价不克，动踰时月。”[5]

在采买的过程中，商人除了被迫低价售卖商品，还遭到官吏的盘剥和压迫。万历八年(1580)，户部尚书张学颜谈及“民商供应之甚难”，其原因主要是“有里胥需索之费，有官司领验之费，本处不产则赴买别省……及物料幸完，又有装盛搬运之费，有雇觅车船之费，沿途有寄顿之费，至京有保店之费，入内府有门拦之费，交内府有铺垫之费，各衙门有投批销批之费”。[6]惜薪司太监更是“豁壑愈阔”，对商户百般勒索，“稍有不足非刑随及，是以京师数万金之家，一挂四司铺户，无不荡产罄资，因而投河经渎”。[7]

商人不堪朝廷采办的压力，“官司恐违限而刻期严追，小民畏刑责而变产赔。补计费十金，方可完内府之一金”，[8]京城内“嗟怨盈途，商贾几绝”,[9]“民不堪命，相率避匿”。[10]因而朝廷又强行摊派商役于富户，“令商人办内府器物，佥名以进，谓之佥商”。[11]佥商的负担

---

① 《明史》卷八二《食货志六》。
② 《明史》卷八二《食货志六》。
③ 《明史》卷八二《食货志六》。
④ 《明宪宗实录》卷五四，成化四年五月。
⑤ 《明经世文编》卷五四。
⑥ 《明经世文编》卷三六三。
⑦ 《明神宗实录》卷四一九,万历三十四年三月。
⑧ 《明经世文编》卷三六三。
⑨ 《明经世文编》卷五四。
⑩ 《明史》卷八二《食货志六》。
⑪ 《明史》卷二四一《张问达传》。

极为沉重，“京民一遇佥商，取之不遗毫发，资本悉罄”，[1]且过程中“差官佥选又放富役贫，去留不公”，[2]“各衙门品官例得免商”，摊派不公更加剧了京城商民的负担，商民视之为畏途，百般逃避，或是“至同族亲识亦皆影射，惟取一二贫瘠者逼认为商”，[3]或是不堪重负，铺户纷纷逃亡。

到了嘉靖年间，京城商户因佥商破产和逃亡的现象越发严重。“坊市民一充商役即万金之产无不立破，民有力者，咸诡冒投托，百方营免，有尽室逃避外郡者。”商户的逃亡造成了人口的凋敝，“上户渐稀，则佥及中户，已复及中下户，由是里闾萧条，即有千金之产亦惴惴惧见”，[4]即使明廷一再强调按市价采买，但仍无济于事。隆庆初年，高拱曾见到“里巷小民十分凋敝，有素称数万之家而至于卖子女者，有房屋盈街拆毁一空者，有潜身于此旋复外躲于彼者，有散之四方转徙沟壑者，有丧家无归号哭于道者，有剃发为僧者，有计无所出自缢投井而死者，而富室不复有矣”。这种情况的原因便是“商人之为累”，即使朝廷发银购买，但有官吏欺压，商民“即得领银，亦既受累”，“系管衙门一应胥役人等，必须打点周匝，才得领出。所得未及一两，而先有十余两之费”，结果便是“派及一家即倾一家，其未派及者，各为展转避逃之计，人心汹汹不得以宁居也”。[5]可见官僚机构的腐败使商人无法减轻负担。

---

① 《明史》卷八二《食货志六》。
② 《明世宗实录》卷四一一，嘉靖三十三年六月。
③ 《明经世文编》卷三六三。
④ 《明世宗实录》卷四五七，嘉靖三十七年三月。
⑤ 《明经世文编》卷三〇一。

## 第四节　清朝：商税制度的完善

清代时，北京成为全国的商业中心之一，各地商旅均至京贸易。因此清廷在北京创建了完善的商税制度，并为了保证商品贸易能够顺利流通，注重对交通设施的维护，如修浚运河、铺设道路等。

清朝入关之初，社会秩序尚未稳定，许多满洲贵族就开始利用特权扰乱市场，破坏了北京商业的稳定。顺治十七年（1660），内大臣索尼上奏称："近闻南城地方，势豪及满洲大臣，惟知射利，罔恤民艰，霸占行市，恣行垄断。奸诡之徒从中指引，百计掊克，以攘货财，被害者吞声旁观者结舌，辇毂重地可令商民如此失乎？……各省商民担负捆载至京者，满洲大臣家人出城迎截，短价强买者甚多，如此则商人必畏缩而不敢前，世非盛世所宜有也。伏乞严察，永行禁绝，庶恩及商贾而百货辐辏矣。"顺治帝下诏"势豪满洲大臣霸占行市恣行垄断……着严察议奏"。[①]康熙十八年（1679），清廷又规定"凡包衣下人、王贝勒、贝子、公大臣家人领资私占关津生理，及王大臣以下各官将银借贷与民指名贸易者，分别治罪有差"，次年又"禁诸王阿哥及家资丰裕大臣，毋许听家人出城邀买草炭"。[②]

为了保证京城商业发展，康熙帝还下令加强城内治安。康熙三十年（1691），康熙帝下诏："京师为辇毂重地，人民商贾，四方辐辏。京城内外统辖必有专责，俾稽察奸宄，消弭盗贼，然后商民得以安堵。"为此将原属兵部督捕衙门的巡捕三营交由步军统领管理，"京城内外，一体巡察。责任既专，则于芟除盗贼，安辑商民，庶有裨益"。[③]同时，统治者已意识到官方不能过多地干预商业，这样才能保

① 《清世祖实录》卷一三七，顺治十七年六月。按："世非"，或为"实非"之误。
② 《清通典》卷一五。
③ 《清圣祖实录》卷一五〇，康熙三十年二月。

证商业良好发展，乾隆帝曾说："大概市井之事，当听民间自为流通，一经官办，本求有益于民，而奉行未协，转多捍格。曩者京师办理钱价，屡挛其法，迄无成效，后乃以不治治之，即小有低昂。亦不见其骤长。"①

清代对北京城本地店铺的税收，由顺天府掌管，下设通判一人，"掌京城各市牙侩之籍而其常税"。②对于外地来京货物征收商税的制度，基本沿袭明制，设钞关征收商税。设立在北京地区的钞关有城内的崇文门，左、右翼以及通州的坐粮厅。

崇文门既是北京最重要的税口，也是北京城的城门之一。"燕京为都会之所，致天下之民，聚天下之货，熙熙攘攘，骈阗辐辏，驵坐之徒，群萃杂出。于是设关吏定课则。"③关于崇文门税关的设置时间，现有的研究中存在着分歧。一些学者认为崇文门是沿袭自明代，而另一些则认为是设置于清初。从相关记载中可知，康熙五年（1666）时崇文门隶属于顺天府；康熙七年（1668），朝廷下令从各部中挑选官员出任崇文门监督；雍正二年（1724），再一次改由顺天府管辖；直到乾隆二十七年（1762），又改由户部派员监督。最终，在道光二年（1822），朝廷考虑到崇文门的重要地位，决定任命一位中央高级官员直接管理。崇文门所收的关税主要来自商业贸易，尤以茶、酒、烟、布为大宗。顺治时期，税额（正额）定为85099两。此后，康熙二十五年（1686）正额增长至102175两，但没有设置固定盈余。

左、右翼设于清初。左翼负责北京东部的安定、东直、朝阳、东便、广渠、左安六门的税收；右翼负责北京西部的德胜、西直、阜成、西便、广安、右安、永定七门的税收。嘉庆二年（1797），政府将左、右翼归并一起管理，但两年后又恢复旧制。康熙元年（1662）以前左翼定额为6000两，康熙二年（1663）起增长至10000两。此后

① 《清高宗实录》卷三一四，乾隆十三年五月。

② 《清通典》卷三三。

③ 光绪《顺天府志》卷一一。

定额发生多次变化，嘉庆四年（1799）定正额银为10008两，盈余银为18000两。除了征收商税外，左翼还征收北京东部的房地税银（房产交易税），每年税收从几百两至千两不等。右翼和左翼一样，最初的定额为6000两，到康熙二年（1663）也增长至10000两。随后定额仍然频繁变动，直到嘉庆四年（1799），正额才确定为10005.12两，盈余则定为7321.4两。右翼如左翼一样，也要征收北京西部的房地税银，每年从几百两至千两不等。

清末崇文门景象
图片来源 《北京名胜》，山本讃七郎1906年摄，1909年再版

坐粮厅位于北京通州地区，始设于明代；康熙三十九年（1700），政府任命满、汉各一员管理税关。多年之后的乾隆三十三年（1768），改由户部侍郎监管。康熙初期定坐粮厅正额为6669.26两。坐粮厅所征税银，"悉系南来货物及粮麦猪酒等税"，[1]所以运河的通畅与否直接关系到坐粮厅的征税。坐粮厅主要根据货物的价值，分为落地、起京计数科税。如果货物在通州地区销售，那么征收货物价值的8%；

① 《明清档案》，乾隆五年十二月初五日，议政大臣讷亲等折，档案号：A97-118。

如果运往北京，税率为3%。乾隆四十一年（1776），朝廷更改了坐粮厅的税率：谷米按石征税，牲畜按数量征税。

由于北京吸引着各地商货，从而给清廷带来了极大的商业税收，“直省关税，以乾隆十八年奏销册稽之，共四百三十三万，当时天下最为富饶，商贾通利”。[①]商税已成为朝廷的一项重要税收，也可见北京地区商业的繁华。清代对于关税的征收有严格的规定，顺治十四年（1657），清廷规定“各关将部颁条例刊榜，竖立关口，便商输纳”，此外“又令各关当堂设柜，设梁头货物条例，商民亲行填簿，输银投柜”，[②]通过明确征税条例和商人自行填报货物纳税，以防官勒索。康熙帝时，也曾强调“各省钞关之设，原期通商利民，以资国用，非欲其额外多征、扰害地方”，因此严禁官员“巧立名色，另设戥秤，于定额之外恣意多索，或指称漏税，妄拿过往商民挟诈，或将民间日用琐细之物及衣服等类原不抽税者，亦违例收税，或商贾已经报税，不令过关，故意迟延措勒”等不法行为，并“严禁各关违例征收，永免溢额议叙之例”。[③]针对税官的贪污腐败，清廷也屡次严查。道光十年（1830），御史晋昌上奏：“巡役勒索，胥吏卖放，特派满、汉御史各一，专司稽查，一年而代。”道光十四年（1834）时，又“定贡物到京，崇文门免税验放”。[④]咸丰十年（1860），朝廷又严禁崇文门税关巡役讹诈进京会试的士子。

清廷规定，北京内城九门之外的所有店铺均由大兴、宛平二县划分等级，按季征收税课。上等每户征银五两，中等每户征银二两五钱，下等免征。设于九门之内的店铺，在进货时已经在各关口完税，所以仅服泼水、垫道等杂役。牙行则设有经纪，包揽纳税。乾隆二十三年（1758）确定北京牙行的课税，规定“顺天通判所属牙行，额设一千七十二名，征银一千八百两零。除节次裁去一百五十八名

① ［清］昭梿：《啸亭杂录》卷四。

② 《清通典》卷八。

③ 《清圣祖实录》卷一六，康熙四年七月。

④ 《清史稿》卷一二五《食货志六》。

外，实存八百九十一名，征银一千五百三十一两，着为定额”。[①]又据光绪《顺天府志》记载：“额设牙帖八百八十九张，分三则征税。上则二两，中则一两五钱，下则一两。”可见此后又稍有减少。牙行经纪在包揽商税的过程中，经常中饱私囊，因而光绪二十六年（1900）后，革除经纪，商税由官府直接征收。但此时清廷有财政困难，因此赋税沉重，“虽中饱已除，税额增益，而商民日困矣”。[②]

与元明相同，漕运对于清代北京的城市发展同样具有重大意义，除了漕粮供应北京的人口，商船或由运河来到北京，或“闽粤商船装载货物，由海洋直达天津”，[③]再通过天津的运河至京。江南、四川、两广的商品甚至洋货，都由商船通过大运河贩运至京，若运河一旦出现壅塞，“则京师所需各项货物，必致市价增昂”，[④]可见水路交通对于清代北京商业具有重大影响。因此漕运和运河是清廷极为关注的问题。清初，通州至大通桥闸河这一段的运河由于运送漕粮的需要，“向无民船往来”。康熙三十五年（1696），康熙帝下诏“今应令小舟泛载，于民殊有利济”。此后“今运丁及商人互为推挽，甚是两便。百姓各造小船，将通州货物运至京师甚易，而雨水时往来行人亦便，皆感激皇恩，名其船曰便民”。[⑤]但由于通州至城内的运河“外扩而内狭”，商船、漕船数量众多，无法尽数通行，因此不少商货是在通州起岸，“太仓官廪兵糈，暨廛市南北百货，舍舟遵陆径趋朝阳门，以舟缓而车便南北之用有不同也”，因此这段陆路商旅往来频繁，“轮蹄络织，曳挽邪许，欢声彻昕夕不休”，“商贾行旅，梯山航海而至者，车毂织路，相望于道”。清初这段商路“初未甃石，往往积涔成洼，经潦作泞，行者弗便”。雍正七年（1729），朝廷在这条路上铺设石路，乾隆二十二年（1757）复修，从而大大改善了交通环境，方便

① 《清高宗实录》卷五六三，乾隆二十三年五月。

② ［清］崇彝：《道咸以来朝野杂记》。

③ 《清朝文献通考》卷一六。

④ 《清高宗实录》卷一四五三，乾隆五十九年五月。

⑤ 《清圣祖实录》卷一七四，康熙三十五年六月。

了商旅运输。[1]

清时期，向北京运粮的漕船携带其他商品至京贸易，回空漕船也可以载货南归。清初谈迁曾乘坐回空的漕船南下，就曾见到漕船沿途贸易的景象："丁卯，午泊天津。天津产鱼盐。榷署在河西务，昨岁增满洲官二人，知回漕多贩鱼，又税之。余置鲍鱼一石，费二金。辛未，唐官屯产盐，余从众置盐一石。"[2]由于往来漕船进行贸易有利于商品的流通、增加运丁收入，因而也得到了朝廷的允许。康熙年间，朝廷允许漕船回空时携载黄豆、瓜果、麦子等农作物，上限为六十石，雍正七年（1729）时增至百石，嘉庆四年（1799），增加为一百五十石，并免税。[3]同治五年（1866），规定回空漕船可以携带成本银五百两的货物。在清廷政策的鼓励下，漕运也有了促进北京商品流通的功能，促进了商业发展。

《潞河督运图》所绘运河繁忙景象

清代也开始允许一定的洋货出现在国内市场，这也是明清以来经济全球一体化的结果。北京有不少外国商人前来贸易，对此朝廷也有相关的管理规定："凡外国人朝贡到京，会同馆开市五日，各铺行人等，将不系应禁之物入馆，两平交易，染作布绢等项立限交还。如赊买及故意拖延骗勒，远人久候不得起程者，问罪仍于馆门，首枷号一个月。若不依期日，及诱引远人潜入人家私相交易者，私货各入官铺，行人等照前枷号。"这些法律规定极为具体，多是针对北京市场

① 《日下旧闻考》卷八八。

② ［清］谈迁：《北游录·后纪程》。

③ 《清仁宗实录》卷五六，嘉庆四年十二月丁亥。

上确实发生的一些现象，可见官方对于北京市场的管理极为细致，这些法律也对保障市场的健康运转有积极作用。早在18世纪，就有很多外国货出现在中国的市场上。乾隆年间的访华使者马戛尔尼等人，在北京的通州，就看到在货品中有一些英国的布匹，这令他们感到十分惊讶。晚清时期，随着国门的大开，洋货更是大量冲入，成为国内市场的一部分。所谓“近来洋药好生源，都下新开数百家”。[1]当时京城各大绸缎商家必卖洋货，才能有好的生意。

---

① ［清］李虹若:《都市丛载》卷七。

## 第五节　近代：商业制度的近代化

清代后期，由于日益困窘的财政境况，清廷被迫采取一系列的政策变革，扩充财源，其中一部分政策，如发行大钱、超发纸币等政策，对北京的商业发展造成了不利影响。清末时，近代的公司企业开始在京出现，清廷为进行管理，颁布了一系列具有近代性质的商业法规，这有利于北京商业的近代化发展。

太平天国时期，清廷受到沉重的打击。在军事上遭受打击的同时，清朝的财政体制也受到了前所未有的挑战。为应付窘迫的财政局面，清廷挖空心思敛财，包括创办厘金、实施捐输等。在此之外，咸丰皇帝还采取了一项历朝皇帝碰到财政困难就爱采取的办法：滥发货币，放任通货膨胀，以尽可能地搜刮钱财。

清朝实行银两和制钱并行的体制。民间日常交流以制钱为主，政府收税则收银两。不过由于银钱比价的波动，两者之间的兑换关系颇为复杂。频繁波动的银钱兑换比价，也容易让普通百姓遭受损失。

大致而言，顺治至乾隆时期，官方规定制钱一千文合纹银一两，而实际在市场中制钱大约七八百文合纹银一两。乾隆以后九百文合纹银一两，处于“银贱钱贵”的状况。嘉道以来，由于鸦片走私严重，白银大量外流，银钱比价急剧变化，变得银贵钱贱。咸丰二年（1852），冯桂芬回忆：“二十年前，每两易制钱一千一二百文，十年以前易制钱一千五六百文，今易制钱几及二千文。”银贵钱贱对当时百姓生活产生了巨大影响。日常出入以钱为主，交税以银为主，转换之间，使其负担大增。

制钱为官方的钱局铸造，地方钱局时开时停，北京的宝源、宝泉二钱局长期开铸，所铸制钱用于官员俸禄、士兵军饷的发放以及用作朝廷兴办各种工程的经费，所以北京一直是全国的铸钱中心，制钱的铸造对北京市场的影响极大。太平军兴后，运河梗阻，滇铜不能顺利运京，铸钱成本日益高昂，而清廷此时又财政拮据，在这种情况下，铸造大钱虽然弊端极大，仍成为弥补亏空、应对危机的重要手段。咸丰三年（1853），南京失守，三月十八日户部议准铸造当十、当五十这两种大钱。这一年十一月，又开铸当百、当五百、当千大钱，同时将当十、当五十大钱减重铸造并添铸当五钱。

由于铸钱的铜原料不足，咸丰时还发行过铁钱和铅钱。铁钱于四年三月京师铸造，接着推行各省，面值有当一文的铁制钱和当五、当十、当五十、当百、当五百、当千的铁大钱。铅钱于咸丰四年六月在京铸造，面值有当一的铅制钱和当五十、当百、当五百、当千的铅大钱。

铸大钱的主要目的是实行通货膨胀政策缓解财政压力，因此铸大钱要尽可能地降低成本，使得币面价值远高于实际价值。铸钱是有成本的，铸钱的收益来自成本和面值之间的差异。由于是按铸造若干制钱的工银数核给，有学者做过分析，认为平均每枚制钱大约为工银0.00045两、料钱0.3335文，按每两白银折制钱2000文的比例来看，则每枚制钱的工银约合制钱0.9文。不难发现，铸钱的面值越大，收益越高。如当千大钱，成本仅为81文，扣除成本，净盈余为919文。铜大钱如此，铁、铅钱也是如此。这也是为什么咸丰同治时期，在面临财政窘迫之后，清政府会如此热衷于强行铸造和发行大钱的原因所在。

由于体系混乱，劣币驱逐良币，制钱很快被大量私销，几近绝迹。大钱的发行还进一步导致银钱比价的扭曲。咸丰以后，由于对外贸易出超，白银回流，道光以来的白银价格已经逐渐回落，但大钱的存在，使得一些地区银价不降反升。据彭泽益研究，同治时期的银价比咸丰初年上涨了16.5倍，高达每两白银合制钱28000文。

银钱比价的急剧变化和钱价暴跌的结果，必然是物价飞涨，百货腾贵。连乞丐都不愿意讨这种钱："街市上鸠形鹄面之人沿门求乞，每铺止给水上漂一文，而乞者积至十文，始能易一当十大钱，而当十大钱又止值一制钱。似此艰难，何以为生？”“宗室亦有散而为盗者，纠众横行，劫夺仓米，犯案累累，藉非饥寒所迫，断不至此。”可见不光是普通老百姓，连以前的宗室也无以为生，只能铤而走险了。

除了铸造大钱，咸丰时期还发行了官票和宝钞。官票以银两为单元，宝钞以钱文为单元，都是咸丰三年推行的货币政策。太平天国起，财政大窘，发行钞票遂成为解决财政困难的方案被提出。咸丰二年二月十六日，咸丰帝发布上谕：“钞法由来已久，本朝初年亦行之。……仍着户部妥议速行，其各银号钱铺所用私票，仍令照常行用。”①随后，官票开始试办。咸丰三年九月，清政府又另外发行宝钞。宝钞面值为五百文、一千文、一千五百文、二千文、四千文，后又添设五千文、十千文、五十千文和一百千文。

咸丰时期发行的当十铜钱母钱。政府通过开铸当百、当五百、当千大钱，以通货膨胀的方式搜刮民财，以度过财政危机。
图片来源　中国钱币博物馆网站
http://101.200.195.13//zgqbbwg//132476/138451/index.html

与铸大钱一样，由于没有现银准备，官票和宝钞一经推出即大规模贬值。官方随即改变官票可在官银钱号兑取现银的承诺，规定“不准以银票搭解部库”，将最初的承诺也一笔勾销。在清廷的强压之下，

① 王先谦：《东华录》，咸丰二年二月。

各省从咸丰四年初开始陆续设立官钱局，推行宝钞。可以预料的是，各级政府仍然坚持只放不收的办法，随着信用破产，又反过来进一步加速了官票和宝钞的贬值，从而造成严重的恶性循环。

官票和宝钞的推行给百姓带来无穷灾难。宝钞刚行，京城就“物价腾踊，民气愈蹙，大商小贾走相告语，谓毕生贸易，所积锱铢，异日悉成废纸。虽三令五申，告以钞票即是银钱，而阳奉阴违，群存观望”。[①]据事后统计，从咸丰三年推行票钞至咸丰十年，户部共造银票900余万两，其中已掣字银票190余万两，造宝钞2400余万串，其中已掣字宝钞800余万串，因贬值严重，到咸丰末年皆成废纸。

咸同时期，清廷铸造大钱、发行官票和宝钞的行为，极大地紊乱了金融市场。咸丰三年，面对复杂的市场和局势，很多富商直接将银两装运离京。为此，朝廷的应对之方不是加速流通，而是强行禁止。据大学士祁寯藻奏称：“京师为商贾荟萃之区，非银钱充足，坊市流通，不足以便民而裕国。近闻各商多有装载银两，盈千累万，纷纷出都之事，以致银价骤昂。若彼此效尤，恐根本重地将来财用匮乏，弊不胜言。”所以要求步军统领衙门、顺天府五城一体发布告示，凡携带多银出京者，“一经查出，即行罚惩”。

通过频繁的铸发钱钞活动，清廷获得了大量的货币收入。据不完全统计，1853—1861年间，户部铸发新式银票978.12万两，大钱8765.14万串，京钱3073.38万吊，共折合银6129.03万两。而同一时期户部银库的收入仅为8600万两。可见通过货币发行，户部额外获得了银库收入70%的财富，这也在相当大的程度上缓解了户部财政紧张的状况，有效地帮助了清廷渡过难关。正是在通货膨胀的打击之下，晚清时期的北京商业受到了沉重的打击。

清末新政时，清廷对于商业制度进行了一系列的改革，这些改革

---

① 中国人民银行总行参事室金融史料组：《中国近代货币史资料第一辑》下册，北京：中华书局，1964年，第383页。

在一定程度上促进了北京商业的发展和近代化。

重商风气的兴起。自洋务运动以来，清廷放弃了中国传统的“重农抑商”观念，并扶持鼓励工商业的发展，“商务为当今要图”，“凡有益于国，有利于民者，均应即时兴办，以立富强之基”。[①]随着近代商业的发展和社会的变革，人们的意识也开始转变，“同光以来，人心好利益甚，有在官而兼营商业者，有罢官而改营商业者”，[②]尤其是甲午战争以后，不少士大夫更将工商业视为经世致用、救国图强的有力途径。

1903年，光绪帝诏谕“现在振兴商务，应行设立商部衙门”，[③]商务仅位列外务部之次，可见清廷对其重视。1906年，商部又将工部并入，改为农工商部。同时清廷也兴办与商业有关的报纸，宣传商业思想。1906年，清廷官办报纸《商务官报》在京发行，该报由商部专管，用以发布官方的商业政策。1903年，北京商务报馆主持发行《商务报》，刊登有关农工商等事。

1905年，工商部于前门外西侧设立京师商品陈列所，“为西式二层楼房建筑，陈列北京及中国各地之天然及人工产品，并且销售。陈列品多为捐献品……常陈列品均注明产地、制造者、价格等。目前出品尚不甚多，但对研究比较中国各地产品却有些方便之处。每日开馆，允许公众参观”。[④]

税收制度。1907年，清廷创立巡捐总局作为北京地区的商业税务管理机构，1910年裁撤，捐税事务由外城巡警厅管理。随着商业的近代化，清朝新增了许多税种，如印花税、营业税、所得税，与传统的商业税并行，如崇文门依然在征收商税。由于财政拮据，清廷还增加了子口税、各种摊派和各色名目的捐税，由京城内的不同衙门管理，

---

① 《清德宗实录》卷四二八，光绪二十四年八月。

② ［清］徐珂：《清稗类钞·讥讽类》。

③ 《清德宗实录》卷五一九，光绪二十九年七月。

④ 吕永和、张宗平：《清末北京志资料》，北京：北京燕山出版社，1994年，第347—348页。

如工业捐局征收戏捐、铺捐、乐户捐等。

法律。清末新政时，清廷颁布了一系列有关商业的法律法规，以促进工商业的改革和发展。1903年，清廷于中央设立商部，地方设立商务局、成立商会，先后颁布了《奏定商会简明章程》《商人通例》等法规；为鼓励工商业发展，又颁布了《京师劝工陈列所章程》《奖励商勋章程》；随着商业近代化模式的出现，各地出现了公司，清廷又颁布了《公司法》《破产法》《票据法》等法律。《公司法》规定，“凡凑集资本共营贸易者，名为公司……凡设立公司至商部注册者，务须将创办公司的合同、规条、章程等一概呈报商部存案”。注册公司依照《公司注册试办章程》，“商人如有设立公司，无论何项，由部批准注册后，札知商部议员，应任切实保护之责，仍遵照公司律办理”，外国商人来京开办企业，也许注册登记。此外还有诸多针对不同行业进行管理的具体法规，如《管理饮食物营业规则》《各种汽水营业管理规则》《管理牛乳营业规则》等。诸多新式法律法规的颁行，迎合了社会经济发展的需要，也推动了商业的近代化发展。

管理制度。清末，政府对于商业的管理也逐渐走向法制化、科学化。1902年，清廷设立工巡总局管理北京的市场，1905年更名为巡警总厅。根据《京师内外城巡警总厅办事规则》的规定，巡警总厅的各个部分负责北京的工商业进行监督和管理。其中营业科负责管理工商业的具体经营事务，包括：“一、掌各项营业，开业、歇业之登记及调查报告等事；二、掌关于官立、公立市场之管理及商品陈列处所视察之事；三、掌关于诸工厂、典当及估衣、荒货等铺特别管理之事；四、掌关于调查度量衡之事；五、掌关于调查货币流通之事。”正俗科管理旅店、酒馆、茶楼以及剧院。防疫科负责屠兽场、饮食物品、庖厨用具的管理和检查。医学科管理药品的经营。

民国时期，根据1933年北平市社会局制定并颁布的《发给营业执照规则》，商业铺保是民国政府对商业进行管理的重要形式。“从法律的角度看，商业铺保制度是一种人身担保和物质担保相结合的契约，它通过第三方的商业信誉和商业资本，保证当事方履行义务，否则商号按照约定履行债务或者承担相应的责任。民国时期北京的商业铺保制度的形式有以下五种。”①

其一是工商业管理铺保。1937年，北平市政府参事室编辑了《北平市市政法规汇编》一书，其中的《修正北平市社会局发给营业执照规则》强调了铺保是商号登记领取执照的必备条件之一：“递呈前项声请书时，应取具资本相等之铺保两家。如系寄存客货性质之商店，需取具三家铺保。”②由此可以看出，新的商号申请营业执照，都必须找到资本实力相当的铺坊充当担保方。

其二是诉讼责任担保。民国政府参照并借鉴西方的法律体系，完善了中国近代的法律制度，并建构了一套完整的诉讼程序。对于商业行为中出现的民事纠纷而产生的诉讼中，如要保释嫌疑犯，则必须出具铺保印章。铺保有时也能作为法庭审理中的证据。

其三是宗教管理铺保。1929年，民国政府内政部决议公布《寺庙管理条例》二十一条，规定凡依寺庙登记条例登记的寺庙，均按此条例接受政府的管理。条例规定，寺庙的住持或管理人员必须填写政府统一发给的七种登记表，将寺庙的人口、财产、法物、变动情况等信息如实登记在案，之后需要有商业铺保证明，才能够获得寺庙的营业执照。因此，商业铺保还拥有帮助政府管理宗教寺庙的功能。

其四是信贷风险铺保。民国时期，银行为化解信贷风险，以商业铺保作为防范机制之一。自20世纪30年代中期以后，由于银行在地方实行的长期资金紧缩政策，北平市面日趋萧条，许多商铺无法获得银行贷款，因而倒闭。在北平市商会的请求下，北平政府为缓解商业危机，规定只要商户能获得三五家商铺的联保以及相关的贷款抵押物，就能从银行获得贷款。

---

① 此处参见周锦章：《论民国时期的北京商业铺保》，《北京社会科学》2011年第3期。

② 北平市政府参事室：《北平市市政法规汇编》（第二辑），北平市政府参事室，1937年，第51页。

其五是学徒铺保。北平的商号和作坊都大量招收学徒，学徒多是熟人举荐，因此举荐人即是铺保，对学徒的一切行为乃至人身向其雇主负责。当时如果没有铺保，学徒很难在北平的商铺找到工作。

据周锦章研究，民国时期商业铺保的担保责任则包括监督责任、偿付责任和中介责任：

商号保证被担保方不得擅自从事违反相关法律法规、习惯法或者契约的行为。“一旦发生被担保方未能履行应尽的义务情况，铺保必须负责督促，甚至尽力帮助其完成未尽之责。对此，《修正北平市社会局发给营业执照规则》有所反映：呈报人所取具铺保，应付呈报营业者不得私掺外股及私自租倒外人并代外人顶名声请之完全责任。凡呈报停业或歇业时，应缴呈执照，并附具资本相当之铺保两家（如系寄存客货性质之商店需取具三家铺保），经核准张贴布告后七日内，无其他纠葛发生，方许停歇其业，各户由局通知该管区署准予下区。”①

偿付责任是指“商号承担的被担保方不履行债务或义务时，按照约定追究被担保方责任并代为偿还债务”。由于北平有不少商铺的经营者经营不利，欠债过多，从而弃铺潜逃，此时商号就有义务代为偿付所欠债款。这种偿付责任是铺保最为重要的责任。

北平众多的中小型企业、商铺为了能够维持经营，充当生产者和消费者之间的中介，从而进行合作，“三方作为一个共同体互为连保，以此推动经济生活，特别是交易行为的持续发展，不至于因为缺乏交易活动的安全感而萎缩交易量”。在买卖双方交易之间，有商铺作为担保，帮助双方进行协商，从而促成交易，这种情况便是铺保的中介责任。

商业铺保与被担保方之间往往存在着亲密、信任或利益方面的关系。这种铺保制度介于传统与现代之间，它并非完全是现代法律概念

---

① 北平市政府参事室：《北平市市政法规汇编》（第二辑），北平市政府参事室，1937年，第52页。

中的担保制度，而是在民间社会中依靠传统的血缘、地缘等社会关系形成的一种信用体系。铺保制度一定程度上促进了商业市场上各方的沟通和活跃，同时又减少了政府的管理、监督市场的成本，“是抵御社会风险的有效缓冲器和民间秩序的主要治理资源”，因而成为民国政府主要依赖管理市场的手段之一。[①]

① 此处参见周锦章：《论民国时期的北京商业铺保》，《北京社会科学》2011年第3期。

第三章

# 商业区域

商业活动必须落实到一定的时空范围。北京在长期发展演变的过程中，它的商业区域也发生过很多变化，这与城市的建设布局，官方的商业政策，市场的需求都有很大关系。有些商业区域至今虽已消失，但是其名字成为北京城市的地名，还有一些则仍为现代北京的繁华商业街区，如大栅栏、王府井等。

北京商业区的名字独具特色，往往以该市场主要经营的商品命名。还有的商业区域则是逢年过节出现庙会，庙会往往将商业活动与节日文化及北京的市井文化结合起来，成为北京商业文化的一个亮点。由于史料的关系，本章直接从元代说起。

## 第一节　元代：集市遍布的大都城

元代，色目商人在北京极为活跃，因此元大都市场上不但汇集了来自全国各地的商品，还有色目商人从国外带来的奇珍异宝。北京的庙会，也是最早在元代开始出现的。

元朝大都市场上汇集了全国各地甚至外国的商品，元人李洧孙曾形容道："珠瑁香犀之奇，锦纨罗氎之美，椒桂砂芷之储。瑰绣耀于优坊，金璧饬于酒垆，伎效梨軒之术，工集般输之徒。烟尘坌而四合，岁月暇而多娱。若乃九服修职，五等协虑。陛陈璧马，庭列圭币。或以象寄通诚，或以鞮译达志。东隅浮巨海而贡筐，西旅越葱岭而献贽。南陬逾炎荒而奉珍，朔部历沙漠而勤事。孝武不能致之名琛大贝，登于内府；伯益不能纪之奇禽异兽，食于外籞。"[①]马可·波罗也曾见到："外国巨价异物及当物之输入此城者，世界诸城无与伦比。盖各人自各地携物而至，或以献君主，或以献朝廷，或以供此广大之城市，或以献众多之男爵骑尉，或以供屯驻附近之大军。百物输入之众，有如川流之不息……此汗八里大城之周围，约有城市二百，位置远近不等，每城皆有商人来此买卖货物，盖此城为商业繁荣之城也。"[②]

大都市场极为繁荣，黄仲文在《大都赋》中如此描绘："论其市廛则通衢交错，列巷纷纭。大可以并百蹄，小可以方八轮。街东之望街西，仿而见，佛而闻；城南之走城北，出而晨，归而昏。华区锦市，聚四海之珍异；歌棚舞榭，选九州之秾芬。招提拟乎宸居，廛肆至于宫门……是故猛火烈山，车之轰也；怒风抟潮，市之声也；长云偃道，马之尘也；殷雷动地，鼓之鸣也。繁庶之极，莫得而名也。

① ［元］李洧孙：《大都赋》。

② 《马可·波罗游记》第九十四章。上海：上海书店出版社，2006年，第238页。

若乃城闉之外，则文明为舳舻之津，丽正为衣冠之海。顺承为南商之薮，平则为西贾之派。天生地产，鬼宝神爱。人造物化，山奇海怪。不求而自至，不集而自萃。”可见一斑。

大都城的市场已不再集中于某几个区域。在修建元大都新城的过程中，刘秉忠依照《周礼·考工记》对城市进行规划，因而在城市内设计了“前朝后市”“左祖右社”的布局。通惠河修筑完成后，商船可由大运河开入城内，到达积水潭。钟鼓楼及周围斜街一带的地区，既位于皇城以北，符合“前朝后市”的规划，又紧邻积水潭，在城市规划和水利交通量大因素的影响下，成为大都城内最为繁华的商业区域，“本朝富庶殷实，莫盛于此”。[①]此外，元大都还有两处繁华的商业区，一处是在东四牌楼西南的枢密院角市；另一处在西四牌楼附近的羊角市。除了这三处较大的商业区域外，“在城里的大道两旁有各色各样的商店和铺子”，[②]各大城门外往来行人很多，因此也出现了市场。

城内市场依照不同的行业而划分。钟鼓楼商业区是大都城的核心商业区，因此商品种类最多，有米市、面市、缎子市、皮帽市、鹅鸭市、珠子市、沙剌市、柴炭、铁器市等，既有衣食、铁骑等日常用品，也有珠子、沙剌（珊瑚）等奢侈品。枢密院角市“位于南薰、明照二坊。由于这里靠近萧墙东墙以内的内府御厨以及相关的机构，如柴场、御酒库、酒坊之类，所以此处街市所供应的，主要是各种高级饮食品和奢侈生活用品，以及珍贵的装饰品和玩赏品，也有日常生活用品”。[③]羊角市位于安富坊、鸣玉坊和咸宜坊一带，元代大都有不少蒙古族人，故畜牧市场坐落于此，羊角市成为城内禽畜的交易集散地，有羊市、马市、牛市、骆驼市、驴骡市等。此外，城内各处还分布着其他市场，城北有柴草市，“此地若集市，近年俱于此街西为贸

① 《析津志辑佚·古迹》。

② 《马可·波罗游记》第八十四章。上海：上海书店出版社，2006年，第238页。

③ 周尚意：《元明清时期北京的商业指向与城乡分界》，《北京师范大学学报（社会科学版）》1999年第1期。

易所”；检校司门前有一处集市被称作省东市，其中有文籍市和纸扎市；喜云楼附近有鹁鸽市，翰林院东有靴市，城西有拱木市，修文坊有煤市，大悲阁附近有蒸饼市，披云楼附近有腕粉市。大都的各城门是交通要道，因此附近也有市场，如齐化门附近有车市，文明门附近有猪市、鱼市。有些商品是百姓必需，因此在城内有多处分布，如菜市在“丽正门三桥、哈达门丁字街”和“和义门外”；“草市门门有之”；“柴炭市集市一顺承门外，一钟楼，一千斯仓，一枢密院”；“果市和义门外、顺承门外、安贞门外”；穷汉市“一在钟楼后，为最。一在文明门外市桥，一在顺承门城南街边，一在丽正门西，一在顺承门里草塔儿”，[1]家具市场在海子桥南和哈达门。[2]

市场以商品种类划分且遍布城内各处，这与前代北京城市的市场大不相同，说明了元代大都商业发达并且分化细致，分工与专业化趋势日益明显。还有学者将大都的市场总结为三级：钟鼓楼市场为一级，枢密院角市和羊角市为二级，其他各处市场为三级。第一级的钟鼓楼市场服务对象最为广泛，“上自内苑，中至宰执，下至士庶”，因而商品种类多、市场规模大；第二级的枢密院角市、羊角市服务对象较窄，“服务空间范围也相对较小”，因此商品更为专业化；各处的零散市场和城门外的市场“提供的商品是以体积较大的、鲜活的生活必需品为主，而服务的对象既有附近的居民，又有城内的商人，这说明第三级商业点具有批发和零售的双重功能。元大都商品多仰给于外地，且元大都的农产品除纳税之外，商品率并不高。因此，元大都乡村地区市集的服务范围是地方性的，商业的服务指向也应是基本对称的”。[3]可见不同群体的市场需求也是促成大都市场分化的重要原因。

此外，各地商人往来于大都，在一些交通要道也形成了较为繁华的商业区，如：“齐化门外有东岳行宫，此处昔日香烛酒纸最为利。

① 《析津志辑佚·城池街市》。

② 《析津志辑佚·物产》。

③ 周尚意：《元明清时期北京的商业指向与城乡分界》，《北京师范大学学报（社会科学版）》1999年第1期。

盖江南直沽海道，来自通州者，多于城外居止，趋之者如归。又漕运岁储，多所交易，居民殷实。”[①]西宫后北街，“城中内外经纪之人，每至九月间买牛装车，往西山窑头载取煤炭，往来于此。新安及城下货卖，咸以驴马负荆筐入市，盖趁其时”。[②]

大都城内云集了来自欧洲、日本、高丽、西域等各地的商人。“有各地来往之外国人，或来入贡方物，或来售货宫中”，[③]其中来自西域的色目商人极为活跃，“柄用尤多，大贾擅水陆利，天下名城巨邑，必居其津要，专其膏腴，然而求其善变者则无几也”。[④]色目商人善于经商理财，因此蒙古的王公贵族和官员多“以银与回回，令其自去贾贩以纳息”，[⑤]色目商人因此也获得官方的支持。色目商人利用从王公贵族所得的资产进行高利贷，谓之“斡脱钱”。元廷还专门设立斡脱所和斡脱总管府，保护色目商人的经营，“贷斡脱钱而逃隐者罪之，仍以其钱赏首告者”。[⑥]色目商人专为王宫贵族和高官服务，为其聚敛钱财和珍宝。斡脱钱利息极高，借贷者往往“以偿所负，息累数倍，至没其妻子犹不足偿”，[⑦]所获利息自然归于王宫贵族和高官。色目商人还经常购得珍宝，献与朝廷，换取赏赐。色目人倒剌沙任左丞相时，色目商人便“以其国异石名曰瓓者来献，其估巨万”，以换取庇护和赏赐。[⑧]

---

① 《析津志辑佚·古迹》。

② 《析津志辑佚·风俗》。

③ 《马可·波罗游记》第八十四章。上海：上海书店出版社，2006年，第238页。

④ ［元］许有壬:《西域使者哈只哈心碑》,《全元文》卷一一九七。

⑤ ［宋］彭大雅:《黑鞑事略》。

⑥ 《元史》卷一八《成宗纪一》。

⑦ 《新元史》卷二〇九《脱脱传》。

⑧ 《元史》卷一八二《宋本传》。

## 第二节　明代：影响深远的商业区域

永乐迁都后，大批人口迁入北京，使北京的商业发展迅速。嘉靖年间北京南部外城的扩建大大影响了北京的城市格局，出现了许多新的商业街区，对后世影响很大。

明代北京地区的经济在朱棣迁都后开始迅速发展，“闾阎栉比，阛阓云簇，鳞鳞其瓦，盘盘其屋。马驰联辔，车行击毂，纷纭并驱，杂沓相逐。富商巨贾，道路相属。百货填委，丘积山蓄”。[①]明代中后期，北京是全国商业最为繁华的城市之一。

明初时北京有大量外来人口迁入，这些人在北京并没有土地，因而大多数人只能从事工商，“京师之民，皆四方所集，素无农业可务，专以懋迁为生”。[②]随着北京城市的发展，手工业和商业的兴旺，城内又出现了大量脱离农业生产的居民，这些人“别无耕凿之利，置店聚商，聊用糊口”。[③]万历十年（1582），宛、大二县登记在册的铺户就有近四万家，此外城中还有大量“以微资觅微利者”的游商小贩。[④]

除了本地定居的商人外，北京巨大市场云集了各地的商人，其中来自徽州、江南的商人居多。徽商在北京的活动极为活跃。隆庆年间，“歙人聚都下者，已以千万计”，[⑤]明末，居住在北京的徽州商人汪箕“家资数百万，典铺数十处”。[⑥]山阴、会稽、余姚等地之人，也有许多在北京“兴贩为商贾，故都门西南一隅，三邑人盖栉而比矣”。[⑦]苏松地区的工匠多“从聚两京……携其家眷，相依同住”，“或创造

---

① 《日下旧闻考》卷六。
② 《明经世文编》卷一九一。
③ 《明经世文编》卷四一一。
④ ［明］沈榜：《宛署杂记》卷一三。
⑤ ［清］许承尧：《歙事闲谈》卷一一。
⑥ ［清］计六奇：《明季北略》卷二三。
⑦ ［明］王士性：《广志绎》卷四。

房居，或开张铺店”。[①]外地的商人善于迎合北京的市场需求。沈德符曾提及，“京师蛙蟹、鳗虾、螺蚌之属，余幼目未经见，今腥风满市廛矣，皆浙东人牟利”，由于这些水产类商品无法从南方运输到北京，故而南方商人运用其家乡“圩田之法”的技术，在北京一带进行养殖，“堰荒积不毛之地，潴水生育，以至蕃盛耳，水族尚尔”。[②]再如，北京的餐饮业盛行南方饮食，因此有大量南方商人来京从事餐饮业，“京师筵席以苏州厨人包办者为尚，余皆绍兴厨人，不及格也”。[③]

北京商人不但人数众多，而且还有许多富商，明代后期，有的大商人资本可达千万两。明廷在征收铺户商课时，便将其划分为三则九等，其中“上三则，人户多系富商，资本数千，中三则，亦不下三五百金，独下三则，委系资本不一”。[④]从事奢侈品等行业的商人，更是富有，如上文所述的徽州商人汪箕，从事典当业，资产有数百万，贩卖金玉、珠宝的商人，资本甚至能达到上千万两。

明代北京商业的活跃，很大一部分原因来自社会上下消费文化的盛行。消费文化带来了大量的市场需求，刺激了商业的发展。宫廷的消费数额巨大。仅宫廷御膳一项，天顺八年（1464），光禄寺果品物料就达到了26万余斤。正统年间“鸡鹅羊豕岁费三四万，天顺以来增四倍，暴殄过多”。此外，皇帝还对奢侈品有着旺盛的需求。嘉靖帝崇奉道教，为了在宫内修建斋醮，因而需要“沉香、降香、海漆诸香至十余万斤”，甚至还“又分道购龙涎香，十余年未获，使者因请海舶入澳，久乃得之”；为了筑造“方泽、朝日坛，爵用红黄玉，求不得，购之陕西边境，遣使觅于阿丹，去土鲁番西南二千里”。“太仓之银，颇取入承运库，办金宝珍珠。于是猫儿睛、祖母碌、石绿、撒孛尼石、红刺石、北河洗石、金刚钻、朱蓝石、紫英石、甘黄玉，无

① 《明经世文编》卷二二。
② ［明］沈德符：《万历野获编》卷一二。
③ ［明］史玄：《旧京遗事》卷二。
④ ［明］沈榜：《宛署杂记》卷一三。

所不购。”[①]隆庆帝时“中官崔敏言，命市珍宝”。[②]这些宫廷用度或来自四方进贡，或是从市场上购买，每当“天下常贡不足于用”时，官府就会进行采办“出钱以市”，“责买于京师铺户”，“其后本折兼收，采办愈繁，于是召商置买”。宫廷需求的产品“召商置买”，自然会吸引各地商人贩运货物至京。[③]朝廷每逢庆典、祭祀等仪式时，也会向北京的商户购买所需之物。成化年间，明廷规定“凡大兴、宛平二县铺户，买办过祭祀果品物料，本寺（太常寺）官、顺天府官会御史、户部委官估计，于内府天财库领出铜钱六十万文，钞三十万贯给还”，正德初年，又“题准增银二百两，于太仓关给”。[④]宫廷和朝廷的用度甚巨，所需商品数量巨大，还有诸多奇珍异宝，从而促进了北京的奢侈品市场。

宫廷的奢侈之风也影响到了社会的各个阶层，渗透到了百姓的衣食住行等各个方面。明初时，为了维护社会等级制度，对服饰有着严格的规定，“如翡翠珠冠、龙凤服饰，惟皇后、王妃始得为服；命妇礼冠四品以上用金事件，五品以下用抹金银事件；衣大袖衫，五品以上用纻丝绫罗，六品以下用绫罗缎绢，皆有限制”，但是到了明代中期，“男子服锦绮，女子饰金珠，是皆僭拟无涯，踰国家之禁者也”，原先的制度早已形同虚设，[⑤]“又衣丝蹑缟者多，布服菲屦者少……俗尚日奢，妇女尤甚。家才儋石，已贸绮罗；积未锱铢，先营珠翠”。[⑥]同样的情形不仅在服饰衣着，还有其他方面，“起自贵近之臣，延及富豪之民，一切皆以奢侈相尚”，整个社会上下，“车马器用，务极华靡”，“一宫室台榭之费至用银数百两，一衣服燕享之费至用银数十两……财有余者，以此相夸；财不足者，亦相仿效”，原先的等级制

① 《明史》卷八二《食货志六》。

② 《明史》卷一〇三《陈吾德传》。

③ 《明史》卷八二《食货志六》。

④ 《大明会典》卷二一五《太常寺》。

⑤ ［明］张瀚：《松窗梦语》卷七。

⑥ ［明］顾起元：《客座赘语》卷二。

度，早已“荡然不知”。即使是广大的平民，受到了上层的影响，也是“习见奢僭，婚姻丧葬之仪、燕会赙赠之礼畏惧亲友讥笑，亦竭力营办，甚称贷为之”。[①]“富豪贵介，纨绮相望，即贫乏者，强饰华丽，扬扬矜诩，为富贵容。”[②]

北京地区官员、富商云集，这种奢侈风气更甚，如服饰方面“天下服饰僭拟无等者……若京师则异极矣”，甚至就连地位低下的长班、教坊之女，“莫不首戴珠箍，身被文绣。一切白泽麒麟、飞鱼、坐蟒，靡不有之。且乘坐肩舆，揭帘露面，与阁部公卿，交错于康逵。前驱既不呵止，大老亦不诘责”。[③]正统年间，直隶监察御史陈鉴言就指出：“今风俗浇浮，京师为甚……臣推其故有五：其一军民之家事佛过盛，供养布施，倾资不吝。其二营办丧事，率主破家，惟夸睹视之美，实非送死之益。其三服食靡丽，侈用伤财。其四倡优为蠹，淫败无极。”[④]

成化年间，户科都给事中丘弘上奏，“近来京城内外风俗尚侈，不拘贵贱，概用织金宝石服饰，僭儗无度。一切酒席皆用簇盘糖缠等物。上下仿效，习以成风”。[⑤]嘉靖年间，江南名士田汝成在北京时，“有一蒋揽头家请贵客八人，每席盘中进鸡首八枚，凡用鸡六十四只矣”，席间一位御史喜食此菜，于是“蒋氏以目视仆，少顷，复进鸡首八盘，亦如其数”。其子田艺蘅回忆此事时感叹道：“则凡一席之费一百三十余鸡矣，况其他乎？”[⑥]奢靡之风甚至也影响到了寺院，“若事佛之谨，则斋供僧徒，装塑神像，虽贫者不吝捐金，而富室祈祷忏悔，诵经说法，即千百金可以立致，不之计也”。[⑦]明末时，“都下园亭相望，然多出戚畹勋臣以及中贵，大抵气象轩豁”。[⑧]宫廷的宦官更是

---

① ［明］陈子龙：《明经世文编》卷一四四。

② ［明］张瀚：《松窗梦语》卷七。

③ ［明］沈德符：《万历野获编》卷五。

④ 《明英宗实录》卷一六九，正统十三年八月。

⑤ 《明宪宗实录》卷八六，成化六年十二月。

⑥ ［明］田艺蘅：《留青日札》卷二六。

⑦ ［明］张瀚：《松窗梦语》卷七。

⑧ ［明］沈德符：《万历野获编》卷二四。

“奢侈争胜。凡生前之桌椅、床柜、乘轿、马鞍以至日用盘盒器具及身后之棺椁，皆不惮工费，务求美丽。甚至坟寺庄园第宅更殚竭财力以图宏壮”。[1]

“所谓奢者，不过富商大贾、豪家臣族自侈其宫室车马饮食衣服之奉而已。彼以梁肉奢，则耕者庖者分其利；彼以纨绮奢，则鬻者织者分其利。”[2]由于奢靡之风自上而下的盛行，北京的奢侈品和其他相关商品的市场极为发达。如官员富户喜爱以宝石为饰，于是“在京射利之徒，屠宗顺等数家，专以贩卖石为业，至以进献为名，或邀取官职，或倍获价利”；[3]京城“官民之家，争起第宅”，因此北京木材需求旺盛，价格昂贵，“所以大同、宣府规利之徒，官员之家，专贩筏木，往往雇觅彼处军民，纠众入山，将应禁树木任意砍伐”，并贩运至京，“一年之间，岂止百十余万”。[4]正是由于此类的需求，致使“东南财货与山海珍藏无不聚辇毂下，诚为塞途积路。毋论天府国储，既世戚巨珰，口极膏粱，身衣纨绮，耳穷郑、卫，目盈燕、赵，犹未足以厌其欲也”。[5]

清末被八国联军击毁的正阳门。正阳门原名丽正门，俗称前门、前门楼子、大前门，是明清两朝北京内城的正南门。位于北京城南北中轴线上的天安门广场最南端。始建于明成祖永乐十七年（1419），是老北京“京师九门”之一。它集正阳门城楼、箭楼与瓮城为一体，是一座完整的古代防御性建筑体系。据地方志记载，当时的城楼、箭楼规模宏丽，形制高大；瓮城气势雄浑，为老北京城垣建筑的代表之作，现仅存城楼和箭楼，是北京城内唯一保存较完整的城门。

图片来源 https://www.shuge.org/ebook/ views-of-the-north-china-affair/《北清事变写真帖》1901 年，山本诚阳摄

---

① ［明］刘若愚：《酌中志》卷二〇。

② ［明］陆楫：《蒹葭堂稿》卷六。

③《明宪宗实录》卷八六，成化六年十二月。

④《明经世文编》卷六三。

⑤ ［明］张瀚：《松窗梦语》卷二。

具体来说，明代北京的商业区，除了继承于元大都的钟鼓楼一带外，还有正阳门外大街及东四牌楼、西四牌楼等处。正阳门至大明门一带是明代北京最为繁华的商业区。由于永乐年间朝廷在此地建有诸多廊房，“正阳门外廊房胡同，犹仍此名”，[①]因此有许多居民在此“搭盖棚房，居之为肆……假贸易以糊口”。[②]市民密集于此，使此地充满商业潜力，商铺鳞次栉比，“招牌有高三丈余者，泥金饰粉，或以斑竹镶之，又或镂刻金牛白羊黑驴诸形象以为标识，酒肆则横匾连楹，其余或悬木罂或悬锡盏，缀以流苏”。[③]位于正阳门内至宫禁大明门之前的棋盘街，“府部对列街之左右，天下士民工贾各以牒至，云集于斯，肩摩毂击，竟日喧嚣，此亦见国门丰豫之景”，“百货云集，乃向离之景也”。[④]大明门前“府部对列”，朝廷衙门多设于此，也促进了商业发展，比如书籍文具便因此成为这里的主要商品，“凡燕中书肆多在大明门之右及礼部门之外及拱辰门之西”。[⑤]嘉靖末年万历初年所作《皇都积胜图》描绘了棋盘街地区的繁荣状况。画中所见，由北京郊区而至的络绎不绝的马驮、车载、肩挑、手提的运输线，在正阳门和大明门之间的“朝前市”上，出现了布棚高张、纵横夹道的情景，出卖货物的摊子一个挨着一个，冠巾靴袜、衣裳布匹、绸缎、皮毛、折扇、雨伞、木梳、蒲席、刀剪锤头、陶瓷器皿、灯台、铜锁、马镫、马鞍、书籍、字画、纸墨、笔砚、彝鼎、佛像、珠宝、象牙、草药、线香、纸花、玩物等应有尽有。

明代北京城的城市规划也是影响正阳门商业区发展的重要因素。由于明代城市的扩建，运河河道相比元代发生了巨大变化，元朝时漕船可由通惠河直接进入积水潭，但是“明初改筑京城，与运河截而为

---

① ［清］查慎行：《人海记》卷下。

② 《日下旧闻考》卷五五。

③ 《日下旧闻考》卷一四六。

④ 《日下旧闻考》卷四三。

⑤ ［明］胡应麟：《少室山房笔丛·甲部·经籍会通四》。

二，积土日高，舟楫不至，是潭之宽广，已非旧观”，[1]加之元代时修建的通惠河至明朝时已经淤塞，船只通行不便，因此明代新规划的运河终点在积水潭南东便门外的大通桥附近，漕船至此卸货。而大通桥就在正阳门附近，加之永乐年间朝廷在正阳门外修造了大量的廊房吸引商户，故而明代北京最繁华的市场也从钟鼓楼南移到了正阳门一带。

正阳门繁华的商业区在明代中期已向南发展到了城外。嘉靖年间，城外“居民繁夥，无虑数十万户，又四方万国商旅货贿所集”，[2]因此有官员提出“今城外之民殆倍城中……宜筑外城便”。[3]庚戌之变后，明廷着手修建北京外城，最终只选择修扩南城一面，很大原因是因为南城商业的繁华。嘉靖四十三年（1564）外城修建完毕后，原本南城外的商业区被纳入城中，与正阳门商业区连接起来，极大地扩展了北京的商业空间，促进了商业的繁华。

清末民初前门景象
图片来源　《甘博摄影集（第三辑）》

① 《日下旧闻考》卷五三。
② 《明世宗实录》卷三九五，嘉靖三十二年三月。
③ 《明世宗实录》卷二六四，嘉靖二十一年七月。

正阳门外的前门大街一带尤为繁华，有肉市、布市、瓜子店、珠宝市、粮食店、煤市等市场，外城还有大量的胡同。“大街东边市房后有里街……迤南至猪市口，其横胡同曰打磨厂。内稍北为东河沿，曰鲜鱼口，内有南北孝顺胡同，长巷上下头条、二条、三条、四条胡同，曰大蒋家胡同，东南斜出三里河大街，内有小蒋家胡同，冰窖胡同，此皆商贾匠作货栈之地也。”[①]“大街西边市房后有里街……街南至西猪市口，其横胡同曰西河沿、曰大栅阑、曰大齐家胡同、曰小齐家胡同、曰王皮胡同、曰蔡家胡同、曰施家胡同、曰掌扇胡同、曰云居寺胡同、曰湿井胡同、曰干井胡同。在煤市桥者东，曰廊房头条胡同、二条胡同、三条胡同，西曰火扇胡同、曰苕帚胡同、曰炭儿胡同、曰杨梅竹斜街。在煤市街者西，曰李纱帽胡同、曰栢兴胡同、曰小马神庙、曰大马神庙，其东即齐家诸胡同。大栅阑西南斜出虎房桥大街，此皆市廛旅店商贩优伶丛集之所，较东城则繁华矣。”[②]诸多的市场和附近作坊集中的胡同，也促使此地形成了一个庞大的商业区。

正阳门外大街亦十分兴盛，据《京师五城坊巷胡同集》记载：正阳门外廊房胡同，从北向南，依次有头条、二条、三条、四条和西河沿街，商品贸易异常活跃。其中头条胡同主要为灯笼市，这里聚集了二十多家灯笼铺，尤以文盛斋、华美斋、秀珍斋三家最为出名；廊房二条胡同，是玉器古玩商铺集中之地；廊房三条胡同，以经营针头线脑等小商品而闻名；廊房四条胡同（今大栅栏）的店铺经营品种繁杂，清代这里成为北京城内最为繁华的商业中心。西河沿街介于正阳门和宣武门之间，商贩多在此屯货和住宿，由此带动了本地区的饮食等消费，因而此地以小型旅店和饭馆居多。

东西城的东四牌楼及西四牌楼地区是城内另外两处重要商业区。东四牌楼商业区又称为东大市，明代北京内城最为繁华的商业区。大通桥码头虽然已取代积水潭码头成为运河的主要卸货地点，但是由于

① ［清］吴长元：《宸垣识略》卷九。

② ［清］吴长元：《宸垣识略》卷一〇。

大通桥码头容量有限，无法容纳所有漕船和商船，因此尚有不少船只需要在通州卸货并由陆路运送货物、漕粮，经朝阳门进入城内。东四牌楼临近朝阳门，位于运河商货进城之交通要道，自然逐渐兴盛起来，酒楼、商铺、戏院云集于此，成为一个繁华的商业地带。东大市附近仓储众多，除元代设立的七座仓储外，明代又增设禄米仓、新太仓、旧太仓、南新仓、富新仓和海运仓，是漕粮在北京的储存之地。同时，作为明代北京城内重要的定期市集而的兴盛的灯市，以及附近隆福寺等繁华的庙会，也带动了灯市口地区商业贸易的发展。

西四地区的商业中心位于西四牌楼附近，称为西大市。永乐迁都北京之后，外地货物进城通道除可由水路经东边朝阳门之外，由西北地区经陆路而至的商货则走西侧西便门进城，并集聚在西直门及阜成门附近，由此造就了西四牌楼商业区的繁荣。明代北京居民日常饮食消费所用的猪牛羊等牲畜都来自西北地区，并集中在西大市商业区贸易，久之便形成了专门的骡马市、羊市及猪市。同时，城内燃煤多由北京西山运来，也都集中在西大市销售。此外，西四牌楼附近集中了众多的戏院和妓院。西安门外的砖塔胡同，为当时著名的“歌吹之林”，这里一度是北方杂剧的活动中心。同时，与东四牌楼相对应，西大市的勾栏院亦热闹异常。灯红酒绿下的西大市商业区，其休闲娱乐消费的繁荣，同样带动了西四牌楼商业区的兴盛。西大市商业区内重要的街道除骡马市、羊市、猪市外，马市多销售从大西北和北方游牧部落贩运来的马匹。此外，还有缸瓦市、皮货市、箔子市、皮毛市等专业性的商品市场。

除了固定的市场外，明代的北京城还形成了诸多集市。所谓集市，即平日里“散处各方”的商人在一个特定的时间于一个特定的地点“合为一市”，“百货俱陈，四远竞凑，大至骡马、牛羊、奴婢、妻子，小至斗粟、尺布必于其日聚焉”。[1]灯市及庙市是明代北京城内规模最大的节日类的集市，其中以有“东灯市、西庙市”之称的灯

① ［明］谢肇淛：《五杂俎》卷三。

市、城隍庙集市，还有内市最为繁华。

元代时，大都在正月十五灯节等就有集市，供人游乐消费。民国年间《北平庙会调查报告》称："明代北平城中，最繁盛之庙会，为灯、庙二市。庙市，谓都城隍庙庙会，灯市则初为上灯时节所开之市。"明代的灯市更加繁荣，"向设于五凤楼前，后徙东华门外"，[①]位于"王府街东，崇文街西，亘二里许"，[②]即今灯市口大街、灯市口西街、灯市口北巷、同福夹道一带。灯市原为元宵观灯而设，"太祖初建南都，盛为彩楼，招徕天下富商，放灯十日"，[③]朱棣迁都北京后依然沿用此制，因而灯市在观灯娱乐之余，也是重要的商业集市，后来逐渐变为定期交易货物的集市。每年正月初八至十八，灯市开张，白天商贸，夜晚观灯。此后，灯市的开市日期又变为每月的初五、初十及二十这三日。灯市"先为灯设也"，因而其出售的花灯制作精良，使用材料"有烧珠、料丝、纱、明角、麦秸、通草等"，花样繁多，"有纱灯、纸灯、麦秸灯、走马灯、五色明角灯等"，灯上还有绘画，如鸟兽、山水、花卉、生肖等。制作精良的花灯价格不菲，"灯贾大小以几千计，灯本多寡以几万计，自大内两宫与东西两宫及秉刑司礼、世勋现戚、文武百僚，莫不挟重资以往，以买之多寡较胜负。百两一架、二十两一对者比比。灯之贵重华美，人工天致，必极尘世所未有，时年所未经目者，大抵闽粤技巧，苏杭锦绣，洋海物料，选集而成，若稍稍随俗，无奇不敢出也"。[④]

随着商业发展，灯市上"百货全集，乃合灯与市为一处"，[⑤]时人言："争说看灯市里忙，行来片片锦珠光。长安白昼迷人眼，不见灯场见市场。""省直之商旅，夷蛮闽貊之珍异，三代八朝之古董，五等四民之服用物皆集，衢三行，市四列，所称九市开场，货随队分，

① 张江裁：《北平岁时志》卷一。

② 《日下旧闻考》卷四五。

③ ［明］刘侗、于奕正：《帝京景物略》卷二。

④ ［清］萧智汉：《月日纪古》卷一。

⑤ 张江裁：《北平岁时志》卷一。

人不得顾，车不能旋，阗城溢郭，旁流百廛也。”[1]夜晚除观灯外，人们还放烟花、观赏各种娱乐活动，故“乐则有鼓吹、杂耍、弦索等，烟火则以架以盒，盒有械寿带、葡萄架、珍珠帘、长明塔等”。[2]市场上其他商品种类也很丰富，“凡珠玉宝器以逮日用微物，无不悉具。衢中列市，棋置数行，相对俱高楼。楼设氍毹帘幕，为宴饮地。一楼每日赁值至有数百缗者，皆豪贵家眷属也。夜则燃灯于上，望如星衢”，[3]“货随队分，人不得顾，车不能旋，阗城溢郭。旁流百廛”，“贵主大珰则又先期重价，各占灯楼。尺寸隙地，仅容旋马，价亦不资。初至京师者，骇叹愕眙”。[4]灯市开放时，“诸司堂属，俱放假遨游，省署为空”，即使是“旧皆有禁”的吏部都察院官和及朝觐外吏，也都“微服私观”，而“其时南宫试士，大半鳞集。呼朋命伎，彻夜歌呼，无人诃诘，至若侯门戚里”。[5]明人吕邦耀曾作诗描绘庙会灯市的繁华场景：“长安东陌游人乐，开市荧煌竞挥霍。元日元宵半月忙，奇灯奇货千家错，商贾骈肩利往来。”其繁华可见一斑。

《北平庙会调查报告》记载明代建都北平以后，新建庙宇更多，如土地庙、白云观、护国寺、东岳庙等，明代均有庙会。其中城隍庙庙会的规模最大，因此《燕都游览志》中记载，认为“庙市者，以市于城西之都城隍庙而名也”。

城隍庙集市“西至庙，东至刑部街止，亘三里许”。其开市时间为每月初一、十五、二十五，届时“商贾毕集，大者车载，小者担负，又其小者挟持而往，海内外所产物咸萃焉。至则画地为限界，张肆以售。持金帛相贸易者，纵横旁午于其中，至不能行，相排挤而入，非但摩肩接踵而已”。[6]市场上一大特色是云集了来自全国各地的

① 《日下旧闻考》卷四五。
② ［清］富察敦崇：《燕京岁时记·灯节》。
③ 《日下旧闻考》卷四五。
④ ［明］刘侗、于奕正：《帝京景物略》卷二。
⑤ ［明］沈德符：《万历野获编》补遗卷三。
⑥ ［明］吴俨：《吴文肃摘稿》卷三。

古玩珍宝，“图籍之曰古今，彝鼎之曰商周，匝镜之曰秦汉，书画之曰唐宋，珠宝象玉珍错绫锻之曰滇粤闽楚吴越者，集市族族”，[1]“又外国奇珍，内府积藏，扇墨笺香，幢盆钊剑，柴、汝、官、哥，猖貐氆氇，洋缎蜀锦，宫妆禁绣，世不常有、目不常见诸物件，应接不暇”。集市之中还有不少“碧眼胡商，飘洋番客，腰缠百万，列肆高谈”。

庙市的贸易商品种类繁多，且多有贵重之物，所谓“庙市乃为天下人备器用御繁华而设也”。明代北京城内的城隍庙市与灯市是当时最为重要的古董贸易场所，正如时人所述：“天下马头，物所出所聚处。苏杭之币，淮阴之粮，维扬之盐，临清、济宁之货，徐州之车骡，京师城隍、灯市之古董……”及至庙市开市当日，“日至期，官为给假，使为留车，行行观看，列列指陈，后必随立以挟手，抬之以箱匣，率之以纪纲戚友，新到之物必买，适用之物必买，奇异之物必买，布帛之物必买，可以奉上之物必买，可贻后人为镇必买，妾媵燕婉之好必买，仙佛供奉之物必买，儿女婚嫁之备必买，公姑寿诞之需必买，冬夏着身之要必买，南北异宜之具必买，职官之所宜有必买，衙门之所宜备必买”。凡此种种，可见庙市商货十分齐全。

除城隍庙会外，东岳庙会规模亦十分可观。《宛署杂记》载，“是日行者塞路，呼佛声振地”，其规模之大由此可见。东岳庙坐落于朝阳门外神路街北口，因明代建城后漕船及商船无法直接抵达积水潭，只能改由陆路经由朝阳门进城，由此东岳庙渐趋兴盛起来。明代东岳庙会除每年三月二十八日为东岳大帝诞辰之日外，每月的初一和十五均有庙会，其中尤以三月二十八日东岳大帝诞辰日最为热闹，是日“道途买卖，诸般花果、饼食、酒饭、香纸填塞道路，一盛会也”。在这一日，京城百姓扶老携幼，“倾城齐驱齐化门，鼓乐旗幢为祝，观者夹路”，庙会呈现了“帝之游所经，妇女满楼，士商满坊肆，行者满路”的热闹景象。

内市则是都城仅有的贸易形式，主要为内廷交易而设。明代以玄

① 《日下旧闻考》卷五〇。

武门外（今景山前街）为内市，宫殿之制，前朝后市。在玄武门外，每月逢四开市，听商贸易，谓之内市。内市出现于明代后期，“每月逢四则开市，听商贸易”。[①]内市主要为皇宫提供“宫内日用衣帛食物器用之类”，[②]关于内市的开市范围，《日下旧闻考》载：“内市在禁城之左，光禄寺入内门，自御马监以至西海子一带皆是。每月初四、十四、二十四，三日俱设场贸易。”这三天内，“例令宫内残役擎粪秽出宫弃之。时各门俱启，因之陈列器物，借以博易”。内市虽也有“日用衣帛食物器用之类”，但其主要为皇室、宦官以及上层勋贵所设，商品主要有各色珠宝珍奇。“凡三代周秦古法物，金玉铜窑诸器，以至金玉珠宝犀象锦绣服用，无不毕具。列驰道两旁，大小中涓与外家、勋臣家，时时遣人购买之。每月三市，凡旧家器物，外间不得售者，则鬻诸内市，无不得厚值去。盖六宫诸妃位下，不时多有购觅，不敢数向御前请，亦不便屡下旨于外衙动用，故各遣穿宫内侍出货焉。凡内市物悉精良不与民间同，朝贵亦多于其地贸易，咸听之不禁。”[③]可见，内市的商品多为来自宫廷，因此有不少奢侈品。“若奇珍异宝进入尚方者咸于内市萃之”，官方手工业的精美制品也在内市向百姓出售，如“宣德之铜器，成化之窑器。永乐果园厂之髹器，景泰御前作坊之珐琅”，“四方好事者亦于内市重价购之”。[④]内市的规模程度不及灯市和城隍庙市，但是由于其每月“逢四开市”，时间不与城隍庙市冲突，故而还是吸引了一部分商人前来。

此外，明代的北京城“每月逢三则土地庙市”，又被称为外市，市中所售之物“系士大夫庶民之所用”。同时，正阳桥附近又开设有穷汉市。外市与穷汉市中所售商货均以日用品为主。明代北京城内专设书市，位于大明门及礼部门附近。史料记载，明代北京城内书肆大多在大明门之右及礼部门之外以及拱宸门之西，花朝（即二月十二日

① ［明］孙承泽：《春明梦余录》卷六。

② 《明神宗实录》卷五八一，万历四十七年四月。

③ ［清］宋起凤：《稗史·内史》。

④ ［明］孙承泽：《春明梦余录》卷六。

传为百花生日）后三日，则移于灯市；每朔望并下浣五日，则徙于城隍庙中。灯市极东，城隍庙极西，均为日中贸易所。

简言之，明代北京城市商业规模已成熟，城内形成了繁荣的商业街区，包括正阳门地区以及东四、西四牌楼商业区。同时，定期性的商业集市——灯市、庙市以及内市三大市集是城中最主要的商业贸易形式。此外，诸如外市等自由的贸易形式也在一定程度上扩大了城市贸易范围。明代北京城市商业在经历了初期的萧条之后，随着永乐迁都作为都城地位稳固，城市商业得到快速发展。从市场分布范围、商业贸易形式来看，明代北京城市商业的发展，奠定了清代及至当今北京城市商业发展的基础。

## 第三节 清代："京城"下的集市

清代前期北京城内的商业区域总体上沿袭明代。清初由于满汉分居的政策，内城的商铺全部搬到外城，但随着市场需求和经济发展，清代中期内城的商业街区又有所恢复。可见强制性的行政手段对商业的不合理限制终究无法与市场和经济抗衡。

中国封建社会等级森严，在吃、穿、住、行各个方面都有着严格的等级区分。比如说，唐朝以后历代都规定明黄色为皇帝专用。明朝规定，平民不得用龙、蟒、鱼、凤等图案的面料做衣服，清朝文官武将朝服上绣的飞禽走兽代表着不同的官阶，平民百姓最多只能穿长袍马褂。北京城中心的紫禁城是皇族的住宅，重构重拱、朱门红窗属于皇宫、庙宇专用，平民绝不能在住宅中使用。北京四合院的规模、样式、布局都有严格规定，分为亲王、郡王、贝勒、公侯、品官、百姓等级别，如果逾级建宅要论罪，直至死刑。清代"东富西贵、南贱北贫"的说法，既概括了居民的分布，也充分反映了封建等级观念。东城因多有仓库、货栈、商店、集市，商人居多而富；西城因亲王、郡王建府居多而贵，南城因是汉人居住而贱，北城因下层旗人破落而贫。

清初朝廷在北京城内实行满汉分居的政策，"凡汉官及商民人等，尽徙南城居"，[①]这对北京的商业发展产生了重大影响。许多汉人所经营的商铺由内城迁至外城，原本元明时期北京内城繁华的商业区域如钟鼓楼、东四牌楼、西四牌楼等处因而消失。原本位于刑部街城隍庙的庙市移至外城报国寺，"甲午冬增市灵佑宫"；位于东华门的灯市移至正阳门外，"皆不如昔日之盛"。[②]

---

① 《清世祖实录》卷四〇，顺治五年八月。

② ［清］谈迁：《北游录·纪闻上》。

早在明末，京城的传统商业在早已形成的行业划分之后，又各自按照店铺作专门商品的经营。据记载，在明末京城即已出现了著名的店铺：“明末市肆著名者，如勾栏胡同何关门家布，前门桥陈内官家首饰，双塔寺李家冠帽，东江米巷党家鞋，大栅栏宋家靴，双塔寺前赵家莶酒，顺承门大街刘家冷淘面，本司院刘崔家香，帝王庙街刁家丸药，而董文敏亦书、刘必通硬尖笔。凡此皆名著一时，起家巨万。又抄手胡同华家柴门专煮猪头，日鬻千金。内而宫禁，外而勋戚，由王公逮优隶，白昼彻夜，购买不息……富比王侯皆此辈也。”①

到了清代，由于内城诸禁忌和汉人南迁外城，使得前门外大栅栏一带成为北京最大的商业区。各条街道商肆店铺林立，诸如茶叶店、眼药店、古玩铺、钱铺、珠宝市、雀儿市、小市、琉璃厂书市，以及估衣摊、换钱摊，热闹非常，令人眼花缭乱。而商业的发展在空间与时间上打破传统的制约后，一些人在商业经营与商业行为上也会出现明显的变化。

清末地安门外大街景观
图片来源 《北京名胜》，山本讃七郎 1906 年摄，1909 年再版

当然，内外城的对立不能长久持续，内城居住的旗人仍有消费

① ［清］阮葵生：《茶余客话》卷一八。

需求，清初不准汉族商人进入内城的禁令逐渐被打破。康熙三十八年（1699）时，“崇文门内东四牌楼地方生意最盛”，[①]康熙五十四年（1715）时“因天下各省之人来者甚多，于外紫禁城内外地方开下榻之店者甚多”，[②]紫禁城附近都出现了旅店，可见内城的商铺已然众多。雍正十一年（1733），“东华门、西华门外所开饭铺内，亦有兼卖酒者，其特招人沽饮，而开热酒铺者亦甚多”，不少值班的八旗兵丁“进铺沽饮”清廷为防止士兵擅离职守而“将东华门、西华门外所有之热酒铺一概禁止，令其别谋生理”，但仍允许“其出卖饭肉菜蔬”，[③]可见此时清廷已经默认了内城商业的存在。“地安门外大街，最为骈阗，北至鼓楼凡二里余，每日中为市，攘往熙来，无物不有。”[④]清代中期时，北京内城已是市集遍布，成书于道光年间的《都门纪略》载：“在东四牌楼南者，曰米市。在东四牌楼西者，曰猪市、曰羊市、曰马市。在宣武门外大街南者，曰菜市。在虎坊桥西者，曰骡马市。在西珠市南者，曰拆补市。在东直门外者，曰棉花线市。在隆福寺西者，曰雀儿市。在德胜门内者，曰要货市。”[⑤]

同时，原本消失的内城庙会也重新出现。隆福寺在东城大市街西北，护国寺在定府大街东四牌楼西，也被称为东、西庙，两地的庙会是北京规模最大的庙会。每月七、八日为护国寺庙会，九、十日为隆福寺庙会。“月之逢七、八日，聚市于西四牌楼、护国寺。逢九、十日，聚市于东四牌楼、隆福寺。珠玉云屯，锦绣山积；华衣丽服，修短随人合度；珍奇玩器，至有人所未睹者。”“开庙之日，百货云集，凡珠玉、绫罗、衣服、饮食、古玩、字画、花鸟、虫鱼以及寻常日用之物，星卜、杂技之流，无所不有。乃都城内之一大市会也”，“俱陈设甚夥。人生日用所需，以及金珠宝石、布匹绸缎、皮张冠带、估衣

---

① ［清］汪启淑：《水曹清暇录》卷四。

② 康熙五十四年六月初五日赖温奏折。《康熙朝满文朱批奏折全译》，1008页。

③ 《上谕旗务议覆》卷一一。

④ ［清］震钧：《天咫偶闻》卷四。

⑤ 光绪《顺天府志》卷一八。

骨董、精粗毕备。羁旅寄客携阿堵入市，顷刻富有完美矣。”[1]“两庙花厂尤为雅观。春日以果木为胜，夏日以茉莉为胜，秋日以桂菊为胜，冬日以水仙为胜。至于春花中如牡丹、海棠、丁香、碧桃之流，皆能于严冬开放，鲜艳异常，洵足以巧夺天工，预支月令。”[2]明代时的城隍庙庙会也逐渐恢复，虽然“惟于五月朔至八日设庙”，但是“百货充集，拜香络绎”。内城其他地方也有规模、时间不等的诸多庙会、集市：每月初一、初二、十五、十六在齐化门外大街有东岳庙庙会；每月初一、十五在东直门的小药王庙和鼓楼大街的北药王庙均有庙会，“市皆妇女零用之物”；[3]每年正月初三至十五在西直门的曹老公观有庙会；正月十五、二十三在德胜门的黄寺、黑寺有庙会。这些庙会和集市几乎遍布内城各地，时间也不尽相同，基本正月最多，其他时间每月至少有十天城内有市场开张，由此一方面可见内城商业依旧繁华，另一方面也能体现内城居民的消费能力和需求巨大。

清末民初隆福寺庙会一角
图片来源 《甘博摄影集（第三辑）》

① ［清］潘荣陛：《帝京岁时纪胜》。
② ［清］富察敦崇：《燕京岁时记》。
③ ［清］富察敦崇：《燕京岁时记》。

由于清初满汉分城而居的政策，大量内城的居民迁至外城，外城人口的增加提高了外城的消费能力和商品需求，加之不少商铺也由内城移至外城，因此外城成为北京城商业发达的地区。

北京的奢侈性消费更为兴盛。自金代至清代，北京已经连续四个朝代作为首都，无论城市规模还是经济水平都比之前发展得更加迅速，并逐渐成为全国的政治中心、文化中心。经济水平的提高，城内皇室、达官显贵聚集，使北京逐渐形成了奢靡富贵的风气。到了清代，康乾盛世之下社会富足，北京商业繁华，奢靡之风较前代更甚。康熙年间时，“都下以靡丽相竞，四方以奢侈为尚。一鞍一骑，不惜百金之费；一衣一帽，可破中人之产。婚嫁葬祭，漫无等级，满汉效尤，莫可底止。甚至奴隶胥役，优伶贱工，毫无顾忌”。[①]生活水平的提高也更增加了物质需求，日常生活中，烟、茶、酒已成为北京市民的日常消费品，达官显贵更是奢侈至极，所谓“人参古玩好生涯，交接无非仕宦家。每日衣冠颇自在，名花美酒试新茶”。[②]

八旗为清代社会的特权阶层，社会地位极为优渥。“国家恩养八旗，体恤周至”，不但给予旗人官职爵位，使旗人“唯赖俸饷养赡”，[③]而且“凡官属兵丁，俱计丁授田”，[④]即使旗人将所分的田地“屡行典卖”，但是“官为赎回，将所得租银于年终普行颁赏，所以加惠伊等者，不一而足”。[⑤]旗人不事生产，衣食无忧，逐渐“忽于生计，习为奢侈”，[⑥]“往往耽于口腹，饷银一经人手，不为度日之计，辄先市酒肉，以供醉饱，不旋踵而资用业已告竭”，“竞尚鲜华，多用绌缎，以穿着不及他人为耻”。[⑦]旗人阶层的这种生活风气，无疑助长了社会的奢侈之风。北京内城居住着大量旗人，对于奢侈消费的需求旺盛，这

---

① 《清圣祖实录》卷六，康熙元年三月。

② ［清］得硕亭:《草珠一串》。

③ 《清朝文献通考》卷七八。

④ 《清世祖实录》卷一二七，顺治十六年七月。

⑤ 《清仁宗实录》卷一〇〇，嘉庆七年七月。

⑥ 《清圣祖实录》卷二四一，康熙四十九年正月。

⑦ 《清仁宗实录》卷一〇〇，嘉庆七年七月。

无疑也影响到了北京的商业风气。

清末的八旗子弟们在赌博。清代满族军队组织以旗为号，分正黄、正白、正红、正蓝、镶黄、镶白、镶红和镶蓝八旗。各旗当中因族源不同分为满洲八旗、蒙古八旗和汉军八旗。八旗人的后代称八旗子弟，又称旗人。清中期以后，八旗子弟生活开始变得困难。后“八旗子弟”多借指倚仗祖上有功于国而自己游手好闲的纨绔子弟。

图片来源　https://cul.qq.com/a/20160220/024819.htm

在社会奢靡之风的影响下，北京的各大集市上，随处可见奢侈品，金银器物、珊瑚宝石、古玩字画。时人有诗描绘：“寰中百货萃京都，径尺珊瑚径寸珠。油壁青骢争顾盼，朝来忙杀妇当垆。”[1]就连日常衣食，也有高档品牌。当时北京流行“头顶马聚源，脚踩内联升，身穿瑞蚨祥，腰缠四大恒”，即以穿戴马聚源的帽子、内联升的鞋子、瑞蚨祥的衣服等为身份的象征。食物更是讲究，清初文学家王士禛曾谈及北京富人的宴会，说“京师筵席多尚异味”，并作诗云：“滦鲫黄羊满玉盘，莱鸡紫蟹等闲看。不如随分闲茶饭，春韭秋菘未是难。”[2]市场店铺为了迎合崇尚奢侈的社会风气，在招幌装修上也尽显富贵之气。“正阳门东西街招牌有高三丈余者，泥金杀粉，或以斑

① ［清］杨米人：《都门竹枝词》。

② ［清］王士禛：《居易录》卷一。

竹镶之，或又镂刻金牛、白羊、黑驴诸形象以为标识。酒肆则横匾连楹，其余或悬木罂或悬锡盏，缀以流苏。如大栅栏、珠宝市、西河沿、琉璃厂之银楼缎号，以及茶叶铺、靴铺、药铺、洋货铺，皆雕梁画栋，金碧辉煌，令人目迷五色。至酒楼饭馆，张灯列烛，猜拳行令，夜夜元宵，非他处所及也。”[①]

除衣食华丽外，北京的八旗子弟、达官显贵生活各处都尽显奢靡，挥金如土。“都人好畜蟋蟀，秋日贮以精瓷盆盂，赌斗角胜，有价值数十金者为市易之”，[②]富贵人家竟能消费“数十金”购买蟋蟀；王士禛在京师还能见过“通身毛如新鹅儿黄，无一茎异，惟尾鬣独黑”的一匹马“索值千二百金”，“通身如雪，上作桃花文，红鲜可爱”的一匹马“索值五百金”；一只“高不盈尺，毛质如紫貂，耸耳尖喙短胫，以哆啰尼覆其背，云通晓百戏”的波斯犬“索价至五十金”。[③]市场上出现诸多昂贵的宠物，无疑是满足社会上的奢侈消费需求。

京城富人最喜欢的娱乐消费活动就是听戏。“帝京园馆居楼，演戏最盛。酬人宴客，冠盖如云，车马盈门，欢呼竟日。”[④]正阳门外大街也有许多戏园。许多富人听戏后打赏优伶不啻万金，以至于许多戏剧艺人成为富豪。道光年间，京城春台班有一人名王元宝，“手挥霍数十万金，好樗蒲六博，每入场，辄散数百金……其妻苦谏，不见听，乃固要还乡，京城所有舍宇、店肆、贱价鬻之，尽室以行”；[⑤]某戏班的仆人李三，“买屋设钱铺、拥厚赀，多牛为富、足谷称翁矣”。[⑥]戏剧文化伴随着商业的发展而起，也成为北京独特的商业文化。

奢侈品的消费旺盛，导致相关服务水平也有很大的提升。举例来

① 光绪《顺天府志》卷一八。
② ［清］潘荣陛：《帝京岁时纪胜》。
③ ［清］王士禛：《池北偶谈》卷二二。
④ ［清］潘荣陛：《帝京岁时纪胜》。
⑤ ［清］杨掌生：《辛壬癸甲录》。
⑥ ［清］杨掌生：《京尘杂录》。

说，京城的绸布店以服务周详取胜。当时的绸布店“必兼售洋货，其接待顾客至有礼衷，挑选翻搜，不厌不倦，烟茗供应，趋走极勤。有陪谈者，遇仕官则谈时政，遇妇女则炫新奇，可谓尽交易之能事，较诸南方铺肆施施之声音颜色相去千里矣”。[①]每个绸布店也有严格的规定，如瑞蚨祥规定，店员不准无故请假外出，不准夜不归宿，不准吃蒜，等等。[②]又比如卖镊子的老店镊子张等，以货真价实而出名，所谓：“锤剪刀锥百炼钢，打磨厂内货精良。教人何处分真假，处处招牌镊子张。”“刀店传名本姓王，两边更有万同行。诸王拭目分明认，头上之横看莫慌。”[③]

清代主要的商业区包括以下几个：

（1）前门商业区

北京外城之中，最为繁华的商业区是正阳门（前门）大街一带。据史料记载，正阳门大街“棚房比栉，百货云集，较前代尤盛，足征皇都景物殷繁既庶且富”。[④]大街的东西两侧形成一个庞大的商业区域。“东边市房后有里街，曰肉市、曰布市、曰瓜子店。迄南至猪市口，其横胡同曰打磨厂。内稍北为东河沿，曰鲜鱼口，内有南北孝顺胡同，长巷上下头条、二条、三条、四条胡同，曰大蒋家胡同。东南斜出三里河大街，内有小蒋家胡同，冰窖胡同。此皆商贾匠作货栈之地也。”[⑤]“大街西边市房后有里街，曰珠宝市，曰粮食店，南至猪市口。其横胡同曰西河沿，曰大栅栏，曰大齐家胡同，曰小齐家胡同，曰王皮胡同，曰蔡家胡同，曰施家胡同，曰掌扇胡同，曰云居寺胡同，曰湿井胡同，曰干井胡同。在煤市桥者，东曰廊房头条胡同、二条胡同、三条胡同，西曰火扇胡同，曰苕帚胡同，曰炭儿胡同，曰杨梅竹

① ［清］夏仁虎：《旧京琐记》卷九《市肆》。

② 孟宪泱：《瑞蚨祥绸布店的创业发展和经营》，《文史资料选编》第13辑，北京文史出版社，1982年。

③ ［清］李虹若：《朝市丛载》卷七。

④ 《日下旧闻考》卷五五。

⑤ ［清］吴长元：《宸垣识略》卷九。

斜街。在煤市街者西曰李纱帽胡同，曰柏兴胡同，曰小马神庙，曰大马神庙。其东即齐家诸胡同。大栅栏西南斜出虎坊桥大街。此皆市廛旅店商贩优伶业集之所，较东城则繁华矣。”[①]如此之多的商铺、旅店聚集于此，正阳门大街热闹非凡，“珠市当正阳门之冲，前后左右计二三里皆殷商巨贾列肆开廛，凡金绮珠玉以及食货如山积，酒榭歌楼，欢呼酣饮，恒日暮不休，京师之最繁华处也”。[②]

正阳门之所以成为北京最为繁华的商业区，是由于其地理位置。前门内为朝廷六部等衙门所在，因此居住在外城的汉官多居住于前门外附近，方便进入内城办公；每逢会试之年，外地来京赶考的考生为方便进入内城，也多居住于前门外附近，故而前门一带是商铺、旅店集中的地区，戏院、酒楼林立。

清末前门附近景观
图片来源　《北京名胜》，山本讃七郎 1906 年摄，1909 年再版

（2）琉璃厂

琉璃厂是外城另一个比较繁华的商业区域。促成琉璃厂繁荣的因

① ［清］吴长元：《宸垣识略》卷一〇。
② ［清］俞蛟：《梦厂杂著》卷二。

素有诸多。首先是灯市。元明时期，灯市一直是北京城市重要的市场之一。清军进入北京后，八旗分住内城。原来在东华门外的灯市亦移于正阳门外的灵佑宫旁。乾嘉时，京师灯市则又散置于花儿市、琉璃厂、猪市、菜市等地。其中以琉璃厂最为兴盛，“灯市向在东安门，今散置正阳门外及花儿市、琉璃厂、猪市、菜市诸处，而琉璃厂为尤盛，厂前陈设杂伎，锣鼓聒耳，游人杂沓，市肆玩好、书画、时果、耍具无不毕集，自正月初四五至十六七而罢”；[①]灯市上“百货云集，灯屏琉璃，万盏棚悬；玉轴牙签，千门联络。图书充栋，宝玩填街。更有秦楼楚馆遍笙歌，宝马香车游士女”。[②]其繁华程度可见一斑。

其次，琉璃厂最著名的是书市。“清乾隆后，（琉璃厂）渐成喧市，特商贾所经营者，以书铺为最多，古玩、字画、文具、笺纸等次之，他类商品则甚少。旧时图书馆之制未行，文人有所需，无不求之于厂肆；外省士子，入都应试，亦皆趋之若鹜，盖所谓琉璃厂者，已隐然为文化之中心，其地不特著闻于首都，亦且驰誉于全国也。”促使琉璃厂成为书市的重要原因，是乾隆年间《四库全书》的编修，“当时参与工作者，多系翰詹中人，且多寓居宣南，而琉璃厂地点适中，与文士所居密迩，又小有林泉，可供游赏，故为文人学士所常至，书市乃应其需要而设”，因此全国各地的书商开始云集于此，“江浙书贾奔辏辇下”。编修《四库全书》的学者们也经常于此“各以所校阅某书应考某典，详列书目，至琉璃厂书肆访之”。[③]此后，琉璃厂就成为北京最著名的书市，在此地的书肆不下数十家。《清稗类钞》记载道：“未入厂东门，路北一铺曰声遥堂，书皆残破不完。入门为嵩□堂，名盛堂，皆路北。又西为带草堂，同陞阁，皆路南。又西而路北者，有宗圣堂，圣经堂，聚秀堂。路南为二酉堂，文锦堂，文绘堂，宝田堂，京兆堂，荣锦堂，经腴堂，宏文堂，英华堂，文茂堂，聚星堂，瑞云堂。二酉堂者，明即有之，谓之老二酉。而其略有旧书

① ［清］吴长元：《宸垣识略》卷一〇。

② ［清］潘荣陛：《帝京岁时纪胜》。

③ 孙殿起：《琉璃厂小志》。

者，惟京兆、积秀二家，余皆新书，至其装潢，纸劣而册薄。又西而南转至沙土园北口，路西有文粹堂。……又北转至正街为文华堂，在路南，而桥东之肆尽矣。”①一位朝鲜使臣曾评价琉璃厂的书肆：“一铺之储已不知为几万卷，屋凡两重或三四重，而每室三壁周设悬架，架凡十数层，每层庋书，卷秩齐整，每套皆有标纸，俯仰视之，不可领略。其都录见之，则亦多不闻不见之书，看到未半，眼已眩昏。噫，此夹路诸肆不知几千百。”②从中可见琉璃厂书肆规模之大。

琉璃厂街。琉璃厂大街位于北京和平门外，是著名的文化街，起源于清代。当时各地来京参加科举考试的举人大多集中住在这一带，因此在这里出售书籍和笔墨纸砚的店铺较多。现在的琉璃厂文化街，西至西城区的南北柳巷，东至西城区的延寿街，全长约 800 米。

图片来源　元国霞：《民国中期（1925—1937）京津地区章草书研究》，2017

（3）花市等集市、庙会

外城最大的集市，是位于崇文门东的花市。明代时，火神庙建于花市，每月逢四之时便有庙会，清代时火神庙香火衰败，但庙会仍然进行，于是就演变为花市的集市。每月初四、十四、二十四时，花市集市上会出售一些日用百货，但主要商品是手工制造的装饰假花。

① ［清］徐珂：《清稗类钞·农商类》。

② ［朝鲜］金景善：《燕辕直指》卷三。

花市之所以有此名，是因为市场上的商品主要为“妇女插戴之假花，非时花也”。[①]花市的兴起和清代手工业有着密切联系。由于清代妇女盛行戴花作为装饰的风俗，因此假花在北京极有市场，在崇文门外一带居民多以造花为业，不下千户。花市周边的胡同里，有许多造花的作坊，有“天下绢花出北京，北京绢花出花市”之称。花市作坊工艺水平高超，分工精细，“其造法有用模者，有用杵者，有用麻绳者。分工作业，有作叶子与作花头之分，又有作花与攒花之别。作花者，指作叶与作花头而言；攒花者，指各铺零星买来花叶、花头、攒合成品而言。又分粗、细二派，作细花者”，所造假花，有绢类、纸类等，“精巧绝伦，海内所无”。[②]

外城还有不少庙会。每月初三、十三、二十三在宣武门外土地庙斜街路西的土地庙有庙会，“凡人家器用等物，靡不毕具，而最多者鸡毛帚子，短者尺余，高者丈余，望之如长林茂竹”；[③]正月十八、十九在西便门外的白云观有庙会；三月初一至十五在东便门的蟠桃宫有庙会。

外城还有一些小型的集市，外城东侧有东市，由于“晓集午散”故又称“晓市”。晓市出售的商品质量低劣，“诈伪百出，皮衣糟朽者，以纸或布贴其革表而出之，曰贴膏药。同行议价，互以手握于袖中示意焉。木器亦集于东大市，率为旧式，檀梨硬木往往而有，皆旧家所售也。其在东西四牌楼者曰嫁装铺，并箱橱奁具亦备硬木，率为染色伪品”。[④]外城西侧有黎明时经营的西市，“五更交易”，又称“黑市”。市场上“不燃灯烛，暗中摸索，随意酬值。至有数百钱而得貂裘者，亦有数十金而得破衣烂服者。此皆穿窬夜盗夜售，天晓恐有觉者，故卖者买者俱未细审其物也”。[⑤]在东市和西市的西侧均有穷汉市，

---

① ［清］富察敦崇：《燕京岁时记》。

② 汤用彬：《旧都文物略》。

③ ［清］佚名：《燕京杂记》。

④ ［清］夏仁虎：《旧京琐记》卷九。

⑤ ［清］佚名：《燕京杂记》。

“破衣烂帽，至寒士所不堪，亦重堆叠砌。其最便宜者，割方靴为鞋，值仅三四十钱。官则不屑，商则不宜，隶则不敢。惟上不官，下不隶，而久留京邸者，则甘之矣……穷困小民日在道上所拾烂布、溷纸，于五更垂尽时往此鬻之，天乍曙即散去矣”。[1]东市、西市、穷汉市是面向贫苦百姓的市场，从中也反映了清代北京城市的社会分化，很多穷人也有着商业消费的需求，故而出现此类市场。

（4）隆福寺

资料记载，清康熙年间，会时而发生司更巡警的步兵向负贩者“索取所卖薪炭等物”的现象。久而久之，负贩摊商经常会在城内寺庙处暂留，有的还渐渐搭起店铺。乾隆二十一年（1756），内城开设租酒店等店铺已有72处，还有“指称售卖杂货，夜间容留闲杂人等居住店座44处”，“专租人居住店座15处”。咸丰三年（1853）时，内城约有15023个铺户。

庙市上的商品大多是农村手工制作的“老式的日常家用品”，包括衣柜、水桶、家具等木工制品，掸子、镜框、水壶、锅、剪子等常用工具，一般是由北京近郊的农民制作的。“国货”则包括建筑材料、陶器、皮货、食品、纸张、书籍，以及链条等汽车、马车的零部件。洋货一般都是走私进来的，主要是化妆品、搪瓷和纺织品。花草宠物也在庙市上有售，一般是北京本地人种植喂养的。这些商品的销售对象是特定的一类顾客，主要是“中、低阶层的人们，其中绝大部分是家庭妇女”。

庙市的娱乐迎合的是中、低阶层观众的口味。它是商业活动，既不同于香火和春场中人们自设的娱乐，也不同于那些娱神的仪典。庙市的戏台会上演京戏、歌曲、评戏、大鼓以及不用电而是借用太阳光线放映的“电影”，娱乐场上则有相声、西洋景、说书的、魔术、武术表演、摔跤以及算命。传教士们也利用这里来劝人皈依。

庙市的娱乐有三种不同档次。最高档的是用布围场，留一个入

① ［清］佚名：《燕京杂记》。

口。剧团搭一个台子，备有座位，男女观众两边分坐。这种安排“殊便于当时北平妇女的习惯”，公众场合男女不得混杂。等而下之，是在空场上摆一张桌子，桌子前面就当作戏台，再放上三排长凳供男女混坐。最次的连桌子也没有。在哪里表演，哪里就是场子，观众要站着看。所有这些表演都很廉价。最高档的也不过三个大子儿，次两档的则是由观众决定是否给钱。

在五个最热闹的庙市中，土地庙、花市集、白塔寺和护国寺这四个都是在城角办的，唯一的例外是隆福寺。在王府井、西单和前门地区形成的三角形区域中没有庙市。与此相反，外城区的商店则较少，更多是露天集市。大多数北京的底层家庭都住在这些地区，他们的日常所需主要是从庙市获取。

# 第四节　近代：新兴商业区域的出现

清末民国时受商业以及交通等因素影响，北京城内出现了许多新的商业街区，其中有的区域仍是现今北京繁华的商业区，如王府井大街、东安市场等地。

清代前期北京著名的商业区域，如前门、大栅栏、琉璃厂以及各地的庙会，在晚清时期虽然受到西方列强入侵的打击，但相较其他地区而言，仍可以称得上是繁华的。

前门依旧是外城最为繁华的商业区。虽然八国联军入侵北京城时对这些商业区域造成了一定程度的破坏，但是日后也均有所恢复。按照清代前期清廷的规定，北京的商铺均应迁往外城，此后内城虽然还有商铺，但是始终没有大规模的商业区域。随着经济的发展，仅有外城的商业区无法满足人们的需求，因此到了清代后期，内城也出现了几个商业区。另一方面，清代后期北京的人口结构发生变化，由于清廷鼓励贫苦旗人出京谋生，内城的旗人占全城人口比例大幅下降，1882年内城旗人占比为62%（约444400人），而1912年仅为25.7%（约196617人）。[①]旗人比例下降也使得清朝最初因满汉分居而规定内城不许经商的禁令松动。

1900年，义和团之乱和八国联军入侵北京都对北京的商业造成了严重的破坏。最初大量义和团拳民借排洋之名烧毁出售洋货商店，北京市场遭到了严重破坏，“京师市面菁华已竭，市物因之空虚，银钱之滞塞，人心因之动摇”，北京商民为了自保，“起首暗俸银米，成为神团”，但不久局势更加失控：“自银市、钱市、炉房既烧，此则与洋教无干涉者，大失商民之心。又至沿街乞化香资，杀者不尽教，讹

① 韩光辉：《北京历史人口地理》，北京：北京大学出版社，1996年，第216页。

诈良民，惨遭劫焚者不可胜计。人心益行怨咨，敢怒而不敢言。”[1]八国联军占领北京后，在城内肆意劫掠，不少商铺更是惨遭兵燹，如瑞蚨祥等商铺均被焚毁。1900年后，北京商业开始恢复。此时清廷又借新政之机对商业制度进行革新，北京的商业区域发生了较大的改变。

清末，王府井大街成为内城繁华的商业区之一。明代时王府井一带就有不少商铺，朝廷也在此设立多家官店和都税司等商业机构。清代前期，由于内城不得贸易，王府井大街只有南段的东华门外有每年一次的灯市。到了同光年间，王府井大街在此兴盛，一方面是由于清廷放松了内城的商业禁令，另一方面是东交民巷使馆区就在王府井附近，为了与使馆区内的洋行和外国公司贸易，许多商户开始聚集于此。1903年，东安市场在王府井大街南段设立，使王府井的商业区更为繁华。

王府井大街商铺、饭庄林立，既有日用百货、药店、米面铺等基本消费的商店，还有一些出售古玩字画、玉器的高档商品店铺。由于临近使馆区，不少洋行也坐落于此，出售洋货，大多数洋货都是从王府井市场进入北京。因此王府井市场成为北京城内的一个高档消费区，洋货也是其相对于其他商业区的“特色”商品。

1900年以后，在东华门大街往东至丁字街、金鱼胡同往北至马市一带的区域里，形成了一个小型的商业区，“新盖棚摊二十一座，业户分别来自大兴、武清、蓟州等处，经营洋货、珠宝首饰、洋药、日用杂货、牛羊肉及开设饭馆：全街整日叫卖声不绝于耳，有碍观听”。[2]由于这里聚集的商贩影响到了交通出行，因此1902年“署工部右侍郎胡橘棻请设工巡局，以管辖道路、整顿环境。为整修东安门外大街，沿街铺户被迁至王府井大街原神机营操场继续营业，因它距东安门大街较近，故名东安市场”。[3]

1903年，东安市场开业，最初迁至此地的商贩多为小摊贩，他

---

① ［清］袁昶：《乱终日记残稿》。

② 朱淑媛：《清末兴办东安市场始末》，《北京档案史料》1998年第4期。

③ 北京市档案馆：《北京档案史料》，2006年3月，第205页。

们在市场内摆摊搭棚，出售日常用品和小吃，规模不大。但东安市场临近王府井大街和东交民巷使馆区，交通便利，因此发展速度很快，成为北京内城的一个重要商业区，随之而来的问题就是商贩不断增多，市场面积有限，因此出现了混乱不堪的局面，商贩间“各自经营，并无组织，时有争夺摊位引起争吵打闹的事件发生”。[①]

清末新政时，朝廷为了加强对商业市场的管理，于1906年颁布《东安市场现办章程》，开始对东安市场进行整顿和管理，“实即最系新政兴商之宣表也”。[②]根据《东安市场现办章程》，东安市场的区域得以确定：“东安门外王府井大街路东，工巡总局开辟东安市场，安插棚摊余地一段，计南北长九十三丈一尺，南宽十七丈六尺，北宽三十八丈一尺，除旧有房基不计外，折合方丈二千一百六十八方丈。东至神机营界墙，南至达子胡同，西至王府井大街界墙，北至金鱼胡同。”具体的经营模式为官方租地于商人，商人自行出资，搭建店铺。最初，朝廷委任商人任庆泰经营东安市场。任庆泰在租领土地后“自行出资建造房屋，经前工巡总局于光绪三十一年四月十一日发给凭单，准其租领立案”。[③]此后东安市场发展迅速，市场中还出现了一些杂耍和唱戏的艺人。最初清廷并不允许市场出现艺人，但任庆泰认为“文艺纷集固为不雅，然此辈素惯都城谋生，而商振兴者，尤在开文明之具。是拟赶工速达”，[④]最终清廷允许了市场中的艺人和娱乐业的存在。1906年，东安市场北出现了吉祥茶园，这是北京内城第一家戏园。戏园吸引了大量顾客的光顾，带动了东安市场和王府井地区的商业发展，使该地区成为近代北京集购物、娱乐为一体的大型商业中心。

---

① 董善元：《阛阓纪胜——东风市场八十年》，北京：工人出版社，1985年，第2页。

② 中国第一历史档案馆：《光绪三十二年创办东安市场史料》，《历史档案》2000年第1期。

③ 中国第一历史档案馆：《光绪三十二年创办东安市场史料》，《历史档案》2000年第1期。

④ 中国第一历史档案馆：《光绪三十二年创办东安市场史料》，《历史档案》2000年第1期。

东安市场的出现具有重要意义。此前北京主要的集市、庙会多是定时开放，而东安市场是第一个每日营业的大型市场。同时，它也改变了清代前期北京城市的商业格局，使北京内城的商业繁华程度超越了外城。东安市场的出现满足了市民的消费需求，顺应了时代的潮流和经济的发展，同时也推动了社会重商的风气，改变了人们的观念。

民国时期北京经济的发展极为曲折，主要是由于受到了政治动荡的影响，难以获得稳定的发展，甚至有时出现倒退。北京先后经历了军阀割据、日本帝国主义入侵、国民党反动统治，导致了北京物资匮乏、市场凋零。就算在少数相对稳定的时期，还有帝国主义的经济入侵，大量洋货充斥于北京市场，民族工业、手工业受到严重打击，大批洋行和外国企业挤压中国商铺和企业，使北京本地商业发展举步维艰。

有学者将民国时北京的商业发展总结为“三起两落”。[①]“一起”是民国初年时，政治局面相对稳定，民国政府鼓励商业的发展，北京地区多条铁路开通。在这样的环境下，北京商业发展迅速，民族商业发达。在西方的影响下，呈现出专业性和近代性的趋势，形成了诸多大型商业街、常规商业街、专业商业街，如前三门、王府井、东单、西单、天桥、鼓楼、琉璃厂、护国寺等十多个商业区。传统的庙会、集市依旧繁华，有隆福寺、白塔寺、花市、土地庙、护国寺等五大定期庙会，白云观、中蟠桃宫、厂甸、东岳庙等四大节日庙会市集。德胜门、崇文门等交通要地也有不少流动的小商贩。但是由于军阀割据，1922年和1924年的两次直奉战争对北京的商业发展造成了不小的破坏。

“一落”是1928年民国政府南迁，定都南京，北京改名为北平，次年直隶降为河北省，北平为特别市。北平失去了连续八百年的首都地位，这对北平商业造成了沉重的打击，“政治地位一落千丈，大批

① 王希来：《民国时期北京商业整体布局与三类商业街区》，《北京财贸职业学院学报》2009年第1期。

从政人员随国府南去，经济上萧条萎缩，无复有往日商品集散地首屈一指的地位”。[①]北平市内人口骤降至150万，“市面萧条，一落千丈，很多店面亏损不堪而告歇业”。[②]原北京的各大银行纷纷迁至上海，北平的金融业不复以往，城内的许多商铺甚至无力支付商会会费而拒绝入会，商业街也出现经营萎缩的趋势。

“二起”是1930年后，北平在失去首都地位后，商业逐渐调整，零售业开始有所起色，而此时外国商业资本开始进入北平，百货商店等新的商业形式和洋行规模经营有所扩大，此时北平的商业开始进入一个平稳期。1935年时，北平的洋行共有83家，百货业商家达到1248户，商品以洋货居多。洋货的涌入对北平商业产生极为不利的影响，当时的北京市场上出现“四荒”：由于粮食供应大多被洋行掌控，因而出现了粮荒；日本大量在北京市场倾销劣质糖而导致了糖荒；受之前战乱的影响，商路不通、商贾逃避而出现的煤荒；金融业衰落，债券在北平停止流通，从而产生的证券荒。民族手工业作坊和店铺在洋货的冲击下纷纷倒闭，土布、绸缎、面粉、牛奶、食糖、盐、煤炭、火柴等行业商铺破产最为严重，可见北平的商业此时呈现严重的畸形发展。

“二落”是1935年日本发动华北事变，1937年抗战全面爆发，日本占领北平，自此北平开始了长达8年的被日本统治的时期。日本侵略者残酷地攫取北平地区的经济资源，进行严酷的经济统治、榨取捐税，大量倾销日货，对北平的商业造成了严重破坏。这一时期的北平通货恶性膨胀，物价飞涨，市场萧条，商品匮乏，店铺倒闭，甚至由于人民生活困苦，购买力下降，连传统的庙会、集市都萎缩了很多。

“三起”是1945年抗日战争胜利后，北平的商业得到了一定程度的恢复。许多店铺再次开业、市场重新恢复。据统计，到1948年底，商业从1940年时的38个行业增加到68个，店铺从1940年时的2988

① 北京市档案馆：《北京会馆档案史料》，北京：北京出版社，1997年，第14页。

② 王岫雯：《旧西单市场》，北京：北京出版社，1988年，第6—7页。

家增加到22617家。但是不久后，国统区经济开始崩溃，法币大幅贬值，通货膨胀空前严重，受到战争影响，北平的商业又遭到了打击。

民国时期，北京的商业虽然饱受打击，但也不是没有亮点。推动民国北京商业街发展的正面因素主要有四点：一是辛亥革命运动的兴起。辛亥革命运动中，一批洋务派人士把西方先进技术和管理方式介绍到中国，其中包括商业中的百货业态形式，并在京都迅速形成两大商业群体，即以洋行为主的批发商和以百货业为龙头的零售商。据1932年北平社会局调查，当时京城批发商群体中已出现上海洋货庄、天津洋货庄和东洋货庄三大派别，其中天津帮有20多家商铺，上海帮和东洋帮各有10多家商铺。京城第一家商店（民生国产百货商行）诞生在1931年1月1日的西单北大街，第二家商店（百货售品所北平分店）诞生在1931年下半年的前门外打磨厂，第三家商店（中原公司北平分公司）诞生在1932年的王府井大街。当时全市专营日用百货的商铺已有640家，从业人员已达到7000人。

二是民族手工业的繁荣。北京商业街上的店铺，有70%的商家采取“前店后场”方式经营，并形成一定规模，推动了京城商业街的繁荣发展。其中食品行业10种（粮食、糕点、果脯、豆制品、酱菜、牛奶、汽水、酒、冰、水）中有7种商铺是连场铺；服饰7种（服装、鞋、帽子、绣品、绢花、首饰、眼镜）全部采用“前店后场”方式经营；日杂12种（黑白铁、玻璃、陶瓷、料器、烟具、玩具、刀剪、仪器、纸张、印刷品、地毯、景泰蓝）中有7种店铺是临街铺面门市销售、店后连家铺加工制作；服务10种（理发、照相、洗染、镶牙、绢花店、金鱼店、装裱店、帖套店、杠房、轿子房）中有8种店铺是产销一体店。

清朝初年，为了皇宫的安全，颁布了“内城逼近宫阙，例禁喧哗”的禁令以后，戏院、会馆及其他店铺均不准开在内城，于是这些设施就纷纷迁往外城，使得北京外城的经济迅速发展起来。到了清代后期和民国年间，形成了几个较大的商业区。

前门外的大栅栏是清末民国最为繁华、规模最大的商业街区。其范围“主要包括前门外大街两侧的商铺和大栅栏短街的沿街商铺。范围从前门箭楼至珠市口；从西打磨厂东口、西兴隆街东口、大江胡同至煤市街”。[1]大栅栏一带店铺众多、行业齐全，有不少专业性的市场如珠宝市、米市、鱼市、煤市等。北京著名的老字号和著名商业品牌的店铺也多在大栅栏，如六必居酱菜、都一处烧麦、便宜坊烤鸭、月盛斋酱肉、南聚庆斋饽饽等北京著名食品的店铺，致美斋、福寿堂饭庄店，谦祥益、益和祥绸布店，马聚源、盛锡福帽子店，步瀛斋、步云斋鞋店，同义厚、忠兴厚皮货店，中兴、亿兆百货商店，通三益、景泉涌干鲜果海味店，森泰、庆林春茶叶店，同仁堂、永安堂、长春堂药铺，三山斋眼镜店，正兴德估衣店、正通银钱店和交通银号等。

大栅栏商业区的繁华吸引了公子王孙、达官贵人甚至进京赶考的考生来此，因此这里的娱乐业也极为发达。各式娱乐场所也云集于此，仅戏园就开有庆乐园、广和园、三庆园、同乐园、广德楼等多家。民国时还出现了多家电影院。北京著名的红灯区“八大胡同”也在大栅栏。日用百货、饮食商品在此都能看到，故而消费者蜂拥而至。饭馆、戏院、妓院、影院、各种小吃店等娱乐设置齐全，因此此地也是权贵的消费娱乐中心。即使是夜间，大栅栏依旧灯火通明，夜场戏在此演出，许多商铺照常经营，叫卖声不绝于耳，买卖十分热闹。

王府井商业区在民国年间同样繁华，范围相比清末扩大了许多，从东长安街至八面槽路口，再从金鱼胡同西口至灯市口，向南直至东单牌楼，原先的灯市、东单牌楼等商业区连成了一片。1915年，英国《泰晤士报》的记者莫里逊为袁世凯称帝鼓吹造势，因其住在王府井大街西侧，故而袁世凯下令将王府井大街改名为“莫里逊大街”。清末时外国的使馆区毗邻王府井，因而不少洋行、外商企业坐落于此，民国时依然如此，较大的洋行有销售橡胶制品的英国邓禄普洋

① 王希来：《民国时期北京商业整体布局与三类商业街区》，《北京财贸职业学院学报》2009年第1期。

行、销售电器的德国西门子洋行、销售煤油的美国德古士洋行、销售呢绒衣服的英国新华洋行、销售金银钻石制品的法国利威洋行等。清末成立的东安市场在民国时规模也有所扩大，1933时，固定摊位已有267家，是购物、餐饮、娱乐综合消费的场所。1935年，王府井大街新修建了柏油马路，交通环境的改善使此地的商业迅速发展起来，成为北京仅次于大栅栏的商业区。王府井商业区的特色是“洋、高、新”，各种洋货是该地区最主要的商品。亨得利钟表店，销售瑞士的各种钟表，有欧米伽、浪琴、梅花、罗马、劳力士等知名品牌，是当时著名的“北京三亨”之一。其他著名的洋货商店有大明眼镜店，大众、中原洋杂货店，惠康、中裕西服庄，中法、万国西药房。传统的中国商品店铺有荣源兴、义顺厚的古玩玉器铺和盛锡福、同升和的鞋帽店，承华园、天海龙饭庄等。此外，受外国的影响，王府井也出现了许多开风气之先的商业店铺，如1928年在王府井开业的美白理发馆，开创了北京人美发的先河；还有中原、中华照相馆也是北京最早的照相馆。

西单是民国时期兴起的一个大商业区，其范围包括西单路口往北的西单北大街和大街西侧的城隍庙。明清时期，西单就已经存在一些商业活动，这里的胡同中有不少作坊和集市，如茶叶胡同、羊皮胡同、酱坊胡同、缸瓦市等，从这些名字就能反映出西单一带曾经的商业发展。西单临近城隍庙，清代时，城隍庙会每月逢五开办，民国时已是每月初一至初十，开市十天，每逢庙会之日西单附近也会出现一些摊贩，形成一个小的商业区。

民国初年，许多政府机构和新式学校都位于西单一带，因而促进西单商业的发展。在西安门附近出现了西安市场，市场内有茶馆以及各式商铺。到了20世纪30年代，西单商业逐渐繁华，商铺林立，有烤肉宛、同春园等饭馆和饭庄，同春堂、英美等药房，天福号、桂香村等食品店，开泰、福生等茶庄，西单菜市场、南桥王福记等菜果专卖店，裕泰、瑞大等西服店，金城、恒兴祥等绸缎庄，上海、三友等百货店，中国、中央等理发店，中原、中国等照相馆。还出现了厚德、福寿、益德、临时、惠德、福德六个大型商场。其中厚德商场的建立时间最早，由归国华侨黄树滉仿照东安市场的模式开办。最初厚德商场以开设文艺娱乐产业为主，也被称为西单游艺商场，后来业务逐渐扩大，商场内又开设了百货店。鞋帽店、西药店、西服店、食品店、各色小吃店等，还允许游商进入商场，因而迅速繁荣起来，成为北平著名的大商场。相比东安市场，厚德商场商品价格更为低廉，更适合平民百姓，因此吸引了大量顾客。厚德商场的成功也促进其他几家商场在西单出现，因而使西单成为不次于大栅栏和王府井的商业区。

天桥是民国时期北京市内新形成的一个商业区。明清时期，在今前门大街和天桥南大街十字路口曾有石桥，桥南边是天坛和先农坛，是皇帝去天坛祭天的必经之路，因而该地区得名天桥。天桥地区本是禁地，康熙年间开禁后，逐渐出现了少量的商贩和店铺。1898年时京汉铁路保定至卢沟桥段建成通车，永定门成为车站，天桥临近车站也就成了往来旅客的必经之地，交通的因素促进了天桥的繁荣。1913年，北京城内开始铺设有轨电车，正阳门瓮城和周边的商铺、民房被拆除，这些商民便迁至天桥附近，天桥地区因而出现了一个市场区，先后出现了公平市场、三角市场、西市场、东市场、先农市场、城南市场等。张江裁《北平天桥志》载：“自电车公司采天桥为东西两路总站，交通即便，游人日繁。趋时者，复出资争购地皮，兴建房屋，空地之上，相继支搭棚帐，或划地为场，租与商贩艺人，设摊设场。于是天桥之界限，已扩至三四倍，西北抵新世界，东北接金鱼池，西南至礼拜寺，东南则达天坛坛门矣。”与大栅栏和王府井不同，天桥地区主要是北京劳动阶层聚集之地，因此此地的商铺不是一些高档的商店、饭庄，而是一些更加平民化的店铺和服务业，如小吃摊、估衣摊、旧货摊等等。此外，天桥还是北京城民间艺人聚集之处。《北平天桥志》载：“民国元年，一月，香厂临时集会闭幕，香厂之商贩及诸卖艺者流，乃辗转据此为长久之场地，而与先时之天桥，益有雅俗之别矣。其后修筑水心亭，小桥流水，渐臻逸趣。”各种戏院、茶园因此也在此出现，说书、演杂、相声、杂耍、拉洋片、摔跤的艺人都聚集于此，天桥也成为北京民间艺术的中心，侯宝林、白玉霜、白云鹏等著名艺人都曾在天桥卖艺。当时天桥最有名气的店铺是天乐戏园、宝三摔跤场、张宝忠把式场、福海居茶馆，最有知名度的艺术项目是“天桥八大怪”，可见民间艺术对天桥商业区影响之大。

琉璃厂在清末民初时依旧是北京城内重要的市场。与清代前期相同，琉璃厂依旧是贩卖书、文具、古玩的文化市场，其市场范围已不限于琉璃厂前的街道，又包括了厂甸、新华街以及与其相通的东、西、南、北园等地区。此时的琉璃厂繁荣程度远超乾隆年间，全国各地的书商都到琉璃厂购书，清末时还有不少外国书商来此。1926年时这一区域的商铺就有230多家，全市主要的书店、古玩店都坐落于此。

厂甸商业街出现在清代早期，到清乾隆时已有一定规模，至民国时期已极为繁华，各种摊棚云集，日常用品、吃穿娱乐等商品齐全。由于临近琉璃厂，因此其中最为著名的商铺都是经营文具古玩和书籍的，如荣宝斋和萃文阁的文房四宝、一得阁的墨汁、戴月轩的湖笔、宝古斋的古玩、来薰阁的书等。

除了上述几个较大的商业区外，民国时的北京还有很多商业区。明清时的庙会传统在民国时依然存在，主要形成了隆福寺、护国寺、白塔寺、土地庙、花市五大庙会集市，东岳庙会和海王村公园庙会也很繁华，故而也有七大庙会之说。民国时多数庙会已从不定期或者定期的市场变为每日开业经营的常规市场，庙会已彻底变为以经营旅店、饭馆、生活日用品为主的商业市场，光顾者的主要目的是消费而不再是进庙上香。总体来说，1911年辛亥革命以后，寺庙经历了一个“世俗化和商业化齐头并进的过程”，逐渐失去了宗教功能，要依靠商业集市来维持。民国以前，寺庙集会主要有四种：以宗教为目的的“香火”，为郊游远足而设的“春场”，定期举办的集宗教、商业、娱乐于一身的“庙市”，以及“市集”。在民国政府的打压下，民间宗教衰落了下去，香火也随之消失。一些庙市变成了固定的市集；剩下的庙市慢慢失去了以前的很多社会和文化功能，渐渐与宗教分离，突显出商业功能。

隆福寺庙会是民国时北京规模最大的庙会。清朝末年，清皇室无力重修寺院，寺庙管理体系比较松弛，进香礼佛已经非常少，寺内喇嘛也失去了官府钱粮供给，隆福寺寺院和僧人自谋生计，寺庙随之演变成纯粹的商业庙会。尤其是寺庙建筑破损毁坏，给商业进入庙内提供了场地空间，很多寺内殿堂成为商家存货场地。1937年《北平庙会调查》发现，“护国寺亦渐衰落，惟隆福寺较前尤盛。如昔时隆福寺开庙会二日，今增加为四日，此即商业日盛之表示。盖西城昔为满族及旗人聚居之地，日用所需多取给于庙会，故清代护国寺庙会甚盛。今则满族及旗人经济情况日下，护国寺因之遂衰。而东城则以外人侨居，商业日盛，隆福寺随因之发达”。民国时期京城各大庙会相继将会期改为公历，增加会期时间。1929年，京城最大的隆福寺庙会改用公历，原来会期为农历逢九逢十，每月共6天，民国以后，改为逢一、二、九、十日，开庙时间增为每月12天至13天，全年集会次数约为149次至150次，几乎占到一年的二分之一时间。

民国时期商铺逐渐向王府井商业区移动，因此东四商业区的重心逐渐由灯市口移至隆福寺。此时的隆福寺庙会逐步与北京新兴市场拉开商业层次，以经营日用百货为主，贴近百姓生活。在20世纪50年代隆福寺街商铺工商税务档案中，各种商铺琳琅满目，有各类小摊、小吃、书店、装订局、印刷局、古玩店、花鸟虫鱼店、首饰店、老字号餐馆、钟表店、照相馆、服装店等。登记地址在隆福寺街区的有259家商铺工商档案，其中生活器用100户，服装鞋帽39户，饮食饭庄26户，印刷书店31户，商贸产品53户，休闲服务11户。在工商税务档案中，唯一一家登记地址在隆福寺内的商铺是“永和馨鲜花厂”，登记地址是隆福寺街52号，经理人是卢瑞卿，也就是说1949年至1955年工商税务档案中隆福寺庙内登记商户仅此1户。

烟袋斜街在民国初期曾经出现一个商业区，繁荣过一段时间。烟袋斜街位于鼓楼大街和什刹海之间，清末时出现了几家烟铺，故而得名。清朝灭亡后，原本衣食无忧的八旗子弟为谋生计，纷纷变卖家中的古玩、字画、珍宝等奢侈品度日，他们多集中于烟袋斜街一带。因此烟袋斜街商业区有许多古玩铺、挂货铺和装裱铺。但是随着洋烟在北京市场的流行，抽传统旱烟、水烟的人逐渐减少，因而传统的烟铺开始衰落，而八旗子弟的家产毕竟有限，随着时间的推移也逐渐减少，因而到了20世纪30年代后，此地的大多数店铺都搬到了鼓楼大街一带营业，烟袋斜街的商业逐渐衰落。

# 第四章

# 商人群体

商人是完成商业活动的中介，北京商业的发展，离不开各色各样的商人群体，他们是商业文化中的重要一环。元时期，大都就有很多商人，包括色目商人和外国商人，他们共同促进了商业的发展。北京作为明朝经济最发达的地区，经商风气更甚，加之作为都城，因此皇室、官员权贵多参与到商业活动之中，富户、官员、宦官经营官店、塌房，皇室经营皇店，明武宗甚至还“亲商贾之为”，“令内侍仿设廛肆，身衣估人衣与贸易，持簿握筹。喧訽不相下，更令作市正调和之，拥至廊下家。‘廊下家’者，中官于永巷所张酒肆者也，坐当垆妇其中，上至，杂出，牵衣蜂簇而入，醉即宿其处”。[①]这些现象都表明了统治阶层开始渗透到商业之中。

北京统治阶层对商业的参与虽不乏对商人的剥削，但有利于提高商人的地位，加之明廷长期向商人采办货物，使北京商业滋生出一种独特的文化，即服务于皇家和官府，不少商人也依附于权贵，官商的联系日益紧密，如“嘉靖间，江西一商居京师，结严世蕃，上纳马草致巨富”。[②]这种与皇家官僚紧密结合的商业文化，是北京商业的特色文化，至清代更胜，影响深远。由于商品经济的发展，明清以来，统治者和知识分子开始对于商业和商人产生新的认识。到了晚清时期，甚至出现了商人以商战救国的看法，商人的地位有了进一步的提高。

---

① 《明通鉴》卷四二。

② [明]叶权：《贤博编》。

## 第一节 商人阶层：融汇全国的北京商人

北京的商人阶层主要在明清时较为活跃。其中既有本地的商人，也有外来的商人。有的商人经营北京市民所需商品，有的商人则专为皇室和官府服务。不同地方的商人将各地的文化带入北京，共通融合成了北京的商业文化。

中国商人的活动很早就有。在战国及后来的秦汉前期，商人的活动就开始活跃起来，出现了“置产业，力工商，逐什二以为务”的专门商人。隋唐的大一统时代，商业的经营地区扩大，行业规模扩大，商人的财富也随之增加。到了宋代，由于封建经济的发展，宋代经济制度对商业的支持，地主消费的豪奢等因素，中国的商业和商人阶层发展到了前所未有的高水平。一方面，商人的分工逐渐明确细化，出现了坐商、客商、牙行等不同的商人形式；另一方面，大规模的联号组织出现，有关金融业的商业组织也出现了。可以说，在这个阶段，与欧洲商业发展比较，还是有优势的。但是，元代统治者任用回教商人对中国资源肆意掠夺，而汉人处于等级制度的最底层，所以元代商业发展，商人的经营处在一个比较低的水平。

明朝时期，随着商业对于推动社会经济发展的作用日益增大，当时许多士大夫认识到“市肆虽商贾之事，然而风俗之奢侈，人情之华实，国用之盈虚，皆由于斯焉”，[①]从而改变了视商业为末业的成见。不少明代思想家极为重视商业的地位，将其与农业、手工业并重，如王阳明就曾评价道：“古者四民异业而同道，其尽心焉一也。士之修治，农以具养，工以利器，商以通货。各就其资之所近，力之所及者而业焉，以求尽其心。其归要在于有益于生人之道，则一而已。士农以其尽心于修治具养者，而利器通货，犹其士与农也。工商以其尽

① ［明］丘濬：《大学衍义补》。

心于利器通货者，而修治具养，犹其工与商也。故曰四民异业而同道。”①在这种认识之下，明代中期，不少士大夫“舍儒而贾”，社会对商业的包容程度大大提高，并且出现了大量有关商业经营的书籍、著作，如明代官吏陶承庆编纂的《新刻京本华夷风物商程一览》，商人李晋德所著的《客商一览醒迷》等书，都是记载了各地经商经验、交通、商业信息等内容。这类有关商业的著作出现，既是由于商业的发展和社会风气的改变，同样也推动了商业发展。

到了清朝时期，商业的规模、商人的活动范围和商业资本的积累，都大大超越了前面历史阶段的水平。清朝前期，大量官商的出现与经济不断发展，官营手工业的衰落和国家垄断行业的放开政策有密切联系。18世纪正值“康雍乾盛世”，北京的商业发展也达到了空前的规模，由于商业的发展与刺激，进一步建立了银行业和信贷业，运用了行会和商会这种新型的组织，商人的人数规模、商人的社会作用和社会力量都达到了前所未有的水平，人口和贸易在近代早期的增长，在中国像在同时期欧洲的某些地区一样，促进了商业化，并且提高了商人的作用。“在18世纪期间，商人群体成了最有活力的社区领袖，是众多的福利和市政服务的倡导者。到19世纪，文人和商人在城市中自我发挥政府功能的这一过程仍在顺利进行。”②

自明代起，随着商业区域的扩大和民间手工业的发展，北京城内就出现了“铺户”，清代时北京的铺户数量更多。铺户不同于走街串巷的小贩游商，也不是在庙会集市或商业街区开肆摆摊的坐贾，而是专门开店经商的人户，官府从户籍管理的角度而称之为“铺户”。这些铺户主要分布在地安门街、东西安门外、东西四牌楼、东西单牌楼，以及菜市、花市等地，以外城的正阳门一带最为集中。有的铺户经营杂货，还有的专卖某种商品，《燕市积弊》记载的北京铺户有近三十余种：钱铺、钟表铺、挂货铺、绒线铺、鞋铺、药铺、金店、翎

① 《王阳明集》卷二五。

② ［美］韩书瑞、罗有枝：《18世纪中国社会》，陈仲丹译，南京：江苏人民出版社，2008年，第55页。

子铺、首饰楼、当铺、香货店、嫁妆铺、红铜铺、纸铺、纸马铺、面铺、香蜡铺、米碓坊、蒸锅铺、裱画铺、漆铺、黄酒铺、南果铺、切面铺、刻字铺、喜轿铺、寿衣铺等。不同行业的铺户数量也不同，有的行业铺户多达数百家，如药业等，还有的则只有数十家，少数的仅有数家。

官营手工业是为满足皇室、官府的各种需要，即为巩固中央政权的需要而建立的。不过，由于时代的发展，“清代有关国民生计物资的部分从官营手工业中退出了，历史上官府控制严格的盐、铁等的生产已完全放开民营”。[①]官商的一种形式是官府招募商人办理相关产品的采买事宜。这些产品包括：铸钱所用的铜、铅等，官府所用的建筑原材料，军需物资等。另一种形式则是规定专卖商品，也招募商人运销。例如有关国计民生的盐，重要的特色产品如茶叶、上等丝绸、人参等。官商最初由户部招募，以后内务府也开始招募商人。由内务府招募的商人是终身制的官商，他们可以父子、子孙相传。另外，由于盐引可以世袭，有些总商和盐商也是终身制。这种终身传袭的大商人中，以山西的范氏皇商最为著名。

北京外城还有许多小商贩以及从事各种手工业或服务性行业的劳动者，都归为小商贩、底层商人一类。崇文门外花市，为造花业集中地区。据说花店、作坊有六百多家，分工作业，有做叶子和花头之分，又有做花与攒花之别。作坊的组织者称为“大花庄”，有几十家之多，分别控制一部分作坊。显然，这其中包括手工业者，也有小商贩，还有批发商。在北京内城隆福寺、护国寺，外城厂甸等定期的庙会市集中，有许多临时摆摊者，这些人一般都不是固定从事商业贸易，而是在农闲时进城赚钱的农民，或者是经营他业的小手工业者。特别是与民生相关的采煤业、供水业等民生问题都由低等的商人进行提供。清代各种矿业中，采煤业是政策最为宽松的一个行业。乾隆五

① 方行、经君健、魏金玉主编：《中国经济通史·清代经济卷（中）》，北京：中国社会科学出版社，2007年，第358页。

年（1740），经大学士赵国麟奏请批准，正式开放煤业，以北京西部地区为集中的开采区域。“京城所用之煤，皆产于此。”[①]这里民营采煤业自顺治时已经开放，乾隆中期，规定凡煤旺可采之处，允许附近村民开采或招商开采。[②]

饮水一直是北京的重要民生问题。18世纪时，北京民众饮水主要依靠井水。清军入关后原有的公私分明，公用井水可自由汲水的状态消失了。当时各旗界内街巷的井，都命随营的山东伙夫管理，因此开始出现了分段把持的方式。井水也作为商品的一种由低级的商贩进行贩卖。

底层商人的生活并不稳定，他们的商业资本基本上依赖于借贷。“北京做小买卖的贫穷之人原无资本，惟赖印局挪钱，以资生理，有挪京钱二三串者，而挪一串者尤多，皆有熟人作保，朝发夕收，按日取利。而游民或携筐或担担，每日所赚之利，可供每日所食之资。”[③]平民时常为生计而受到各种利益集团的侵害。“宛平县侯有躬兄弟，开钱铺放债剥民，重利盘剥，甚为民害。”北京的商人阶层是在北京商业发展的基础上逐渐壮大的。北京商业的特点是形成了“商业比手工业发达，官商比私商强大，为统治者阶级所享用的手工业比为劳动者所需要的手工业发达，官营手工业比私营手工业发达的畸形发展道路”。[④]

近代以来，买办的出现成为商人群体中的新阶层，也是这一时期一支不可忽视的力量，他们区别于传统的士农工商“四民”，是一个新生的社会群体。在第一次鸦片战争之前，中外贸易交由十三行负

① 方行、经君健、魏金玉主编：《中国经济通史·清代经济卷（中）》，北京：中国社会科学出版社，2007年，第477页。

② 参见李梓：《十八世纪伦敦与北京商人阶层比较研究》，重庆师范大学2011年硕士论文。

③ 吴慧主编：《中国商业通史》第四卷，北京：中国财政经济出版社，2008年，第359页。

④ 李华：《明清以来北京工商会馆碑刻选编》，北京：文物出版社，1980年，第15、17页。

责。中美《望厦条约》规定："凡合众国民人贸易船只进口……其雇觅跟随、买办及延请通事、书手……或添雇工匠、厮役、水手人等，均属事所必需，例所不禁，应各听其便。所有工价若干，由该商民等自行定议，或请各领事官酌办，中国地方官勿庸经理。"买办遂脱离清廷的控制，直接依附于外商。随着外国人在华事业的深入，买办也进一步由通商口岸向沿海和内地拓展。"在许多洋行中买办就是合伙人，也有许多事例说明他实际就是这次营业的主人。他供给资本，管理营业，利用外国人的名义得到保护以避免商界中许多弊端及损害。真正的买办是一个出纳员，办理一切收款及付款事宜。在许多洋行中，账单由营业处的代表用该行买办开出的本票支付。这种本票就如同银行支票或汇票一样地存入银行。所有的仆人都由洋行的买办雇用，对于这些仆人的行为，买办对洋行负责保证……他在远东贸易中是一个不可忽视的因素。"[①]到19世纪末，全中国的买办总数多达1万人，其中就有许多生活和工作在北京。

① 姚贤镐编：《中国近代对外贸易史资料（1840—1895）》第3册，北京：中华书局，1962年，第1510—1511页。

## 第二节 京商：上至官绅，下至百姓

北京本地的商人中，既有社会底层的小商小贩，也有富商巨贾，还有不少官员也从事商业活动。这反映出了北京社会阶层的多样性。官商的活跃说明了北京商业受政治影响很大。

北京本地商人中，有不少行走于街头巷尾的游商、摊贩。清朝顺治年间，外城便有不少“佣贩肩装者，各高呼待售”，虽然“摄政王俄闻外城嚣声而疑之，遣骑驰捕”，商贩们只能“肩佣慑息，第摇铃为号”，但“凡二年复故”。[①]正阳门大街是北京繁华商业区，摊贩云集，嘉庆年间，“正阳门大街两旁，向有负贩人等列肆”，甚至有“沿街铺户及市侩等有搭棚露积，致碍官街者”。[②]春节对北京的商业经营有很大影响，每年的正月初一至十五，“各店例闭户半月，小肆亦闭五日，此五日中人家无从市物，故必于岁底烹饪，足此五日之用谓之年菜”。年底时“各肆多不如前”，初一初二还有商家经营的，称为“连市”，“然不开门，买者叩户而入，盖此半月中贾人或拜年或出游，肆中人少在者故尔”。[③]但是此时小贩却极为活跃，“有下庙之博浪鼓声，卖瓜子解闷声，卖江米白酒击冰盏声，卖桂花头油摇唤娇娘声，卖合菜细粉声，与爆竹之声相为上下”。[④]

刘小萌教授撰有《清代京师的旗籍商人》一文，专门研究了清代旗人的经商情况。在他看来，旗人以京师为最大聚居地，旗籍商人亦以京师为多。旗人经商，具有如下特征：其一，旗籍商人由贵族高官、满洲亲贵家人、普通旗人三部分构成。身份地位不同，经营模

---

① ［清］谈迁：《北游录·纪闻下》。

② 《清仁宗实录》卷二五六，嘉庆十七年四月。

③ ［清］震钧：《天咫偶闻》卷一〇。

④ ［清］潘荣陛：《帝京岁时纪胜》。

式、业务范围、资金多寡亦有差异。其二，旗人经商，多为副业。贵族高官，往往兼营地产、房产，因此兼有官僚、地主、商人的多重身份。其三，旗人经商，因制度所限具有一定隐蔽性。其四，旗人经商，拓宽了与民人交往的渠道。贵族官员开设商铺，多与民间商人合股经营。商铺的管理运作，亦依靠民人。旗人、民人在商业经营中的多种方式，对融合旗民具有积极意义。[①]

清代游商小贩形象“卖荷包”
图片来源 《清国京城市景风俗图》

满族高官经营的传统，早已有之。满洲权贵即贵族高官经商，早在关外时期已有传统。对外贸易，主要由“八家”大贵族即八旗旗主掌控。入关初，内务府商人又称买卖人，属皇商性质。皇帝诸子私自经商，则始于康熙年间。康熙皇帝本人虽不经商，却通过内务府等衙门给盐商贷放巨额银两，坐收息银，而盐商一旦亏欠，则抄家补偿。上行下效，皇室亲贵的这些行迹，无不助长满洲权贵经商牟利的风气。

① 刘小萌：《清代京师的旗籍商人》，《中国史研究》2015年第4期。

大学士明珠当政时，卖官鬻爵，货贿山积，及罢政，依旧广置田产，故家产丰盈，子孙历世富豪。在明珠的巨额财富中，一部分系经营盐业得来。另一权臣索额图，派遣家人各处营商，开设当铺，并在天津卫与盐商结伙贩盐，还在广东和河北衡水、枣强等地行盐。在满洲高官经营的各种商铺中，当铺所占比重最大。究其原因，在各类商铺中，当铺具有经营风险小、利润丰厚的特点。且当铺日常流通量大，占用现金多，尤其开设大当铺，需要投入雄厚资本，绝非一般旗民可以染指。明珠家在京师及近畿开设当铺多座，地点可考的有：正阳门外阜顺当、涿州义成当、昌平利源当、沙河天惠当。乾隆初年，京城内外官民大小当铺有六七百座。内中多少当铺具有旗人背景不得而知，而内务府官当（皇当）就有二十六座之多。皇子成年分府，照例赏给当铺。官当获取的利银，还被用于八旗官兵恩赏和内务府多项开支。

在皇室表率下，满洲高官多经营典当。乾隆、嘉庆之际权臣，一为福长安。嘉庆四年（1799）查抄其家产，有当铺三座，计房一百七十八间，架本银七千两，钱十四万五千五百吊。福长安用十几万两银子开设三个当铺，说明当铺资本相当雄厚。当然，首席大学士和珅名下的当铺更多。和珅，满洲正红旗人，从政三十年，荣宠不衰。从乾隆四十一年（1776）起任军机大臣、内务府大臣，升大学士。嘉庆四年，被捕抄家，宣布大罪二十条。其中第十七条：家内银两及衣物等件数逾千万；第十八条：夹墙藏金二万六千余两，私库藏金六千余两，地窖内并有埋藏银两百余万；第十九条：附近通州、蓟州地方，均有当铺钱店，查计资本，又不下十余万。而其最为嘉庆帝所诟病者，即以首辅大臣之尊，却不顾廉耻，“下与小民争利”。和珅聚敛的金银财宝无确数，其名下商铺和资本数额之巨，更是令世人瞠目。据中国第一历史档案馆藏《和珅家产清单》：当铺七十五座，本银三千万两；银号四十二座，本银四十万两；古玩铺十五座，本银三十万两。据此可知，和珅名下商铺，包括当铺、银号、古玩铺三类。而无论就商铺总量（一百三十二座）还是本银总额

（三千零七十万两）来说，这两项指标均创清代满洲权贵经商之纪录。其中，和珅的当铺就有七十五座之多，数量惊人。他将本银的98%投入当铺，亦足以彰显对典当业的重视。平均估算，每座当铺，本银约四十万两；每座银号，本银近一万两；每座古玩铺，本银二万两。当铺本银如此之巨，远远超乎普通当铺的上限，足证和珅开设的都是大当铺。其手下家仆刘全等人也经营当铺八座。宫廷中的太监也委人万金为资本“俾设缎肆于东华门”。[1]这些人往往利用其自身的特权和财富，谋取暴利。

和珅像。和珅（1750—1799），姓钮祜禄氏，满洲正红旗人。乾隆帝对和珅极其宠信。和珅利用职务之便，结党营私，聚敛钱财，打击政敌。此外，他还亲自经营工商业，开设当铺和银号，并且与英国东印度公司、广东十三行有商业往来。和珅曾封一等忠襄公，官拜文华殿大学士，其主要职务包括内阁首席大学士、领班军机大臣、吏部尚书、户部尚书、刑部尚书、理藩院尚书，还兼任内务府总管、翰林院掌院学士、《四库全书》正总裁官、领侍卫内大臣、步军统领等数十个重要职务。嘉庆四年（1799），太上皇乾隆皇帝驾崩，嘉庆帝即下旨将和珅革职下狱，后赐和珅自尽，死时年四十九岁。

① ［清］徐珂：《清稗类钞·农商类》。

清朝末年，西风东渐，改变了人们传统的贱商观念，加之贵族官员普遍缺乏官箴操守，不再刻意遮掩“与小民争利”的行径。满洲大员开设当铺，更是公开秘密。

满洲贵族官员开设商号，一般并不亲自出面，而是委派亲信家人负责营运。主人借此收取盈利，增值财富，家人亦借此自肥。此种现象，在官私文献中同样屡见不鲜。清代，诸如明珠家人安氏父子（父安尚仁，子安图、安岐），长鼐世仆（管家）屈泗，高朴家人常贵，和珅家人刘全、马二，福长安家人达哈里、杨值、额腾额，广兴家人杨姓、朱姓，琦善家人王幅等，都是兼跨旗民两界熟通商务的人物。

隶属旗籍的中下层官员、正身旗人以及家仆，他们久居京城，不能不濡染商业文化。普通旗人经商，康熙年间已较普遍。康熙四十四年（1705），太平仓头目韩山盗出上等白米一百九十九石，拽至正蓝旗山达礼牛录下马哈达的米铺，后者以低价收购而加价出售。这是旗人在京城经商的早期记载。普通旗人经商，首先是因为手中掌握一定银两，有营运的资本；其次是因商业利益驱动，有营运的动机；再次由于生计压力，有营运的需要。清朝后期，迫于生计压力，经商旗人明显增多。

牙行作为市场上货物中介和商业机构，与市场的繁荣程度息息相关，清代北京市场汇聚了四方货物，更是促进了牙行的兴盛。牙行垄断行市，掌控物价，成为许多人眼中发财的捷径。当时“京师有市猾某者，本骡马行牙人，以附黄膘李至巨富”。[①]官府也设立“官牙”对市场进行调控和干预，如乾隆二年（1737）“以钱价久不平，饬大兴、宛平置钱行官牙以平钱价”。[②]对于市场上牙商兴办的“私牙”，朝廷有严格的法规进行管理。“凡在京各牙行，领帖开张，照五年编审例清查换帖”，同时严禁无牙帖者冒开牙行：“若有光棍顶冒朋充，巧立名色，霸开总行，逼勒商人，不许别投，拖欠客本，久占累商者问

①［清］王士禛：《池北偶谈》卷二〇。

②《清史稿》卷一二四《食货志五》。

罪。”由于外地客商来京贩卖货物，多须通过牙行估价，所以不少牙商趁机勒索外商，清廷因此规定：“凡诸物牙行人评估物价，或以贵为贱，或以贱为贵，令价不平者，计所增减之价坐赃论……入己者准窃盗论查律坐罪免刺。其为人估赃增减不实致罪有轻重者，以故出入入罪。受财者计赃以枉法从重论。”“若牙行及无籍之徒用强邀截客货者，不论有无诓赊货物问罪。”“大小衙门公私所需货物，务照市价公平交易，不得充用牙行纵役私。”①

需要指出的是，随着时间的变化，越来越多的外地人在北京居住、生活，几十年后，几百年后，他们的后人已经扎根于北京，我们也很难区分哪些商人是北京的本土商人，哪些商人是外来的商人。他们共同组成一个名字：北京的商人。

① 《大清律例》卷一五。

## 第三节　外地商人：商帮在京的活跃

明清时期，各地的商人进入北京。不同地域的商人拥有各自擅长的经营领域，丰富了北京市场的商品，同时各地商人将自身的商业理念、经营文化带入北京，互相吸收融合，形成了北京的商业文化。

明清时期的北京城内，除了本地的商人外，还有来自全国各地以及外国的商人。随着商品经济的发展，商人规模的扩大，许多商人根据地域形成了不同商帮。清代著名的商帮有徽州的徽商、山西的晋商、广东的粤商、福建的闽商、陕西的秦商、洞庭的苏商、宁波的浙商、龙游的浙商、江右的赣商和山东的鲁商，合称为"十大商帮"，其中，晋商、徽商、浙商等外地商人在北京极为活跃。此外还有蒙古商人常年来京贸易。中俄签订条约后，清廷也特许俄国商人定期来京进行贸易。

这些来自不同地区的商人，往往从事不同的行业，不同的商帮往往垄断北京不同的行业。如从事金融、当铺等行业的多为山西商人。山东商人多从事粮食、绸缎贸易和经营餐饮等行业，还垄断了京城的卖水行业，有"山东人若无生意，除是京师井尽干"之称。①从事茶叶生意的多为安徽、福建商人。琉璃厂书肆多为江西商人经营，"相传最初有某氏，来京会试不第，在此设肆，自撰八股文试帖诗，镌版出售，借此谋生，后来者以同乡关系，亦多仿此而行，遂成一集团，至清末科举废除，此集团亦无形涣散"。②清人夏仁虎曾说："北京工商业之实力，昔为山左右人操之，盖汇兑银号、皮货、干果诸铺皆山西人，而绸缎、粮食、饭庄皆山东人。其人数尤众者为老米碓房、水井、淘厕之流，均为鲁籍。盖北京土著多所凭藉，又懒惰不肯执贱

---

① ［清］得硕亭：《草珠一串》。

② 孙殿起：《琉璃厂小志》。

业，鲁人勤苦耐劳，取而代之，久遂益树势力矣。”“绸缎肆率为山东人所设，所称祥字号多属孟氏。初惟前门之泰昌为北京人，盖兼办内廷贡品者，各大绸肆必兼售洋货。”[1]

清代北京最多的外地商人，当数晋商，《清稗类钞》中就记载：“京师大贾多晋人。”晋商在京经营范围极广，“上自绸缎，下至葱蒜，无所不包”。从明代起，晋商就在北京经营颜料业生意，雍正年间平遥商人李占殿在京创办西裕成颜料庄。颜料的原材料来自重庆，运至平遥加工后再送至北京销售，这一过程中资金流转不便，因此西裕成便开始经营汇兑和存放款等金融业务，于道光年间变成了中国最早的票号——日升昌票号。日升昌在北京有数十家分店，晋商也从此掌控了北京的金融行业。清代在北京经营银钱业的分浙江、山西、山东等帮，像著名的“四恒号”，“始于乾嘉之际，皆浙东商人宁绍人居多，集股开设者，资本雄厚，市面繁荣萧索与有关系”。山东帮则专心于该省籍铺号，如与“八大祥”有存放款来往。若论历史悠久、铺号众多、分布面广且资本雄厚，唯晋商占有绝对的优势。有学者统计，发现清代晋商在北京从事商业的范围相当广泛，涉及近三十个行当，有银钱店、粮店、酒铺、油盐店、砖瓦厂、烟铺、茶馆、当铺、干果店、碾房、煤铺、木厂、杂货铺、粥铺、客店、估衣铺、成衣铺、饽饽铺、饭店、草铺、香铺、铜锡器店、古玩店、羽缨局、炉房、铜器作坊、小煤窑、砖瓦窑，还

日升昌票号。日升昌票号是最著名的晋商之一。通常意义上的晋商是指明清 500 年间的山西商人。晋商经营盐业、票号等商业，尤其以票号最为出名。晋商也为中国留下了丰富的建筑遗产，著名的如乔家大院、王家大院等。

① ［清］夏仁虎：《旧京琐记》卷九《市肆》。

有晋商从事贩羊、贩骡马买卖和在工部铸钱局工作等。[①]可见清代晋商在北京极为活跃，影响巨大。

晋商经营的商品主要有油、酱、醋、酒等日用品。这些商业都是达官贵族和平民百姓日常生活中必不可少的，因此市场需求极大，自然也被晋商看重。尤其是醋，系山西名产，故而获得北京市民青睐，因此需求量大。然而酿醋要用粮食作为原料，清代时北京的粮食加工店，一般都与油盐酱醋等调料一起发卖，当然也有单独设铺的。故而晋商为了酿醋，也开始涉足北京的粮食、油、酱、醋等行业。其他商品如纸张、颜料、桐油、干果、土布、皮货等，也是晋商经营的对象。由于山西特产的大枣，极适合用作制作蜜饯干果的材料，因此北京的干果行业，几乎被晋商垄断，随后干果的种类也逐渐丰富起来，成为一个较大的行业。

山西的酒也在全国享有盛誉。明朝时北京市场上出售的山西酒就有襄陵、桑落、潞酒、羊羔及河津等多个品种，其中羊羔酒最受欢迎。明人王世贞的《酒品》中记载："羊羔酒出山西汾州、孝义等县，白色莹彻，如冰清美饶，风味远出襄陵之上。"羊羔酒因酿造过程中使用羊羔肉故而得名，是后来著名的山西汾酒的前身。汾酒的酿造过程极为精细复杂，《清稗类钞》载："汾酒之制造法与他酒不同。他酒原料下缸，七八日之酝酿，一次过净，酒糟齐出矣。汾酒酝酿最缓，原料下缸后须经四次，历月余，始能完全排出。且其性最易挥发，存积稍久，则变色减秤，暗耗不赀。"清代时，汾酒在北京极为流行，深受北京市民喜爱，因此北京的不少酒铺皆为"山左人所设"，专卖汾酒。

晋商在京经营的酒铺中有一个特色，就是店铺里多用大酒缸盛酒。金受申曾说："大酒缸是北京味十足的好去处。经营大酒缸的人，以零卖白干为主。贮酒用缸，缸有大缸二缸、净底不净底的分别。缸

① 郭松义：《清代北京的山西商人——根据136宗个人样本所作的分析》，《中国经济史研究》2008年第1期。

上盖似朱红缸盖，即代替桌子。”[①]客人买酒时，店家直接从大酒缸中盛酒，这样顾客能看到缸内是否清洁，盛酒的过程中绝不会兑水掺假，从而保障了山西酒的品质和信誉。因而有人评价道：“开大酒缸多为晋人，晋人善精打细算，但在经商方面却很讲道德，不赚不义之财，像在酒里兑水和在酒菜上做手脚的事是不干的。大酒缸的照顾主儿都是些回头客和熟人，在酒中兑水的事是在砸自己的牌子，这种赔本儿赚吆喝的事，他们觉得不合算。”[②]因此，大酒缸成为山西酒铺在北京的一种特色文化，“既平常，却极具创造性，这就从整体上提升了晋商的位置，同时也带动了人们对山西商人经营业务及产品的信任度”，[③]也反映出了晋商经营诚实守信、重视口碑的优良传统。

清代北京城的商业活动中，山东的鲁商也占据着重要的地位。在清初时就已有山东招远的商人在北京经商的记录，随后越来越多的山东商人出现在北京，有海丰、文登、黄县、曹州、益都、昌邑、掖县等地的商人。史载，清代时北京“绸缎、粮食、饭庄皆山东人”，[④]可见这些山东商人在京经营的主要行业就是绸缎估衣业、饭庄酒馆、粮食业等。

清代最早在京开设布店的是道光年间山东昌邑的高姓商人，分别在前门外鲜鱼口街和大栅栏开设了天有信和天成信两家布店，经营的布匹、绸缎品种繁多，不仅有山东本地产的绵绸、大丝绸、茧绸，还有全国各地的产品，如杭州产的宁绸、春绸、库绸、绮霞绸，苏州产的十两绸、八两绸、盛仿绸、亮花绸，河北产的高阳白布、市布、标布等，江南的夏布，天津产的松紧绒，滩羊、水獭、灰鼠、狐皮，等等。清代后期，还率先经营起洋布，有德国礼服呢、法兰绒、东洋布等。此后昌邑商人在北京经营绸布行业成为传统。清末民初时，北京的绸布商号三百余家，昌邑商人经营的商号占了三分之一，来自昌邑的店员约有两千

① 金受申：《老北京的生活》，北京：北京出版社，1989年，第198页。

② 张双林：《老北京的商市》，北京：北京燕山出版社，2007年，第125页。

③ 郭松义：《清代北京的山西商人——根据136宗个人样本所作的分析》，《中国经济史研究》2008年第1期。

④ ［清］夏仁虎：《旧京琐记》卷九《市肆》。

人，行商约有五千人，若算上其他人员，总数不下万人。

北京经营绸布业最著名的则是山东章丘孟氏家族。道光年间，孟毓溪在前门大街北口开办谦祥益，经营山东土产的寨子布。此后孟氏商人先后在大栅栏等地开设瑞蚨祥、瑞林祥、瑞生祥、瑞增祥、益和祥、广盛祥、祥益号等绸布店，合成“八大祥”，其中瑞蚨祥最为知名，当时北京有“头顶马聚源，脚踩内联升，身穿瑞蚨祥，腰缠四大恒”之说，可见瑞蚨祥影响之大。

鲁菜在北京极为流行，因而山东商人在京经营餐饮业者众多。山东商人将山东特色的饮食带入北京，从而形成特色和竞争力。如济南商人经营济南特色菜品奶汤蒲菜，烟台商人则经营各色海鲜菜肴。山东商人在北京开设的饭馆中，影响较大的有经营海鲜和胶东菜的丰泽园饭店，各色鲁菜的惠丰堂饭店，以山东福山帮菜系为主的同合居等。还有一些著名的专营特色食品字号，如龙羊肉馆、天福号酱肘店、同春楼、正明斋饽饽店、德兴猪肉庄、振兴二荤铺、天成盒子铺、本名天成猪肉庄、万全斋馒首铺等。

清代时山东商人是在京经营粮食业的主要商人。明末清初，就有山东黄县商人在朝阳门内开设油盐粮铺。清代中期，又有黄县王村杜家刘方包在北京鼓楼大街开设西天成粮店。此后山东商人在京经营的粮店越来越多，有永泰、天增、永和、万裕厚、大顺号、福兴生、合增、永登等字号。

徽商往往注重宗族关系，“挈其亲戚知交而与共事，以故一家得业，不独一家食焉而已，其大者能活千家百家，下亦至数十家数家，其人亦皆终岁客居于外，而家居亦无几焉”。[①]徽商到了北京亦“挈其家属而去，甚且舆其祖、父骸骨葬于他乡，不稍顾惜”，[②]故而清代徽商在北京也有很大的影响力。盐、典、茶、木是徽商的四大产业。北京的徽商主要从事典当业和茶业。徽商在北京经营的茶号不下百家，

① ［清］金声：《金正希先生文集》卷四《与歙令君书》。

② 康熙《徽州府志》卷二。

此外徽商还将江南的棉布贩运至北京，在北京经营着不少布店。

浙商在北京经营的主要是药店、钱庄等行业。北京药店最有名的字号同仁堂就是祖籍浙江宁波慈溪的乐显扬于康熙年间创立的。乾隆年间，慈溪的董氏家族在东四附近设立恒利、恒和、恒兴、恒源四大钱庄，合成“四大恒”。四大恒钱庄对北京的金融有极大影响，“京师钱庄，首称四恒号，始于乾嘉之际，皆浙东商人（宁、绍人居多），集股开设者”，由于其资金雄厚，信誉良好，“凡官府往来存款，及九城富户显宦放款多倚为泰山之靠”。四大恒发行的钱票和银票也因其信誉保障而为商民信任，广泛在北京流通，“市面繁荣萧索与有关系”。[①]

大量西藏、蒙古等少数民族商人由张家口、居庸关至北京进行贸易。“赴蒙商贩皆以牛车载货赴库伦、科布多二城，辄联数百辆为一行，昼则放牛，夜始行路。一人可御十车，铎声琅琅，远闻数十里。御者皆蒙人，暇则唱歌。”[②]蒙古商人在北京有固定的驻地，“御河西岸尽南，名达子馆……此为里馆”，[③]“两黄寺之东，为蒙古外馆”，蒙古商人一般在此进行贸易，“年例入都所居，携土货于此贸迁焉”，“凡皮物、毳物、野物、山物、荊物、酪物，列于广场之中而博易焉”。北京汉族商人和蒙古商人的贸易密切，规模庞大，开馆之日，“市厘栉比，屋瓦鳞次。充街隘巷，祗见明驼；列肆连箱，惟陈服匿。而居人除蒙古外，皆贾人也。殷殷阗阗，有如素封矣”。[④]此外还有不少北京商人在科布多设立商庄，“以砖茶、洋布为大宗，其他绸缎、铜铁、瓷木各器及日用所需一切杂货食物无不备”。[⑤]

蒙、藏等族商人的贸易之所分里市、外市。里市在御河西岸“达子馆”，蒙古族以皮毛、野物、乳酪等物交易，冬去春来，民国初年始

---

① ［清］崇彝：《道咸以来朝野杂记》。

② ［清］徐珂：《清稗类钞·农商类》。

③ ［清］震钧：《天咫偶闻》卷二。

④ ［清］震钧：《天咫偶闻》卷八。

⑤ ［清］徐珂：《清稗类钞·农商类》。

废。外市在安定门外，“其四至：东至安定门大道，西至黄寺西村，北至土城，南至关厢”。此处为蒙、藏民族在京商业总汇之地。藏人以手工艺品金帽、木碗于此交易，且竖招牌，上书汉、藏两种文字；蒙人则以牛羊易内地砖茶、布帛、鼻烟等物。外市直至民国初年仍兴盛不衰。客商在外市交易，均需到崇文门报税。咸丰九年（1859）崇文门税关告示碑载：“查得喀尔喀蒙古王公，携带土仪蘑菇、黄油、皮张等物，向在馆外设立栈房寄存……凡有客商由馆外栈房换买寄存之蘑菇、黄油、皮张等物，车驮载运，该栈房传谕该商到务报税。间有商贩零星置买此项货物，候装足车驮，该货房亦即传谕该商贩，将货物运交上务，交纳钱粮。嗣后如有客商等换买此项蘑菇、黄油、皮张等物有漏税情事，除将该商惩办外，定将该货房一律惩罚，决不宽贷。”①交易方式虽有换、有买，但均须纳税，且将督催之责派定于货栈。

清初，新疆吐鲁番等地维吾尔族人亦来京于会同馆前贸易，并许购买大量生活用品携归。顺治时，许每人购“茶五十觔，磁碗、碟五十双，铜、锡壶、瓶五执，各色纱、罗及缎共十五匹，棉花三十觔，花毯二条，纸马并各色纸张共三百张，各色颜料五觔，糖、果、姜每样三十觔，药材三十觔，乌梅三十觔，黑白矾共十觔”。②

康熙二十八年（1689）中俄《尼布楚条约》签订后，清朝允许俄国商人每三年赴京贸易一次，每次不超过二百人，但实际上俄国商队的规模庞大，甚至有时可达八百人。康熙末年因俄屡次侵犯边境，中俄贸易终止。雍正五年（1727）中俄《恰克图条约》签订后，双方贸易恢复。乾隆年间又规定俄国来京贸易四年一次，“自备资斧。由内地至京。贸易一次。人数毋过二百……凡贸易除禁物外，俱听其买卖，不得强抑……以子、辰、申年来”。③俄国商团规模庞大，俄商的主要商品是皮货，在京购买中国的丝绸、茶叶、棉布、烟草等商品，往往能获得数倍的利润。

① 李华：《明清以来北京工商会馆碑刻选编》。
② 《清世祖实录》卷四一，顺治五年十一月。
③ 《清高宗实录》卷一〇九，乾隆五年十月。

## 第四节 行业商人：北京民生的缩影

随着商业发展的水平逐渐提高，北京的商人逐渐出现了行业之分，不同行业的商人有着独特的经营模式，较为主流的行业也反映出北京市场的需求特点。

北京不仅是重要的政治中心，也是重要的商业城市。早在明代，北京的商业就发展到了很高的水平，与江南的商业城市相比，并不逊色。在商业贸易方面，铺户与集市庙会遍布全城，“百货云集”，“士商满坊肆”，十分兴旺。商品方面，种类繁多，数额惊人，上至古董珍宝，下至衣食日用之物，应有尽有。商人队伍方面则是“京师之民，皆四方所集，素无农业可务，专以懋迁为生”，经商人数众多，在全城居民中所占比例甚大。商税方面有塌房钞、牙钱钞、税钞以及门摊钞与交通工具税，其中仅万历初年九门税额“每岁进钞六十六万五千八百贯，钱二百四十三万二千九百五十文”。这表明，明代北京作为商业城市拥有十分重要的地位。

北京城市的这一特殊性，造成了北京商业首先以满足本市居民庞大消费为主要任务的特点。北京商业的这一特点，首先表现为奢侈品行业的畸形发展。作为集中于此的最大封建贵族，同时也是最大的消费者，皇室贵族挥霍无度自不必说，官僚贵族也生活腐化，挥金如土，不仅饮食起居穷奢极侈，而且还广求珍宝古玩，标榜风雅，如“严相国父子，朱成公兄弟，并以将相当途，富贵盈溢，旁及雅道，于是严以势劫，朱以货取，所蓄几及天府”，“韩太史在京，颇以廉直收之”，[1]所耗金银甚巨。普通居民生活于京城之中，耳濡目染，也受到影响。成化年间有人指出：“近来京城内外，风俗多尚奢侈，不拘官民军匠倡优下贱，既用织金衣服，宝石首饰，僭拟无度……上下

① ［明］沈德符：《万历野获编》卷二六。

仿效，习以成风。”[1]皇室官僚贵族所造成的这股奢靡之风刺激了北京奢侈品行业的畸形发展，一些势力大、资本雄厚的富商大贾相继从事奢侈品经营，如“富通王侯，名跨都邑”的大富商屠宗顺就是珠宝商人。此外，还出现了一些买卖珠宝古董的重要市场，如城隍庙、内市等。

除奢侈品行业外，北京的商业还表现为饮食业的兴旺发达。北京人口百万，饮食成为全城的突出问题。皇室贵族生活奢侈，无所事事，终日以饮食为乐，所食皆山珍海味；普通居民或经商或做工，“素无农业可务”，无田土可藉自给，唯有仰仗市场；此外北京节日繁多，热闹非常，多以饮食为内容，如“正月初一，五更起……饮椒柏酒，吃水点心，即扁食也”，“十五日曰上元……斯时所尚珍味，则冬笋、银鱼、鸽蛋、麻辣活兔……”，“二十五日曰填仓，亦醉饱酒肉之期也”。[2]这些因素，造成了北京饮食业的迅速发展。史书记载，当时大量的商人投资这一行业，招徕顾客，牟取厚利，从而形成了许多著名的饮食店肆与商品，如“双塔寺赵家薏苡酒，顺承门大街刘家冷淘面……至钞手胡同华家柴门小巷专煮猪头肉，内而宫禁，外而勋戚，皆知其名”。这些饮食店肆销售量大，生意兴隆，“刑部街田家温面，出名最久，庙市之日，合食者不下千人”。[3]

日用杂货业是北京商业中另一兴旺的行业。北京居民众多，衣着住行及送往迎来等日常生活，片刻离不开市场。适应这一需要，北京的日用杂货业得到很快的发展。当时从事这种买卖的铺商坐贾遍及全城，见于铺户名称的有木坊、桌器、绒线、靴、冠帽、杂物、荆匡、竹筛、纸扇等；见于胡同名称的有马丝绵、赵锥子、孔砂锅、杨毡儿、沈篦子、棺材尚家等。有些店肆因商品畅销而远近闻名，“勾栏胡同何开门家布……双塔寺李家冠帽，东江米巷党家鞋，大栅栏宋家

①《皇明条法事类纂》卷二二。

②［明］刘若愚：《酌中志》。

③ 邓之诚：《骨董续记》卷四。

靴……皆名著一时”。[①]与此相反，经营生产资料的行业却不怎样景气。这是由于北京商业主要是为本市居民的消费服务，而不是为本市的手工业生产服务。

在发展商业的过程中，明代的北京正阳门周围及两旁的大街逐渐形成一定规模的商业区，聚集起众多铺户，各有分工。“明末市肆著名者，如勾栏胡同何关门家布、前门桥陈内官家首饰、双塔寺李家冠帽、东江米巷党家鞋、大栅栏宋家靴、双塔寺赵家薏苡酒、顺承门大街刘家冷淘面、本司院刘崔家香、帝王庙前刁家丸药，而董文敏亦书、刘必通硬尖笔。凡此皆名著一时，起家巨万。……富比王侯皆此辈也。”[②]在这些行业中，最有北京特色的可能是米行和金融行业。

老米碓坊。北京城人口庞大，对粮食的需求极大，因而自元朝起官方就发展漕运作为北京地区粮食供给的手段。清代前期，来自河南、山东等地的漕粮经过运河运到北京城东的通州，每年有五六十万石不等。对于粮食的需求也产生了商机，因而粮食业是京城的大行业之一，从金至清，都不乏商人运粮至北京贩卖的记录，从事粮食业的商人形成不小的群体，他们当中有从事贩运粮食的行商，也有开店经营的铺户。清代北京市场上有大批“私粮”或“市粮”，即由各地商人从外地运送至京并在市场贩卖的粮食。

清代时，朝廷将漕运的大米作为俸禄发放给旗人和官员作为禄米，“口粮和禄米都是由南方漕运而来，存在仓内，陈陈相因，米色变红，故称‘老米’稻谷。米色好看的皆备宫中之用，这‘米色红朽’的老米除了供给旗人之外，还是六品以下官员的官俸”。这些老米必须经过加工碾出米来才能食用，因而旗人一般将老米送到碓坊中加工，“其加工方法是将稻谷掺上白砂，用脚蹬石墩反复轧磨，磨去

① 邓之诚：《骨董续记》卷四。

② ［清］阮葵生：《茶余客话》卷一八。

稻壳和糙皮，再经扇扬，即成净米”。[1]

清代北京的粮食业最初掌握在山西商人手中，城中的老米碓坊也多由山西商人开设。但是，随着山东商人后来居上，逐渐垄断了北京的粮食业，老米碓坊也落入山东商人手中，因而《旧京琐记》中记载：“北京老米碓房，都是山东人所开，相沿已久，又称山东百什房。”

由于旗人领取禄米后常需要到老米碓坊加工，因而老米碓坊的服务对象主要是旗人。最初，旗人将老米加工的事委托给碓坊，并由碓坊代领禄米，加工后直接得到净米，而碓坊则在加工过程中扣除一部分米作为加工费用。由于有的旗人所得禄米除自已使用外还有所剩余，因此清廷规定“官兵俸粮留食者三四分，官局收买者二三分，余俱在外流通，奢济民食”，允许旗人出售禄米，而且“京师贵人家以紫色米为尚，无肯食白粳者”，所以旗人等往往将领得禄米的多余部分“贱价售之米肆，而别籴肆米以给用”。[2]一般旗人就向老米碓坊出售禄米，换取钱财。后来，不少旗人生活靡费而无收入，于是开始向碓坊借贷，因此老米碓坊在从事米业加工的同时，又开始兼营高利贷，由于碓坊的利息高昂，许多旗人因此负债累累。《燕市积弊》载：老米碓坊“名为卖米，其实把旗人收拾的可怜，只要一使他的钱，一辈子也逃不出他的手”，[3]甚至有的旗人“世族俸银米悉抵押于老米碓房，侵渔逼勒久，遂握有全部之财权。因债权故，碓房掌柜之乡亲故旧稍识之无者，率荐入债家为教读，遂握有满族之教权。于是旗籍人家无一不破产，并其子弟之知识亦无一不破产矣”。[4]

钱庄票号。在浙江商人和山西商人经营下，北京的钱庄票号极为

① 迟子安：《旧北京的粮食业》，《北京工商史话》第二辑，北京：中国商业出版社，1987年。作者自称：自16岁（1924年）进入先父所开设的合增永粮店做学徒，经营粮食50余年，兹就记忆所及略作介绍。

② ［清］震钧：《天咫偶闻》卷三。

③ 待余生：《燕市积弊》卷一。

④ ［清］夏仁虎：《旧京琐记》卷九。

发达，为一大行业。银号所经营的主要是大宗的银两，钱庄票号则主要是银钱兑换、发放“帖票”，并兼营存放款项以及贷款。北京最早的银号正乙祠由浙江绍兴商人于康熙六年（1667）创建，在“正阳门左右列肆而居”，“操奇赢，权子母，以博三倍之利”。[①]《清稗类钞》载：“京师钱市通行之物凡四种：一、生银（银锭、碎银）；二、大个儿钱；三、银票；四、钱票。盖当时银钱虽通行于津、沪间，而京师则以国库出入俱用银两计算……银钱二票，为票号、钱店、香腊铺（兼兑钱）所发行。”[②]

清代时北京钱庄、银号众多，其中最大四家是“四大恒”，即恒和、恒利、恒源、恒裕四大钱庄。“四大恒”对北京金融市场有巨大的影响力，其发行的银号也得到了民间和市场的认可，“居人行使银票以此为体面”。[③]此外，票号、钱庄的汇兑业也很发达。“汇兑庄亦曰票庄，皆山西人，交游仕宦，最为阔绰。有外放官吏，百计营图以放款，即京官之有外任资格者亦以奇货居之，不惜预为接济，然失败者亦往往而有”；钱庄“其下者为钱铺，外城则专与汉官往来。彼时朝官有定员，官之资格，铺人一一知之，且有外任之望，此辈钱铺随时接济，便利殊甚”。[④]

票号、钱庄等金融机构对北京的经济和发展起到了很大的积极作用。这些机构方便了资金的流通，并为不少缺少资金的商铺提供了支持。然而，有一些钱铺并不诚信。“京师钱铺，时常关闭。客商换钱，无论钱铺在大街小巷与门面大小、字号新旧，必须打听钱铺虚实。不然，今晚换银，明日闭门逃走，所开钱帖，尽成废纸。”[⑤]嘉庆年间，“京城钱铺与钱市通同一气，兑换钱文，每千多有短少，往往换钱之

---

① 翰林院检讨诸起新撰《正乙祠碑记》，见李华：《明清以来北京工商会馆碑刻选编》，北京：文物出版社，1980年，第11页。

② 徐珂：《清稗类钞》第五册《农商类·京师钱市之沿革》，北京：中华书局，1984年。

③ ［清］夏仁虎：《旧京琐记》卷九。

④ ［清］夏仁虎：《旧京琐记》卷九。

⑤ ［清］杨静亭：《都门纪略》卷三。

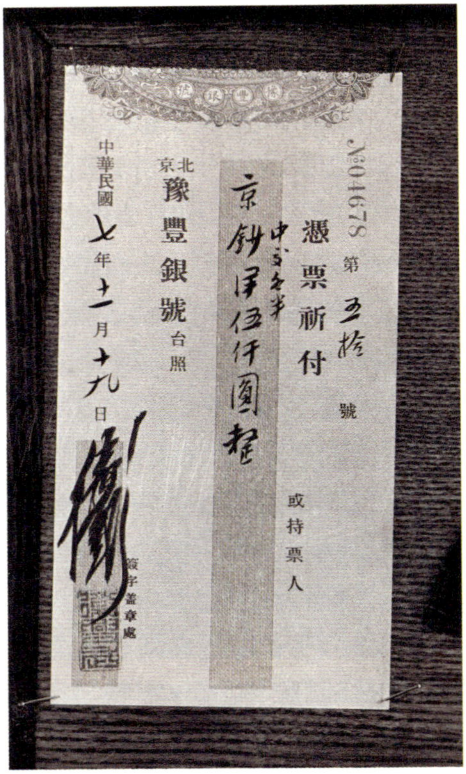

民国七年豫丰银号伍仟圆银票

人向争不理，并有狡猾铺户多出钱票，陡然关铺逃匿，致民人多受欺骗”。因此清廷规定：“开张钱铺者必令五家互出保结，遇有关铺潜逃之事即令保结之家照票分赔。其换出钱文除照向例钱市与铺家准各扣底四文外，如有任意短少，许换钱之人扭禀地方官随时究治。”①

清末时，随着西方列强的经济入侵和中国金融自身的发展，外国和中国的银行纷纷在京成立，传统的银号、钱庄也就此衰落。

---

①《清仁宗实录》卷二二五，嘉庆十五年二月。

# 第五节　商人组织：商会承载的文化

来自各地的商人，往往根据地域等关系组建商会，相互帮助，商会文化是北京商业文化的一大特色。同时，不同的行业也会组成行会，清末时同业行会逐渐成为主流，取代了以地域和血缘为纽带的商会。

北京云集着来自各地的商人，不同地区的商人有着不同的文化和习俗，因此在北京出现了一种商人组织——会馆。会馆往往以地域和行业为纽带成为不同地方商人交流和沟通的场所。不少会馆都是富商投资兴建，这也与商人财力增长密切相关。民国《芜湖县志》载，北京最早的会馆是永乐年间的芜湖会馆，该会馆便是由“邑人俞谟捐资购屋数椽并基地一块创建”。[①]

明清时期，北京城内“流寓十土著，四方日至，不可以户编而数凡之也。用建会馆，士绅是主”，[②]“其乡各有会馆，为初至居停，相沿甚便”。据统计，明代北京城内的商人会馆有41家，[③]来自四川、山西、陕西、江苏、浙江、安徽、福建等地，由此可见北京城内的商人来自全国各地，亦能体现出北京商业的繁华。刊刻于乾隆戊申年即乾隆五十三年的《宸垣识略》对此进行了详细的记载：“东城会馆之著者，东河沿曰奉新、浮梁、句容，打磨厂曰粤东、临汾、宁浦，鲜鱼口曰南康……崇文大街曰山东，广渠门内炉圣庵曰潞安。西城会馆之著者，西河沿排子胡同曰江夏，三眼井曰婺源，延寿寺街曰潮州、长元……将军教场头条曰云南、山左，土地庙斜街

---

① 民国《芜湖县志》卷四八。

② ［清］俞樾：《茶香室三钞》卷二四。

③ 南京大学历史系主编：《中国资本主义萌芽问题论文集》，南京：江苏人民出版社，1983年。

曰全浙……潘家河沿曰齐鲁……”[1]各地商人多在北京设立会馆，作为议事、联络之所。道光十八年（1838）《颜料会馆碑记》云：“京师……货行会馆之多，不啻什佰于天下各外省；且正阳、崇文、宣武门三门外货行会馆之多，又不啻什佰于京师各门外。”[2]清代北京前门、崇文门、宣武门一带继明代之后，进一步发展成京师最繁华的商业区。

其中最具代表性的是著名的晋商山西商帮。山西商帮在北京设立的会馆，有十五个之多，约占当时工商会馆总数的27%。山西商人垄断的重要行业就是颜料业。他们建立了从重庆到平遥再到北京的供产销售的系统网络。山西盂县商人垄断了氆氇毛毯的销售生意，临汾、襄陵两县的商人，主要经营副食品，包括油盐酱醋和粮食销售。翼城、晋城商人主要经营布号。这些以同乡为基础共同经营同一种商品的形式，使会馆的主题既是行业的组织又是同乡会联络的场所。“晋商在北京设立的会馆蓬勃发展，大体上前后在北京设会馆40处以上。如襄陵会馆、潞郡会馆、浮山会馆、临汾会馆、平遥会馆等都是著名的晋商会馆。”[3]

除去晋商的商业行会之外，浙江商帮也在北京垄断了一些行业的经营，建立起了属于其自身的会馆。宁波商帮在京师以银号业、成衣业和药材业为主，专门成立了四明会馆。银号会馆正乙祠，由绍兴银号商人初建于康熙六年。其他在京师的外地商帮，还有经营香料业、珠宝玉器和洋货的广东商人，经营饭庄、绸缎、估衣的胶东商人，经营南纸业的福建商人。

除了以乡土为共同行业的划分标准外，还有以民族划分的不同商人集团，在北京有大量的回民商人。“回民经商很活跃，尤其是北方和西部。城里的回民社区成员从事马帮和商队贸易、车队运输、屠宰

① 吴长元：《宸垣识略》，北京：北京古籍出版社，1981年。

② 李华：《明清以来北京工商会馆碑刻选编》。

③ 王茹芹：《京商论》，北京：中国经济出版社，2008年，第89页。

和餐饮业。在北京，他们还住在人们不太喜欢住的城市郊区。”[①]

山东商人也在北京设立了很多会馆。会馆之设，在于“以敦亲睦之谊，以叙桑梓之乐，虽异地宛若同乡”。清代山东商人在北京建立了众多的会馆。乾隆年间，北京城内已有的山东会馆是崇文大街的山东会馆、将军校场头条胡同的山左会馆和潘家河沿的齐鲁会馆三个会馆。此后，刊刻于光绪乙酉六月年的《京师坊巷志》、光绪十二年京都群经堂藏校的《朝市丛载》以及光绪《顺天府志》都对光绪年间在京的山东会馆进行了详细的记载。何炳棣在其《中国会馆史论》中认为清代北京城有十二个山东会馆。[②]胡春焕、白鹤群对其研究更为深透，他们认为清代北京城共有十四个山东会馆，并

保存至今的北京湖广会馆。北京湖广会馆坐落于西城区骡马市大街东口南侧（虎坊桥西南）。修建于清朝嘉庆年间，原来规模较小。道光十年（1830）集资重修，升其殿宇，建筑戏楼，添设穿廊。道光二十九年（1849）又置亭榭等，总面积四千七百多平方米。馆内有乡贤祠、文昌阁、宝善堂、楚畹堂等。园中种有竹木花草，并堆有假山、太湖石等。前清时名流学士常在此宴会唱酬，成为宣南一胜地。两湖旅京人士，更定时在此聚会、礼神和祭祀乡贤。

图片来源　http://www.naic.org.cn/html/2018/gjzg_0118/37020.html

古建中国网：北京湖广会馆“原汁原味”的东方古典剧场

① ［美］韩书瑞、罗有枝：《18世纪中国社会》，陈仲丹译，南京：江苏人民出版社，2008年，第141页。

② 何炳棣：《中国会馆史论》，台湾学生书局，1966年。

把它们的地理位置加以考证。具体包括位于西城区手帕口胡同的山东齐鲁义园会馆、教场头条的山东山左会馆、教场三条的山东章丘会馆、烂鳗胡同的山东济南会馆、门楼巷的山东青州会馆、粉房琉璃街的山东汶水会馆、潘家河沿的山东齐鲁会馆、迎新街的山东寿张会馆；[①]位于西城区上斜街的山东同乡会、手帕胡同的山东齐鲁会馆；位于朝阳区呼家楼南里的山东义园会馆；位于东城区崇文大街的山东会馆以及鲤鱼胡同的山东试馆。[②]清代北京城内的山东会馆中，除去山东试馆，大部分为商人所建，可见当时山东商人在京的数量之多。

北京的商人会馆基本上将城市中各种消费产品的经营都有规则地掌控在某一特定经营团体中。从商人会馆的功能看，与欧洲中世纪的行业组织有共同之处。会馆的基本职能都是把每个商人的谋利行为，组合成同行业或者说同乡的谋利行为，从而排除本行业内部的竞争。另外，在保护商业团体不受牙侩欺侮和封建权贵的盘剥方面也发挥着重要的作用，而它们的具体经营方式则以铺户为主。“行会的会员既可以是个人也可以是铺户。每家开业的铺户不论从业人数多少都算作一个户头。在有些商业行会或手工业行会、服务性行会是以个人做会员的。”[③]

18世纪时，北京中小商人最大的特点是由同县或同乡垄断经营某一商品或行业，表现出极大的封闭性和垄断性。“康熙以后，商业更加繁荣，主要的行业有136个。在北京市场上，有安徽、福建、江西等地的纸张，关东、河北的烟叶，上海、苏杭的丝绸，南海的珠宝，台湾的蔗糖等。在北京经商的人中以河北省（直隶）人为最多，依次为山东、山西、浙江、江苏和安徽人，纸烟、煤铺、浴池、书业等行业主要由河北人经营；估衣、米面、白酒、猪肉、饭店开业以山

① 教场头条、烂鳗胡同，今名校场头条、烂漫胡同。

② 胡春焕、白鹤群：《北京的会馆》，北京：中国经济出版社，1994年，第28—36页。

③ 施坚雅：《中华帝国晚期的城市》，北京：中华书局，2000年，第671页。

东人为最多；钱庄、颜料业的经营者以山西人为主。”[①]

18世纪，特别是乾隆年间，北京的金融业开始发展起来，其发展的形式也是以铺户为主的经营模式，主要分为银庄、票号和当铺这几种不同任务的金融机构。银庄主要是进行银钱兑换等买卖，票号主营异地汇兑和存储，而当铺主要是资本借贷和资产抵押业务。“以京师为例，自康熙年间到道光年间，钱铺竟有三百八十四家之多”，乾隆中叶开始钱庄业务比较明显地出现变化，后期业务已经突破了单纯兑换钱的范围，体现信贷活动的贷款、放款已经成为钱庄的业务范围了。“乾隆年间京城有‘官民大小当铺共六七百家’，清前期京城开设的钱庄、钱铺有三百八十余家。”“乾隆年间，钱票已在京师流行，并向京外流传。”[②]清中叶时，新型的账局、钱庄已经兴起，经营存、放款业务，向工商业放贷的情况日益增多。账局多设在北方各地。“北京账局山西人最多，子母相权，旋收旋放，各行铺户皆藉此为贸易之资。足以见到商品经济发展的规模和程度。”

垄断某一商品买卖的行会商人是18世纪北京民商的代表，铺户是这类中等商人的典型经营方式，正在形成的几个地方商帮还纷纷设立行业会馆，帮助其对某一行业的经营进行垄断和控制。何炳棣认为，“会馆定义为同乡人士在京师或其他异乡城市所建立，专为同乡停留聚会或推进业务的场所”。[③]中国的地缘性和血缘性造成了清代京城中的商业和城市聚集的特点。特别是在一个超大型的城市中，各种来自五湖四海的人聚集在很小的城市范围内，其聚集形态本身就是文化性的地域性的表现。

商帮会馆是以血缘、地域和籍贯而进行划分和组织的同乡商会，

---

① 吴慧主编：《中国商业通史》第四卷，北京：中国财政经济出版社，2008年，第156页。

② 方行、经君健、魏金玉主编：《中国经济通史·清代经济卷（中）》，北京：中国社会科学出版社，2007年，第777、779页。

③ 何炳棣：《中国会馆史论》，1966年，第11页。

同籍商人互相帮助，维护共同利益，但此种商会往往还有排外性。琉璃厂书商多为江西人，他们共同结成文昌会馆，通过在每年二月初三文昌帝君的生日进行祭典来加强联系，河北等北方书商皆被排除在外，因此北方书商又另立北文昌会馆，与之抗衡。而到了清代后期，传统的会馆开始被由共同行业人员组成的行会取代。行业突破了传统社会血缘、地域的纽带。

近代意义上的商人组织，是商会。1903年，北京汇兑庄金银号商会成立。1904年，茶行、布行、药行等商会纷纷成立。1904年，清廷颁布了中国第一部商法——《钦定大清商律》。《钦定大清商律》由《商人通例》和《公司律》构成，其中《商人通例》对商人的定义及经商者的注册登记等问题进行了规定，《公司律》则规定了公司的定义、组织结构、种类、创办流程等规定。《钦定大清商律》使中国的工商业者和商业组织有了法律上的保护，推动了商业的近代化。《商会简明章程》则规定："凡属商务繁富之区，不论系会垣、系城埠，宜设立商务总会；而于商务较次之地，设立分会，仍就省分隶于商务总会。"1906年，京师商务总会成立，此后北京各商会开始建立。成立商会的目的在于促进同行业商人的自治，商人可与行会共同制定行规，而且也方便官方的管理。官府将参与行会的商铺变为行户，进行定期审核，以后对某一行业的商业进行管理便可直接同行会沟通。在这种情况下，北京城内许多传统的会馆也逐渐向行会转变，如临襄公馆变为油盐粮行公会、平遥会馆变为颜料公会。北京的商人组织由此逐渐突破了传统社会的地域、血缘关系，开始走上了近代化的道路。

当然，由于北京长期处于封建统治中心，所以商业经济直至清代社会末期仍带有浓厚封建色彩。如同仁堂创于清末，始终是乐氏家族独家经营。一般店铺也多保持店东、掌柜、师父、学徒之陈旧结构。各行业在同乡基础上建立行会。某些行会强行统一本行市价，禁止商业竞争，徒弟对师父有人身依附关系，这也是需要说明的。

第五章

# 商业经营

“百货骈阗庙市开”（黄钊《帝京杂咏》），“夜市三条人似蚁”（洪璟《燕京杂感》），清代的文人经常用这样的句子来形容北京。在他们眼中，北京是以一个非常大的市场而名著天下的。北京作为著名的政治中心和商业中心，有发达的商业活动。繁盛的商贸活动为商业经营的发展提供了广阔的实践空间。为了在商业竞争中取得优势，商人们使用了丰富多彩的经营形式。无论是商店酒楼，还是游商小贩，都有自身独特的商业经营艺术，或是经营管理，或是广告等。北京商人的经营管理思想对当今仍有借鉴意义，而各具特色的广告模式，更是极具特色的商业文化。

## 第一节　经营艺术：从商之道

北京商人向来受到中国传统的儒家思想影响，重视诚信、礼貌待客；同时还能极具市场意识，敏锐地发觉市场需求；最后还具有工匠精神，对商品的品质极为重视。这些优良的特点既使商人们能在市场上立于不败之地，又促进了北京商业水平整体的提高。

在漫长的历史长河中，从事商业活动的商人，积累了丰富的营销手段，形成了独具特色的经营艺术。综合考察北京地区的商业经营艺术，可以发现，历史上北京的经营艺术主要包括以下几个特点：

1．重视民俗民风，发掘传统商业机会

清代商业文化在经营艺术方面最明显的表现，就是具有浓郁的民族、民俗和民情味道，民俗文化与商业经营联姻，构成了商业文化的重要组成部分。

首先是商业文化中体现的语言习俗。我国传统文化中的重要民俗事项是求吉、趋福、避祸，对吉利语言和文字的运用则是商人避凶趋吉心态在商业中的反映。以店铺字号为例，一般取隆、裕、丰、茂、盛、永、舜、祥、和、聚、泰、光、兴、恒、福等象征生意兴隆、财源广进的字眼。又比如谚语，是伴随人们长期生产、生活的经验而流传下来的固定常用俗语。而商人则利用这种形式将生意经、行规店规等表达成一种特殊的商业谚语，如“一台无二价”“童叟无欺”“和气生财”“旧账不过年”等，都是商人经营经验和智慧的结晶，在商业活动中具有指导和约束作用。

其次是商业文化对节庆习俗的利用。中国人对节日时令和社交的重视程度不言而喻，年节时讲究送礼并以食物为大宗，因此商业店铺也根据这种风俗习惯大做节日买卖，如元宵节前卖花灯和汤圆、端午节卖粽子、中秋节卖月饼、腊月卖各色年货等。此外，人们在年节时有贴春联的习俗，这也被商人所借鉴而产生了店铺楹联，而且为了提高知名度往往请一些社会名流执笔。这种宣传形式的功能与招牌类似，对丰富和发展商业文化起着重要作用。

2. 树立品牌意识

清代尤其是近代以来，随着商品经济大潮的冲击，商人开始逐步树立品牌意识，这个特点在近代北京的商业活动中表现尤其突出。今天我们可以历数的京城老字号品牌，如瑞蚨祥、全聚德、内联升、东来顺、烤肉季等，绝大多数都是诞生在这个时期。如此众多享誉中华的著名品牌集中在北京，充分说明北京市场极大的号召力、北京商人较强的品牌意识及他们在理解市场与消费者心理方面的独到之处和创立品牌的高超手法。

北京商人创立品牌的手段与方法是多种多样的，但大多数人都善于借势行事。一方面在商业区随处可见那些名人政要手书的墨迹牌匾，借此提高自身价值从而达到促销目的。如“乐家老铺”同仁堂由寿岂所题，“宝古斋”古玩铺的牌匾出自翁同龢之手等。另一方面，作为都城，北京商人惯用的手法是将商品抹上一层皇家色彩，这样的名牌产品很多。例如都一处烧麦馆是乾隆皇帝临幸过的；天福号的酱肘子、月盛斋的酱羊肉、王致和的臭豆腐都是上过慈禧太后的餐桌并得到赞许的食品；全素刘的经营者原来是御厨中专做素食的；同仁堂的许多药方原本出自皇宫；通三益的秋梨膏，据传也是其经营者得自宫廷的独家秘方。当然，京城的名牌中也有许多是凭着质优取胜的。全聚德、东来顺、天兴居等经营者是因其产品风味独特和品质优良而出名；马聚源、瑞蚨祥、龙顺成等众多的老字号则是靠着其产品品质地精良而誉满京城。荣宝斋等一些琉璃厂的名店则因其文化品位而被人推崇。

3. 讲究礼数，热情周到

周到热情的服务和营造良好的人际关系氛围是经商的必需，因此商人如何处理好与顾客的关系就显得十分重要。地处北京前门繁华商业区的三义客店是清末以来北京旅店行业中以规范经营、礼貌周到而著称的企业。它的前身是清朝同治年间开设的三义镖局。光绪年间镖行衰落，三义镖局遂改为三义客店，做起了旅店业的生意。该店所推行的制度化管理方式赢得了良好的赞誉。三义客店的服务目标是“店家，店家，到店如到家”，它的员工始终以亲切热情的笑脸待客，其目的就是要为出门在外感到一切生疏不便的旅客，营造一种宾至如归的感觉。三义客店在旅客中颇具口碑。附近有不少银行钱庄，商人来往频繁，三义客店能够主动争取客人，而且无论是商家来人、旅客来信预约房间，客店都会精心安排，决不误事，因此许多旅客成为这里的常客。凭着自己的商业信誉，三义客店成为近代北京旅店业中知名的一家老店。

另一方面，由于社会人员成分复杂，稍有不慎，就会得罪客人，所以经商要注意的礼数相当多。怎样介绍商品、怎样递送货品、怎样陪顾客闲谈、怎样送客，都要讲究礼数，不能让顾客有丝毫不满意。此外，经商不是一锤子买卖，要想有持久的回头客，就必须讲求信誉，并且谦和有礼，服务周到。因此，清代的商人们总是以一种和气、友善、谦恭、自然节制的态度进行人际互动，并在此基础上从事他们的经济活动。

4. 丰富的营销手段

“酒香不怕巷子深”的传统商业观念根深蒂固，因此以往的营销手段相对陈旧，其经营重点多是放在研制和改进固有产品及提高产品质量上，而对营销创意不足，缺乏主动出击的精神。清代中后期，西方商业经营者将大量中国本土商品加以改良又销售于中国，如所谓的洋绸、洋缎、洋纸、洋镜、洋瓷等都普遍受到城市市民的欢迎。可实际上“洋瓷质料不及本瓷之佳，第制造之工，精妙非常，举凡施釉绘画，莫不刻意讲究……故现今酒馆茶肆所用之瓷器，几有尽用洋瓷之势，而本国瓷器，惟用之于寻常人家而已”。

在这种冲击下，晚清的从商人员也不得不在一定程度上改变营销策略。一些经营者为方便外地顾客的购买携带，他们会无偿提供各种美观而实用的包装用具；在客人选购商品时，店员们会态度友好地向顾客介绍适合他们的商品，如当时的绸布店“必兼售洋货，其接待顾客至有礼衷，挑选翻搜，不厌不倦，烟茗供应，趋走极勤。有陪谈者，遇仕官则谈时政，遇妇女则炫新奇，可谓尽交易之能事，较诸南方铺肆施施之声音颜色相去千里矣”。[①]

为争取为洋人服务的机会，商家还雇用会讲英语的员工，或要求店员学习英语。另据《燕市秘弊》记载，时人称北京茶叶铺“最讲究门面，早年行里，量门面之大小，可以取货物之多寡，后来多有虚张声势的，所以人家也就不听那套啦”。虽然这一评价略带贬义，但从中可以看出，晚清时期的商人已经懂得运用夸张的广告效应来推销宣传自己，从而扩大商品的影响力。

5. 差异化服务

中国古代讲究人分三六九等，商业与商人自然也不能例外。商人也分三六九等，头等商人是官商，财大气粗，横行霸道；二等商人是那些著名的老字号，经营有方，日进千斗；三等商人是普通商号，惨淡经营，盈亏无常；四等商人摆摊设点或走街串巷，蝇头小利，半温半饱。平民百姓无钱走进饭庄、饭馆，但偶尔也会光顾经济实惠的饭铺，用些面食和下酒的小菜。具有代表性的是会仙居炒肝。炒肝原料无非是猪肠、猪肝，每碗只卖两个铜子，由于物美价廉，也美誉京城。此外，还有广福馆的炒疙瘩、沙窝门的焦排叉等。一些声誉卓著的大型老字商号，也发财不忘本，继续为平民大众服务。如东来顺的创始人丁德山靠一条板凳、一辆手推车，摆饭摊起家，建起了上下三层楼能容纳500人同时就餐的大饭庄，但在店门口仍设饭摊，面向大众供应经济实惠的面食、小菜。常春堂的名药避瘟散也是面向劳苦大众的。瑞蚨祥绸布品种繁多，货真价实，高、中、低档商品齐全，既有适合官僚、富商的绸缎、呢绒、皮毛，也有一般市民、农民穿着的蓝、白花布。

---

① ［清］夏仁虎：《旧京琐记》卷九。

6. 坚持道德底线

由山西人宋氏在北京开设的合义号钱铺，于嘉庆六年（1801）十月通过章京富克额，两次向郑亲王府贷款3000余两，虽然数额不大，可资质却很重要，因为没有一定的信誉与经济地位，贵为亲王的府里人是不会轻易向其开口举债的。开设银钱铺，经营金融类业务，目的当然是赚钱，但他们也有自己的道德底线，“放京债者山西人居多，折扣最甚，然旧例未到任丁艰者不还，革职不还，身故不还”。以故诗称：“借债商量折扣间，新番转票旧当删。凭他随任山西老，成例犹遵三不还。”这“三不还”既体现了一种经营风险，也是商业运作中必须承担的道德成本。

总之，古城北京的商业有其独特的文化氛围，其经营方式、商业道德以及商店的格局和情调，都有传统文化的鲜明色彩。老北京商人最大的特点是十分周到的礼仪和十足的人情味，和气、耐心是经营的艺术。尽管在这里也包藏着商业目的，但绝不是赤裸裸的利害关系。在老北京数百年的商业竞争中，之所以形成了数不胜数的老字号，就在于他们以优质的产品、周到的服务、诚实的信誉博得人们的赞誉。

当然，元、明、清三代在北京建都，北京商业大多为满足皇室贵族、达官显宦之需而设，故带有严重寄生性和腐朽性。清末，北京商业中繁盛的仅是饭馆、戏楼等行业和经营珠宝、绸缎、皮毛等高级奢侈品的行业。奸商作弊欺诈之风亦盛极一时。清人纪昀曾云：“人情狙诈，无过于京师。”[①]

① ［清］纪昀：《阅微草堂笔记》。

## 第二节　广告艺术：创新意识的体现

随着北京城市内商业的发展，商铺越来越多，同类行业的商铺之间存在着激烈的市场竞争，有的行业则催生出为人们认可的字号、品牌。游商小贩们为了能引起顾客的注意，还会发明出各具特色的叫卖和吆喝声，作为“广告”。无论是出于进行竞争的需要，还是宣传品牌的需要，广告都是必需的。

早在元代，随着商业的发展和不同行业的划分，大都的商户们就催生出了广告意识。他们以不同的文字、图案来标识自己，形成了独特的招幌文化。城内的酒店“正门前起立金字牌，如山子样，三层，云黄公垆”。理发店“以彩色画牙齿为记”，兽医商铺则在“门首地位上以大木刻作壶瓶状，长可一丈，以代赭石红之。通作十二柱，上搭芦以御群马。灌药之所，门之前画大马为记”。“若蒸造者，以长木竿用大木杈撑住，于当街悬挂，花馒头为子。”“市中医小儿者，门首以木刻板作小儿，儿在锦棚中若方相模样为标榜。又有稳婆收生之家，门首以大红纸糊篓筐大鞋一双为记，专治妇人胎前产后以应病证，并有通血之药。”[①]清代时，为招揽顾客，商家不惜在招牌上投入重金，以达到广告效果。“正阳门东西街招牌有高三丈余者，泥金杀粉，或以斑竹镶之，或又镂刻金牛、白羊、黑驴诸形象以为标识。酒肆则横匾连楹，其余或悬木罂或悬锡盏，缀以流苏。如大栅栏、珠宝市、西河沿、琉璃厂之银楼缎号，以及茶叶铺、靴铺、药铺、洋货铺，皆雕梁画栋，金碧辉煌，令人目迷五色。至酒楼饭馆，张灯列烛，猜拳行令，夜夜元宵，非他处所及也。”[②]还有的商家为彰显阔

① 《析津志辑佚·风俗》。

② 光绪《顺天府志》卷一八。

气，招牌甚至高达数丈，夜间在其上悬灯数十盏，犹如白昼；还有的商家则直接以黄金装点门面，以显示商店财力雄厚，经营稳定，不会突然关张，从而取得顾客信赖。在北京漫长的商业发展历史中，北京的商人们充分地发挥了自身的智慧，进行了各种各样的广告形式，这也形成了北京独特的商业文化。

不管是走街串巷的小贩游商，还是实力雄厚、拥有店面的富商大贾，北京的商人们非常注重对产品与服务的宣传和包装，他们根据自身情况与产品的特点，选择不同的广告形式。北京的商业广告的表现形式，可分为以下几类。

招幌、装饰。所谓“招幌”，即招牌和幌子的合成，“商店悬牌于门以为标识、广招徕者曰市招，俗呼招牌”。商户一般将招幌悬挂于店铺外，以最直观的方式向人们宣传自身经营的商品、特点、档次等信息。招幌的样式也有很多，“大抵专用字，有参以满、蒙、回、藏文字者，有用字兼绘形者”，[①]有用文字的，有用图案的，有用实物的。

许多老字号的匾额往往极具价值，多邀请名人题字，以彰显其历史和受认可的程度。如六必居酱菜园的匾额相传为严嵩所题，都一处烧麦虎头牌匾为乾隆所题，同仁堂“乐家老铺”匾为寿岂所题，瑞蚨祥鸿记茶叶店匾额为吴春鸿所题，荣宝斋匾额为陆润庠所题，古宝斋古玩店匾额

新中国成立初期公私合营后的六必居。
图片来源　https://m.sohu.com/a/232699880_540853

① ［清］徐珂：《清稗类钞·农商类》。

为翁同龢所题，静文斋南纸店匾额为徐世昌所题，步瀛斋鞋店匾额为毛昶熙所题。还有一种文字招幌叫“冲天”招牌，这种招牌“深埋地下，露出地面的两石之间则夹竖一个很长很长的黑漆金字招牌。石条有洞，可以把招牌拴紧，一般直立在店铺当中的街上，很高很高，意在使人老远就能看见这家大店所在”，如德爱堂药铺招牌上书写：“德爱堂沈家祖传七代小儿七珍丹只此一家别无二处”，[①]就是“冲天”招牌，这种招牌引人注目，内容都是对自家商品的宣传，有很好的广告效果。

但是，由于社会上许多人不识字，因此有的招幌不用文字而用图案或在文字旁辅以图案，“更有不用字、不绘形，直揭其物于门外，或以象形之物代之，以其人多不识字也，如卖酒者悬酒一壶，卖炭者悬炭一支，而面店则悬纸条，鱼店则悬木鱼，俗所谓幌子者是也”。[②]还有的则是悬挂与商品或经营业务相关的实物，更加直接。如雷万春鹿角胶店，门口便悬挂一大鹿角；扇子铺就在房檐边际悬挂一大巨扇，铜器铺则是在一面木牌上镶嵌铜壶、火锅形状的铜片，这种实物幌子简单明了，使人一看便知，而且在市场上极为显眼，有着良好的广告效果。1942年北平出版的《三六九画报》记载，北平的酒馆经常有“系一黄铜所制之壶，圆形似火锅，下结幌绸并缀以铜制‘古老钱’一枚；另外尚有一种售酒之幌子，系木制朱漆之葫芦”，铜壶、葫芦都是盛酒的容器，因此用来做幌子也很容易联想到酒。更有意思的是有的专门批发的酒铺悬挂猪尿脬作为幌子，因为清朝时有人为了走私逃税，将酒放在猪尿脬中偷运进城，久而久之猪尿脬就成为批发大量酒的象征，这类有“典故”的特殊幌子也反映了北京特殊的社会文化。

清初前门一带有一家杨少泉帽店，在店铺门口摆放一只木制的黑猴儿作为招幌。据说这个招幌的典故是杨少泉帽店模仿自一家名叫杨

---

① 李一氓：《广告、文学、文明》，1985年12月7日《文艺报》。

② ［清］徐珂：《清稗类钞·农商类》。

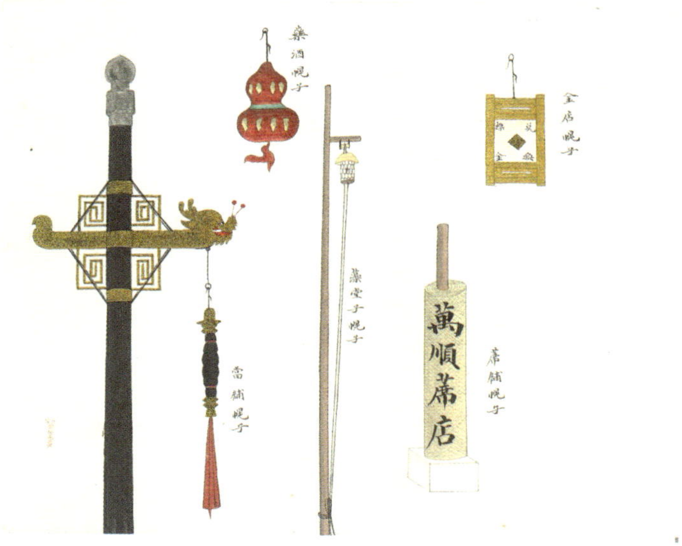


京城店铺幌子
图片来源 周培春《京城店铺幌子图》

小泉的帽店。该店的掌柜杨小泉一直饲养一只黑猴作为宠物，杨小泉死后，有人接手帽店，便将前店主的宠物形象做成招幌，以示传承，结果就这样“黑猴儿”成为北京市民心目中帽子店的“商标”。因此到了后来，又有人新开的田老泉帽店同样将黑猴儿作为幌子，时人还有诗云：“戴上绒边黑毡帽，果然像个黑猴儿。”可见“黑猴儿”这一标志影响之大。

还有的商家别出心裁，反其道行之，悬挂一些与所营业务无关的物品作为幌子，从而造成了特殊的广告效果。如天合成商铺经营绒线、梳子等女性用品，但是却在店面门户悬挂一个烟袋锅作为幌子，这反而引起了人们的好奇心，纷纷进入店内一看究竟，结果，天合成在北京城内家喻户晓，市民知道有一家“大烟袋锅”绒线铺。

叫卖、声响。北京城内的行商小贩，或推车，或挑担穿行于大街小巷之间，由于不像店铺能够悬挂招幌，因此叫卖或是使用某些能发声的乐器，就成了此类商人最好的广告方式。明人史玄在《旧京遗事》中写道，“京城五月，辐凑佳蔬名果，随声唱卖。听唱一声而辨其何物品者、何人担市也”，可见小贩们一般都是直接吆喝其所卖商品，即所谓民间俗语“卖什么吆喝什么”，这样简洁明了，方便听者识别。由于北京戏剧文化浓郁，因此叫卖者往往需字正腔圆，还要运用花腔、滑腔、甩腔，最后一句要有韵尾，最后一个词的音调转折，吐字清晰能使叫卖声清晰易辨，否则就会“呼卖物者，高唱入云，旁观唤买，殊不听闻，惟以掌虚覆其耳无不闻者”。运用腔调与京城文化巧妙融合，还能使叫卖声“婉转动人听闻”，[①]朗朗上口，悦耳动听，还显得“接地气”，令人亲切。北京的估衣商人无论叫卖还是和顾客交谈，都是带有特色腔调，所谓“远闻叫声卖，宛转颇可听。衣服两大堆，件件来回经”。清代诗人柢翁《燕台新咏·唱估衣》中写道：“衣无长短量凭尺，腔接高低巧转喉。真眼好磨看入骨，长安人海口如油。”估衣商人这种特色的叫卖和交谈方式成为北京商业的一大景观，而且也广受欢迎。

有时叫卖还需和节日、时令结合，这样能起到更好的效果。比如正月时，京城小贩会肩挑木桶售卖鲤鱼，口中吆喝“活鲤鱼哎！”以映衬春节时家家祈求年年有余的愿望。二月初一，民间祭祀太阳神，届时小贩们售卖太阳糕，糕上捏一个公鸡，象征“日中有金鸡”，叫卖声则是“太阳糕来，小鸡的太阳糕啊！”

为了增加叫卖效果，小贩在叫卖时还会使用一些可发声的“乐器”。《清稗类钞》中曾描绘道：“京师细民有以打鼓收买敝物为业者，持小鼓如盏击之，负箱笼巡行街巷中。”《燕京杂记》则载：“有荷两筐击小鼓以收物者，谓之打鼓。交错于道，鼓音不绝。”这种用来叫卖的小鼓也被称为“货郎鼓”。有些商贩为招揽人气，使用一些能发出声响的工具，如卖艺、耍猴的艺人，为在闹市中引人注意，招揽看客，直接使用锣鼓等乐器。

还有的“乐器”则是随手携带工具，比如夏天卖冰镇酸梅汤的商贩，将两只盛酸梅汤的铜碗一上一下拿在手中，大拇指、小指卡住

---

① ［清］佚名：《燕京杂记》。

下碗，食指、中指挑动上碗与下碗相碰，发出声响，名为“打盏儿”，音色悦耳且极具辨识性。清代理头的商贩用于刮脸的工具“滑铁艾”（类似镊子）在铁棒上摩擦，发出的金属摩擦的声音，为其特色的叫卖声音。

一般城内的游医则使用一种叫“虎撑子”的串铃。据传说药王孙思邈在山上采药时，遇到一只被兽骨卡住喉咙的老虎，孙思邈就用一个铁环撑住虎口，取出骨头，后老虎报恩为孙思邈看守后院杏林，就有了“虎守杏林”的典故，传说后人为供奉药王，将救虎所用铁环系上铜铃，名叫“虎撑子”，因此这种特殊的串铃也就成了医生的特殊符号。而贩卖针线、女性用品或是提供磨镜子、磨剪子等针对女性客人服务的小贩，因避讳叫卖的词汇有男女授受不亲嫌疑，或是担心叫卖声会“惊闺”，因此不发生叫卖，而是使用一种名叫“惊闺”，即将磨剪磨镜用的贴片绑在一起，“形如籔而附以小钲，持柄摇之，则钲鼓齐响鸣，以代换卖。曰惊闺者，欲其声之达于闺阁也”。[①]这类发声用的器物，都能代表了特定的行业，还蕴含着中国民间的传统文化。

诗歌、楹联。有些店铺还请文人写诗歌和楹联用来宣传，这类似于请官宦名人和书法家写匾，既能起到广告效应，还能突出文化底蕴。通过诗歌介绍商品和商铺的现象在清代的北京极为常见，清代北京有不少竹枝词，都是此类的诗歌。如道光年间，杨静亭为汇丰斋的金糕作诗曰：“南楂不与北楂同，妙制金糕数汇丰。色比胭脂甜若蜜，解醉清食有兼功。”用诗歌交代了金糕的口味、材料，还有保健的功效。同治年间，李静山为王麻子刀剪店作诗：“刀店传名本姓王，两边更有万同汪。诸公拭目分明认，头上三横莫看慌。”这首诗既宣传了王麻子的老字号，还提醒顾客注意“汪麻子”的“山寨”货，既有广告效果，又有防伪效果，一举两得。

京城有许多著名店铺门面都有楹联。鹤年堂的楹联为“欲求养性

① ［清］徐珂：《清稗类钞·物品类》。

延年物，须向兼收并蓄家”，这既是宣传中医的养生理念，又是介绍鹤年堂药品的功效。同仁堂的楹联为“同舟共济，只求人少病；仁风相和，不虑药生尘”，体现了同仁堂高尚的经营理念和优质的产品质量。吴裕泰的楹联为“饮酒当记刘伶醉，吃茶应念陆羽功”，直接交代了经营的商品，同时显得古朴典雅。来薰阁书店的楹联为“蕴天地之精华，藏古今之学术”，彰显出一种大气磅礴的风范。还有的楹联则直接是借助作者名气而吸引顾客，天然居的饭馆楹联“客上天然居，居然天上客；人过大佛寺，寺佛大过人”，据传上、下联分别出自乾隆和纪晓岚之手，因而吸引了大量顾客光顾。

其他。除以上几种主要形式外，传统的广告形式还有年画、包装纸等。清末，北京出现许多官方、私办和外国报纸，在报纸上刊登广告成为一种新的广告形式。1907年创刊的《政治官报》明文规定允许“代登广告”，并制定了广告章程，随后各大报纸也都刊登商业广告。1913年，北京警察厅颁布《特许广告规则十一条》，对广告的刊登和内容进行管理。1904年清廷拟定的《商标注册试办章程》和《商标注册细目》是中国最早的商标法，此后1923年民国北京政府实行《商标法》，对注册商标进行了规定，自此一些老字号纷纷将自己的店名注册商标，广告的形式也逐渐步入现代化，各种公益广告、义演、连环画广告等新的广告形式纷纷出现。

## 第三节　管理艺术：中国传统文化的映现

北京商业面临着激烈的竞争，因此无论什么行业，想在北京脱颖而出，关键在于用人。如何选择有才能的管理人员，如何发现有技术的工匠，如何培养品行端正、拥有良好服务态度的员工，都是北京商人在经营管理中所极为重视的用人之道。

用人有道这一方面，北京的山西商人的票号堪称典范。票号在成立之后，股东就把票号管理权全权委托给总经理，反映出股东用人不疑，疑人不用的精神；而平时的业务往来及人事安排等，股东都不能随便干涉，这防止股东随意安插人员，任人唯亲。

票号在用人上要求十分严格，执行一种名为“同人保证”的制度，即票号的任何工作人员，上至掌柜，下到伙计、学徒，都必须有家境殷实者担保，方可以进号入职。有了担保人后，还必须经过面试。伙计、学徒日常需要接待服务客人，因此必须有很好的待人接客的能力，首先形象必须过关：年龄在15岁到20岁，身高5尺，五官端正。其次，需仪态大方，家世清白，懂礼貌。再次，还需有相关业务能力：善珠算，精楷书。最后，品德必须优秀，不怕远行，能吃苦。学徒在有人担保后，要经过面试，主考官通过试其智力，试其文字，来考查其以上几点是否合格，通过面试后才能正式入号工作。由于票号录用伙计十分严格、苛刻，没有优秀品德和技术的人是进不了号内的，加上要找殷实富商鼎力担保，进入票号难度相当之大。

学徒进入票号后，要当三年的练习生，这期间票号只提供食宿，没有薪水。最初学徒每天干的都是提壶、倒水等杂务，而总号会派年资较深者任教师进行培养。培训内容主要包括两个方面：一是业务技术，包括珠算、习字、抄录信稿、记账、写信等，并学习蒙、满、俄语，了解商品性能，熟记银两成色。二是职业道德训练，主要有重信义、除虚伪、节情欲、敦品行、贵忠诚、鄙利己、奉博爱、薄嫉恨、幸辛苦、戒奢华。如果期间学徒的表现不能令掌柜满意，或出了差错，就会马上被出号遣送回家。

学徒的学习和考核都异常严格，山西商人间流传的谚语充分反映了这一点，如“十年寒窗考状元，十年学商倍加难”；“忙时心不乱，闲时心不散”；“快在柜前，忙在柜台”；“人有站相，货有摆样”。在山西商人中还流传着这样的学徒工作规矩：“黎明即起，侍奉掌柜；五壶四把（茶壶、酒壶、水烟壶、喷壶、夜壶和笤帚、掸子、毛巾、抹布），终日伴随；一丝不苟，谨小慎微；顾客上门，礼貌相等；不分童叟，不看衣服、察言观色，唯恐得罪；精于业务，体会精髓；算盘口诀，必须熟练；有客实践，无客默诵；学以致用，口无怨言；每岁终了，经得考验；最所担心，铺盖之卷；一旦学成，身股入柜；已有奔头，双亲得慰。”

经过三年学徒生涯，并获得掌柜认可后就转为伙计，便有了获取顶身股的资格，然后一步步地努力去获取更高的职位，获取更多的顶身股份额。正是由于这种严格学徒招募和培养制度，票号中培育了不少人才，成为晋商的骨干力量。像曾任蔚丰厚京师分号经理的著名票商李宏龄、志诚信总经理齐炳南都是从学徒做起，凭自己的勤奋与才干，最终出人头地。

票号的用人要求严格，同时也有一套合理的薪酬制度激励员工。山西票号商人认为若票号中员工的工作不与收入相挂钩，那么工作热情就会大大降低，无法全身心投入票号的工作中，从而影响到票号的经营业绩。因此票号的薪酬制度之一就是人身顶股制。该制度规定，凡票号中的掌柜、伙计，虽无资本顶股银，却可以通过自己的劳动、资历、业务水平来顶股份，而与股东的银股一起参与分红，而且顶身股不承担亏赔责任。总经理身股多少由股东确定，票号的各层管理人员、分号掌柜、伙计是否顶股、顶多少股，由总经理决定。身股的多少按照每个人的工作能力和工作效率确定。总经理一般可顶到一股（即十厘），协理、襄理（二掌柜、三掌柜）可顶七八厘不等，一般职员可顶一二厘、三四厘不等，也有一厘以下的。

但不是人人都能得到顶身股，而是有一定资历者方可得到顶身股。例如，大盛魁商号没有顶整股的员工，最高为九厘，不同的顶股数量反映出员工在票号内的地位、水平的高低。顶一二厘者，可管点杂事，接待客商等；顶三四厘者，可在柜上应酬买卖，但大事尚不能做主；顶五厘者，已有一定的买卖经验，善于识辨货色，了解市场行情，有权决定生意能否成交；顶七八厘者，已是商号的掌柜，或是来往于总号、分庄之间，盘点货物、核算亏盈，或奔波于全国各地，拍板大宗交易的重要人物；顶九厘者，不管理细节事务，专决断票号大事。山西票号都是通过上述做法，把员工的个人利益与商号利益、财东利益紧密联系在一起，从而建立一套有效的激励制度。下层伙计和学徒为了能够获得更高职位，从而多顶股份，努力为商号工作。顶身股与财股共同参与红利分配，这是山西商人的一大创造与贡献，表现了晋商的魄力与精明。而且这种制度也彰显了山西商人独特的价值观和文化，那就是不管出身如何，只要努力工作，员工也能成为商号的股东，不是一般的员工为股东“打工”的关系，甚至能通过分红成为富人，出人头地。正是在这种思想的倡导下，票号的员工无不努力奋斗，山西的票号才能在北京的金融业占有一席之地，甚至能执全国金融行业之牛耳。

山西票号顶股制的实行，使劳资双方均可获利，极大地调动了全体员工的积极性，这种经营方式，已经类似于现代企业的股份制，甚至也引起了外国人的关注。清末曾在俄驻中国领事馆工作的尼·维·鲍戈亚夫连斯基说：“汉族人特别喜欢联合行事，特别喜欢各种形式的合股……有些商行掌握了整省的贸易，甚至是整个大区的贸易。其办法就是把某一地区的所有商人都招徕入股。因此，在中国早已有了美国托拉斯式企业的成熟样板。”

除了劳资制度外，票号对于人事的管理还有其他制度。所谓“家有家法，铺有铺规”，票号制度上至经理，下到学徒都须严格遵守。比如票号对于员工的休假有明确规定，员工从掌柜起，每三年可回家探亲一次，分号路远者如在东三省、蒙古、新疆等地为五年一次。探亲假称为班期，员工可住家半年，往返旅费由号中供给，如有婚丧等事，视情况予以补贴。号内包括掌柜在内，一律不准携带家眷。

票号中还有“上下班”的说法，伙计被派往分号谓之上班，回总号谓之下班，班期一般为三年，后期减为两年半。其间无特殊原因者禁止私自回家。为了防止伙计利用“上下班”机会作弊挟私，号规规定上班伙计临行前必须将自己随身所带衣物交总号人员检查登记。伙计在外所购置的衣物，也必须随时申报核实，留下记录。下班之时，不能私自先回家，而必须先在总号报到，核实所携衣物有无出入。如有差错不符之处，即按违反号规处理。另外，分号伙计如要往家中汇款或寄物，必须经过总号转手，不准私自汇寄家中，以免有挟私犯科之嫌。

号规还严格规定了票号中人必须遵守的禁律，防微杜渐，不因小失大。如不准接眷外出、不准在外娶小纳妾、不准宿娼赌博、不准染习不良嗜好。对于违规者，无论经理还是伙计，都要严加处理，直到开除出号。

由此可见，山西票号之所以能称雄金融界百余年，就在于它制定了一套严格的选人、用人、人事管理、员工晋升和工资制度，这一系列制度杜绝了员工徇私舞弊、破坏票号制度，还促进了员工的工作积极性，在合理的制度激励和惩罚下，员工很少会违反制度。

第六章

# 商业品牌

商业的发展和商铺的流行，明代的北京市场上已出现了品牌特色。往往特定的商家出售的某一类商品得到民间认可，久而久之出现了品牌效应。除了前文所提及的勾栏胡同何关门家布、前门桥陈内官家首饰、双塔寺李家冠帽、东江米巷党家鞋、大栅栏宋家靴、双塔寺前赵家薏苡酒、顺承门大街刘家冷淘面、本司院刘崔家香、帝王庙街刁家丸药，还有“给于海岱门外弥陀寺，城中西北隅取给于邓员外酒醋店”的食酱，崔猫食店市的糖果等，都是明代北京城内的知名品牌。出名的品牌往往给商家带来极大的利益，如位于刑部街的田家温面，“出名最久，庙市之日，合食者不下千人”。[①]这种品牌文化之后逐渐演变成所谓的“京城老字号”，成为北京商业的一大特色，对北京的商业文化产生了深远影响。

清代以后，出现了越来越多的老字号，其经营历史非常值得关注。这些老字号是数百年商业和手工业竞争中留下的极品，都各自经历了艰苦奋斗的发家史而最终独领风骚，其品牌也是人们公认高质量品牌。简言之，在北京这座历史名城中，我们不但可以寻觅到历代斑斓璀璨的文化名胜古迹，以及重大政治历史事件的遗迹，而且还可以看到一些迄今仍闻名遐迩、声誉斐然的老字号。

北京的老字号非常多。在这些闻名遐迩的老店中，有始于清朝康熙年间提供中医秘方秘药的同仁堂，有创建于清咸丰三年（1853）为皇亲国戚、朝廷文武百官制作朝靴的中国布鞋第一家内联升，有1870年应京城达官贵人穿戴讲究的需要而发展起来的瑞蚨祥绸布店，有明朝中期开业以制作美味酱菜而闻名的六必居，这些老字号是北京商业文化不可分割的一部分，也是北京商业经济繁荣发达的历史印证。

---

① ［明］史玄：《旧京遗事》卷二。

# 第一节　北京老字号

至今，人们仍能说出许多耳熟能详的“京城的老字号”。老字号均是历史悠久的北京商业品牌，它们的存在既能说明北京商业历史的悠久，也反映出北京商业文化中诸多的优良品质。

在北京数百年的商业发展中，随着社会经济的发展，各个行业逐渐分化，不同行业的专业性逐渐加强，市场竞争的激烈，商人们逐渐出现了品牌意识。另一方面，北京长期作为国家首都，城内皇亲国戚，达官显贵云集，因此消费水平相比其他地方要高，消费者对于商品质量的需求很高，久而久之，就形成了对商品品牌的认可意识，比如某一行业或某一商品，在北京城内的某商铺质量较好。品牌意识的出现和消费者认同的意识，为老字号的出现滋生了条件。

长期、稳定的商业发展历史也为老字号的出现提供了条件。自元朝后，北京的城市基址得到了固定并逐渐扩大，城市的固定意味着城内的商铺可以长时间存在，这无疑是所谓“百年老店”能够存在的必要条件。元明清三朝，北京城内的几大繁荣的商业区常年不衰，比如老北京人总是用“东四、西单、鼓楼前”的概括，作为繁华商业区的代表。这些商业区为老字号的出现提供了良好的商业地理环境，北京的各家老字号基本都在这些商业区内。如前门外地区有同仁堂药店、瑞蚨祥绸布店、内联升鞋店、张一元茶叶店、全聚德烤鸭店、都一处烧麦馆、正阳楼饭店、长春堂药店、广和楼戏园、新大北照相馆、天兴居炒肝等；东四地区有永安堂药店、白魁饭庄等；西单地区有天福号酱肉、烤肉宛、天源酱园、桂香村食品店、长安大戏院、首都电影院等；西四地区有同和居饭庄、砂锅居白肉馆、成文厚账簿店等；新街口地区有柳泉居饭庄等；王府井地区有亨得利钟表店、盛锡福帽店、同升和鞋店、大明眼镜店、萃华楼饭庄、东来顺饭庄、全素斋素菜馆、稻香村食品店等；菜市口有鹤年堂药店、谭家菜馆等；琉璃厂有荣宝斋、来薰阁、一得阁等。

北京长期发展的商业文化也是重要因素。在长期的商业交流活动中，北京商人诚实守信，吃苦耐劳的优质品德，使得商铺拥有良好的商业品德，如果一个商铺做不到商品质量精益求精、经营童叟无欺，是绝不可能延续很长时间的。其次北京城市拥有包容的文化，特殊的地理环境、便利的交通环境和自古以来长期的各民族融合交流，使北京海纳百川，来自全国各地各族的商人会集北京，这既丰富了北京的市场，又促进了不同地域商业文化的交流，从而取长补短，融合出优秀的商业模式和商业文化，而且不少外地商人的到来还将各地知名商铺带入北京，北京有许多老字号是全国连锁，有的还是外来商人开设，就说明了这一点。

北京著名的老字号，大致梳理下来，主要包括以下这些：

| 名称 | 成立时间 | 经营范围 |
| --- | --- | --- |
| 永安堂 | 明永乐年间 | 药铺 |
| 万全堂 | 明永乐年间 | 药铺 |
| 六必居 | 1530年 | 酱菜 |
| 鹤年堂 | 明嘉靖末年 | 药铺 |
| 柳泉居 | 1567年 | 黄酒铺 |
| 千芝堂 | 明朝末年 | 药铺 |
| 黑猴儿帽店 | 明朝末年 | 帽子 |
| 大顺斋 | 1640年 | 糖火烧 |
| 王麻子刀剪铺 | 1651年 | 剪刀 |
| 王致和 | 1669年 | 腐乳、豆腐 |
| 荣宝斋 | 1672年 | 字画 |
| 烤肉宛 | 1686年 | 烤牛肉 |

续表

| 名称 | 成立时间 | 经营范围 |
|---|---|---|
| 同仁堂 | 1669年 | 药铺 |
| 都一处 | 1738年 | 烧麦 |
| 天福号 | 1738年 | 酱肘子 |
| 信远斋 | 1740年 | 酸梅汤 |
| 砂锅居 | 1741年 | 京味白肉、砂锅 |
| 正明斋 | 1751年 | 糕点 |
| 月盛斋 | 1775年 | 酱肉 |
| 白魁老号 | 1780年 | 清真风味 |
| 一条龙羊肉馆 | 1785年 | 涮羊肉 |
| 长春堂药店 | 1795年 | 药铺 |
| 青云阁 | 清乾隆年间 | 小吃 |
| 文盛斋 | 清嘉庆年间 | 宫灯 |
| 马聚源 | 1817年 | 帽子 |
| 龙门醋坊 | 1820年 | 醋 |
| 同和居 | 1822年 | 家常菜、三不沾 |
| 谦祥益 | 1830年 | 丝绸布匹 |
| 大成斋鞋店 | 1842年 | 布鞋 |
| 同春楼 | 1842年 | 山东风味 |
| 正阳楼 | 1843年 | 螃蟹、涮羊肉 |
| 烤肉季 | 1848年 | 烤羊肉 |
| 宝兰斋 | 1851年 | 奶油类糕点 |
| 内联升 | 1853年 | 鞋 |

续表

| 名称 | 成立时间 | 经营范围 |
| --- | --- | --- |
| 便宜坊 | 1855年 | 焖炉烤鸭 |
| 步瀛斋 | 1858年 | 鞋 |
| 惠丰堂 | 1858年 | 山东风味 |
| 森泰茶庄 | 清咸丰年间 | 茶叶 |
| 浦五房 | 清咸丰年间，1956年进京 | 南味肉食 |
| 致美斋 | 清咸同年间 | 山东风味 |
| 天兴居（会仙居） | 1862年 | 炒肝 |
| 瑞蚨祥 | 1862年 | 丝绸布匹 |
| 全聚德 | 1864年 | 挂炉烤鸭 |
| 泰丰楼 | 1876年前后 | 山东风味 |
| 吴肇祥 | 清光绪年间 | 茶叶 |
| 张顺兴刻刀铺 | 1880年 | 刻刀 |
| 吴裕泰 | 1887年 | 茶叶 |
| 丰泰照相馆 | 1892年 | 照相 |
| 东兴楼 | 1902年 | 山东风味 |
| 厚德福 | 1902年 | 河南风味 |
| 全素斋 | 1904年 | 宫廷素菜 |
| 成文厚 | 1904年济南，1935年进京 | 账簿文具 |
| 张一元 | 1910年 | 茶叶 |
| 新丰楼 | 民国初年 | 山东风味 |
| 庆仁堂药店 | 1912年 | 药铺 |
| 东来顺 | 1914年 | 涮羊肉 |

续表

| 名称 | 成立时间 | 经营范围 |
| --- | --- | --- |
| 来今雨轩 | 1915年 | 红楼风味 |
| 戴月轩 | 1916年 | 文房用具 |
| 庆林春 | 1917年 | 茶叶 |
| 瑞珍厚 | 1917年 | 清真风味 |
| 乐仁堂 | 1923年 | 药铺 |
| 五芳斋 | 1924年 | 江苏风味 |
| 森隆饭庄 | 1924年 | 江苏风味 |
| 丽丰祥 | 1924年 | 丝绸布匹 |
| 仿膳饭庄 | 1925年 | 宫廷菜 |
| 锦芳小吃店 | 1926年 | 京味小吃 |
| 普兰德 | 1927年上海，1956年进京 | 洗衣 |
| 同春园 | 1928年 | 山东风味 |
| 萃文阁 | 1930年 | 字画篆刻 |
| 丰泽园 | 1930年 | 山东风味 |
| 西来顺 | 1930年 | 清真菜肴 |
| 永仁堂药店 | 1933年 | 药铺 |
| 永安茶庄 | 1935年 | 茶叶 |
| 元隆顾绣绸缎商行 | 1936年 | 丝绸布匹 |
| 大明眼镜 | 1937年 | 眼镜 |
| 萃华楼 | 1940年 | 山东风味 |
| 延吉餐厅 | 1943年 | 朝鲜冷面 |
| 又一顺 | 1948年 | 清真风味 |

通过上表可以看出，北京的老字号不仅数量多，而且行业分布广泛。许多北京老字号中的技艺秘方，现今都已经变成珍贵的文化遗产。它们包括：同仁堂中医药文化、荣宝斋木版水印技艺、北京景泰蓝制作技艺、剪刀锻制技艺、北京龙顺成中式家具厂、全聚德挂炉烤鸭技艺、便宜坊焖炉烤鸭技艺、盛锡福皮帽制作技艺、内联升千层底布鞋制作技艺、张一元茉莉花茶制作工艺、王致和腐乳酿造技艺、六必居酱菜制作技艺、东来顺涮羊肉制作技艺、鸿宾楼全羊席制作技艺、月盛斋酱烧牛羊肉制作技艺、北京烤肉制作技艺、天福号酱肘子制作技艺、都一处烧麦制作技艺、北京二锅头酒传统酿造技艺、菊花白酒传统酿造技艺、北京宫毯织造技艺、金漆镶嵌髹饰技艺、鹤年堂中医药养生文化、装裱修复技艺、古籍修复技艺、北京豆汁、北京宫廷补绣、戴月轩湖笔制作技艺、一得阁墨汁制作技艺、北京宫灯制作技艺、一条龙清真涮羊肉技艺、红都中山装制作技艺、瑞蚨祥中式服装手工制作技艺、京式旗袍传统制作技艺、马聚源手工制帽技艺，等等。

过去老北京人有句口头禅：“头顶马聚源，脚踩内联升，身穿八大祥，腰缠四大恒。”这都是北京老字号的物件。北京老字号不仅是一种商贸景观，更重要的是一种历史传统文化现象。“不到长城非好汉，不吃烤鸭真遗憾”，使全聚德成为北京的象征。而京城民间歇后语，如“东来顺的涮羊肉——真叫嫩”，“六必居的抹布——酸甜苦辣都尝过”，“同仁堂的药——货真价实”，“砂锅居的买卖——过午不候”等，生动地表述了这些老字号的品牌特色。

老字号的成功，往往是多种因素造成的。比如同仁堂通过做御药而名闻天下，说明一些老店须得到封建政府的扶持，方能步入其老年的辉煌。其商业的发展在某种程度上需要附着于传统社会关系之上。而且这种现象似并非特例。与同仁堂不分伯仲的“鹤年堂”，其大门里外所挂的匾额分别为明代权臣严嵩、严世蕃父子所书。以酱羊肉闻名的月盛斋，“铺在户部街，左右皆官署”，“此斋独立于（官衙）中者数十年，竟不以公用征收之”。其原因除了“以酱羊肉出名，能装匣远赉，经数月而味不变”[①]外，更在于月盛斋包揽承做清代用于祭祀的“全羊”。

随着历史的变迁，由于种种原因，北京许多老字号已不复存在。但有些老字号在历经种种磨难之后，迎来了新中国的曙光，特别是改革开放之后，老字号焕发了青春，产品创新、制度创新，经营规模不断扩大。大致而言，每一家老字号都有一部艰苦创业的发家史，都有精湛技艺和特色产品，都有独特的经营方式和绝招。

---

① ［清］夏仁虎：《旧京琐记》卷九。

## 第二节　瑞蚨祥

沃尔玛公司的创始人山姆·沃尔顿曾经说过："我创立沃尔玛的最初灵感，来自中国的一家古老的商号，它的名字来自传说中的一种可以带来金钱的昆虫。它可能是世界上最早的连锁店，它干得很好！"世界上最早的连锁店来自中国，沃尔玛受过启发，经营之道仍值得借鉴。这家古老的商号，就是大名鼎鼎的瑞蚨祥，曾获得"中华老字号""中国丝绸第一品牌""非物质文化遗产"等多项殊荣。

瑞蚨祥由山东章丘县旧军镇的孟氏家族创立。据孟氏族谱记载，康熙年间时，孟氏先祖就在山东从事布匹生意，至清嘉庆年间产业逐渐丰厚。咸丰六年（1856），孟氏正式在济南创立商号，名"万蚨祥"。同治九年（1870），"万蚨祥"改名"瑞蚨祥"，孟洛川时，瑞蚨祥已在山东、河北、河南等多处开设分号。为进一步扩大经营规模，孟洛川决定在北京开店。光绪十九年（1893），孟洛川在大栅栏购买店铺，以其族侄孟觐侯为经理，北京瑞蚨祥绸布店正式开业。

瑞蚨祥商店

据说店名中的"蚨"是古代传说中一种形似蝉的昆虫。晋代《搜神记》卷十三记载，"青蚨生子必依草叶……取其子，母必飞回，不以远近……以母血涂钱八十一文，以子血涂钱八十一文，每市物或先用母钱或先用子钱，皆复飞归，轮转无已"。就是说，钱用完了又能飞回的故事。因此当年老板取店名瑞蚨祥就是借“祥瑞”的吉祥之寓意。

瑞蚨祥进驻北京后，因上乘的商品质量和注重诚信的经营态度，受到了北京社会各阶层的好评，其规模日益扩大，总部迁至北京，店铺也增加为四家，号称从事北京绸布行业的“八大祥”之首。民国初年，瑞蚨祥的创始人孟洛川就在大栅栏西口开设瑞蚨祥西鸿记绸布店和鸿记皮货店。不久，又在大栅栏东口和西口开设东鸿记茶店和西鸿记茶店。后来又在天津、烟台、青岛开设分号，成为遍及大半个中国的超级连锁商号。

在当时，瑞蚨祥就是高质量产品和服务的象征。为保证产品质量，瑞蚨祥的绸缎呢绒都在苏州定织，并在每匹绸缎的机头织上“瑞蚨祥”字样。刚出染坊的布匹严禁上市，必须包捆后在布窖存放半年以上，等染料浸透到每根纱钱后才可出售。经过上种严格的工序，可以让布料色泽均匀鲜明，久不褪色，即使极大地影响了资金周转也在所不惜。八国联军侵华时，大栅栏商业街被毁，瑞蚨祥也受到了沉重打击。瑞蚨祥商号利用之前在北京社会积累下的口碑和信誉，获得了大量贷款，因而在重建商铺的过程中，购得了大栅栏的多家店铺，经营范围也不再限于原先的绸布，还扩大到了茶叶、皮货等行业。光绪二十七年（1901），瑞蚨祥在北京重建。重建后的瑞蚨祥，受到了西方商业的影响，不仅其店铺装有西式的栅栏门、栏杆，在经营模式和理念上，瑞蚨祥也利用其雄厚资本多投资实业，“先办布厂棉纺厂，出资合办了钢铁厂，当时京津地区的实业，多有瑞蚨祥的股份在其中”，[①]瑞蚨祥也由此从传统的商号转变为了近代民族企业。民国初年，瑞蚨祥发展迅速，在20世纪20到30年代达到鼎盛，“在申庄用于购买货物的存款多达五百万元；时年秋天利润总额近六十万元”，各地

① 刘佳林：《传统儒商的近代转型与经营之道——以瑞蚨祥为例》，《文化学刊》2018年第9期。

房产有“50—60处，约计350余间”。[1]

瑞蚨祥对于绸布的织染过程有严格的规定，从织布厂定制的货物严格筛选，从而保证商品的质量。1927年，日本布料凭借其低廉价格倾销中国市场，当然日本布料的质量也不高。当时有好多商家大量购买日本布料，瑞蚨祥为了不砸了自己的牌子，坚决用质量牢靠、价格也更高的英国布料，严禁各地分号购买日本货。最终经过市场检验，获得了更好的声誉。

瑞蚨祥的商业辉煌与其经营理念和商业文化有着密切联系。旧军孟氏作为孟子的后代，在从商过程中深受儒家思想的影响，始终以“儒商”自称。“终身立志行事，愿学圣贤，不敢背儒门宗旨”是瑞蚨祥最为核心的经营理念。在经营过程中，瑞蚨祥始终以诚信为原则，经营信条是“明码实价、言不二价、童叟无欺、足尺加一”。诚实守信的商业道德是瑞蚨祥学习儒家思想所总结出最重要的商业文化，就连同瑞蚨祥有贸易往来的英国商人都感叹道“（瑞蚨祥）系巨店宏业，信誉服人，厚诚重义，为洋人所不及”。[2]

宽和待人也是瑞蚨祥重要的商业品质。瑞蚨祥商业规模庞大、资金雄厚，很大原因是基于其良好的口碑。瑞蚨祥“并不是单靠自己的本钱，而是大量地利用了商业信用和其他信用的。其中除了联号往来，即各地瑞蚨祥的调货外，包括向化银炉借款，向批发庄赊进货物，吸收客户存款等，而在初期吸收存款最为重要。由于孟觐侯在政治上的积极活动，差不多所有的大人物在瑞蚨祥都存有银子”。[3]瑞蚨祥的老店铺毁于庚子国变后，孟洛川更是承诺，凡瑞蚨祥所欠客户的

---

① 山东省济南市章丘县政协文史资料委员会:《遐迩闻名的祥字号》，济南：济南出版社，1991年，第142页。

② 山东省济南市章丘县政协文史资料委员会:《遐迩闻名的祥字号》，济南：济南出版社，1991年，第149—150页。

③ 中国科学院经济研究所:《北京瑞蚨祥》，北京：生活·读书·新知三联书店，1959年，第13页。

款项货物一律奉还，凡顾客所欠瑞蚨祥一律勾销。[①]这更是为瑞蚨祥迎来了良好的口碑，也是其能够获得北京社会各阶层信赖从而得到资金支持并最终东山再起的重要因素。

对待顾客，瑞蚨祥也一直关爱有加。在瑞蚨祥，当顾客上门时，伙计不仅会敬烟、敬茶，而且当顾客买的东西多了，待的时间长了，他们还会敬上西瓜、汽水等。农村百姓为儿女办喜事购买大量布料时，瑞蚨祥还会招待酒饭。有时一笔小买卖赚不回一壶茶钱，他们也绝不敷衍。这些做法，在顾客中广为流传。

为了维持良好的信誉，既定价格即使因市场波动也不会更改，顾客每买一尺布就多给一寸，因此在顾客中拥有良好口碑。在价格不稳定的年份，如果当天有顾客以某一价格买回绸布，第二天又来买同样的布料，如果价格已经提高，瑞蚨祥仍然会以同样的价格卖给顾客。正是由于有这样的承诺，才让瑞蚨祥获得了极高的顾客回头率。连当时质量要求最高的“官服”制作，也都交由瑞蚨祥承担。

瑞蚨祥的订货也极有气势。他们初到苏州，还名不见经传，但创始人孟洛川承诺订货付全款，让苏州布料商人大为震惊，大大小小的商人纷纷上门洽谈。后来每次出了丝绸新货，各大公司都会首先送往瑞蚨祥驻上海办事处，由他们先行挑选，再让其他丝绸商挑选。瑞蚨祥也利用这种优势和时差，火速将新货运到北京，卖出好价钱。

对于店内的掌柜与员工，瑞蚨祥也坚持优待的原则，按“钱七人三”“东七西三”、月薪与分红等方式，形成利润均沾的格局。同时瑞蚨祥也注重对店员文化教育，在店内学徒、伙计同师父之间建立起师生关系，以师徒之礼相待。“先儒有言，祖宗虽远，祭祀不可不诚；子孙虽愚，经书不可不读”，进入瑞蚨祥的学徒均要先学

① 山东省济南市章丘县政协文史资料委员会：《遐迩闻名的祥字号》，济南：济南出版社，1991年，第133页。

习儒家经典，通过考核后方能从业。因此瑞蚨祥从掌柜到伙计均是“知书达理”之人。店员优秀的素质技能养成良好的服务意识，也能贯彻瑞蚨祥诚实守信的经营理念。[①]

新中国成立后，天安门广场升起的第一面五星红旗的面料，就是周恩来总理指定瑞蚨祥提供的。1954年，瑞蚨祥实行公私合营，五个字号合并为一，改成以经营绸缎、呢绒、皮货为主的布店。

① 山东省济南市章丘县政协文史资料委员会:《遐迩闻名的祥字号》，济南：济南出版社，1991年，第151页。

## 第三节　全聚德

一句“不到长城非好汉，不吃烤鸭真遗憾”，已然使全聚德成为北京的象征。全聚德始建于清朝同治三年（1864），创始人是河北冀县人杨全仁。

杨全仁初到北京时在前门外肉市街做生鸡鸭买卖。杨全仁对贩鸭之道揣摩得精细明白，生意越做越红火。他平日省吃俭用，积攒的钱如滚雪球一般越滚越多。杨全仁每天到肉市上摆摊售卖鸡鸭，都要经过一间名叫“德聚全”的干果铺。这间铺子招牌虽然醒目，但生意却江河日下。到了同治三年（1864）生意一蹶不振，濒临倒闭。精明的杨全仁抓住这个机会，拿出他多年的积蓄，买下了“德聚全”的店铺。有了自己的铺子，该起什么字号呢？据说杨全仁请来一位风水先生，风水先生认为，为解除以前的晦气，不如将“德聚全”的旧字号倒过来，即称全聚德。于是杨全仁将店的名号定为“全聚德”。接着他又请来一位对书法颇有造诣的秀才钱子龙，书写了“全聚德”三个大字，制成金字匾额挂在门楣之上。那字写得苍劲有力，浑厚醒目，为小店增色不少。

在杨全仁的精心经营下，全聚德的生意蒸蒸日上。杨全仁精明能干，他深知要想生意兴隆，就得靠好厨师、好堂头、好掌柜。他时常到各类烤鸭铺子里去转悠，探查烤鸭的秘密，寻访烤鸭的高手。当他得知专为宫廷做御膳挂炉烤鸭的金华馆内有一位姓孙的老师傅，烤鸭技术十分高超，就千方百计与其交朋友，经常一起饮酒下棋，相互间的关系越来越密切。孙老师傅终于被杨全仁说动，在重金礼聘下来到了全聚德。

全聚德聘请了孙老师傅，等于掌握了清宫挂炉烤鸭的全部技术。孙老师傅把原来的烤炉改为炉身高大、炉膛深广、一炉可烤十几只鸭的挂炉，还可以一面烤、一面向里面续鸭。经他烤出的鸭子外形美观，丰盈饱满，颜色鲜艳，色呈枣红，皮脆肉嫩，鲜美酥香，肥而不腻，瘦而不柴，为全聚德烤鸭赢得了“京师美馔，莫妙于鸭”的美誉。

全聚德烤鸭店

全聚德能够成为有名的大饭馆，首要原因是选料实在，厨工手艺精，操作认真；店伙招待顾客热情。烤鸭是全聚德的主要经营品种，从选鸭、填喂、宰杀，到烧烤，都是一丝不苟。

在全聚德厨师的手中，鸭子全身都变成了宝贝。历代厨师在制作烤鸭的同时，利用鸭膀、鸭掌、鸭心、鸭肝、鸭胗等原料，精心创制了各种美味的冷热菜肴。经过多年的积累，形成了以芥末鸭掌、火燎鸭心、烩鸭四宝、芙蓉梅花鸭舌、鸭包鱼翅等为代表的“全聚德全鸭席”。“全聚德”不仅以烤鸭而饮誉海内外，而且以全鸭席、特色菜、创新菜、名人宴为代表的系列精品菜肴形成了全聚德海纳百川的菜品文化。

今天的“全聚德”，不仅经营有着150多年悠久历史的餐饮老字号品牌，同时又是集团化运营，已经包括了旗下的全聚德、仿膳、丰泽园、四川饭店等多品牌直营企业，并通过控股聚德华天控股有限公司间接拥有鸿宾楼、烤肉季、烤肉宛、砂锅居、峨眉酒家、护国寺小吃等京城餐饮名店的大型餐饮集团。

# 第四节　六必居

六必居原是山西临汾西杜村人赵存仁、赵存义、赵存礼兄弟开办的小店铺，专卖柴米油盐，至清代中后期时，为赵氏独营。中国人有句俗话："开门七件事：柴、米、油、盐、酱、醋、茶。"这七件是人们日常生活必不可少的。与此同时，古人关于酿酒也有一句俗语："黍稻必齐，曲蘖必实，湛炽必洁，陶瓷必良，火候必得，水泉必香。"赵氏兄弟的小店铺，因为不卖茶，就起名六必居。

六必居酱园店设在北京，相传创自明朝中叶。六必居始创时间一直存在争议，直到2004年宋兆麟先生考证并发表《六必居创始于何时》一文，确定了六必居始创不晚于嘉靖九年（1530）。挂在六必居店内的金字大匾，相传是明朝大学士权臣严嵩题写。据《燕京杂记》载，六必居店铺中悬挂的"六必居"三字匾额"相传为严嵩书，端正秀劲，不类其人"。清朝同治十年（1871）刻印的《增补都门纪略》中也记载："六必居，严分宜书。"严嵩是江西分宜人士，故有严分宜之说。严嵩虽是奸佞之徒，但精通书法，加上当时他权势显赫，据说因此他书写的匾额使这原本无名的小酒铺身价倍增，远近闻名。

不过，历史学家、曾任北京市委书记处书记的邓拓对此有不同的意见。他曾到前门外六必居酱园的支店六珍号，通过原六必居酱园经理贺永昌，借走了六必居的大量房契与账本，他从这些材料中考据出六必居不是创建于明嘉靖九年（1530），而是大约创建于清朝康熙十九年到五十九年间。雍正六年，账本上记载这家酱园的最早名字叫源升号，到乾隆六年，账本上第一次出现"六必居"的名字。六必居既然不开设于明朝，当然它的匾也不是严嵩写的。

随着店铺知名度的提高，六必居又做起了酱菜的生意。史料记载，在清代六必居的酱菜就已经是京城百姓餐桌上的必备小菜了，广受北京社会欢迎，“每逢十月开缸，过时卖完，迟者空去”，[①]甚至也成为宫廷特供。清末的《竹枝词》称赞六必居云：“黑菜包瓜名不衰，七珍八宝样多余。都人争说前门外，四百年来六必居。”六必居还曾被选为宫廷御用之物，特赐红缨帽和黄马褂，作为进入紫禁城送货的通行证。

六必居产品

六必居最出名的是它的酱菜，它也是北京酱园中历史最久、声誉最显著的一家。六必居有十二种传统产品，它们是：稀黄酱、铺淋酱油、甜酱萝卜、甜酱黄瓜、甜酱甘露、甜酱黑菜、甜酱仓瓜、甜酱姜芽、甜酱八宝荣、甜酱什香菜、甜酱瓜、白糖蒜。这些产品色泽鲜亮，酱味浓郁，脆嫩清香，咸甜适度。

六必居的酱菜所以出名，与它选料精细、制作严格分不开。六必居酱菜的原料，都有固定的产地。六必居自制黄酱和甜白酱，其黄豆选自河北丰润县马驹桥和通州永乐店，这两个地方的黄豆饱满、色黄、油性大。白面选自京西涞水县，为一等小麦，这种小麦黏性大，六必居自行加工成细白面，这种白面适宜制甜面酱。六必居制作酱菜，有一套严格的操作规程，一切规程，由掌作一人总负责。比如酱的制作，

① ［清］杨静亭：《都门纪略》。

先把豆子泡透蒸了，拌上白面，在碾子上压，再放到模子里，垫上布用脚踩10至15天，然后拉成三条，剁成块，放到架子上码好，用席子封严实，让其发酵。在发酵后期，还要不断用刷子刷去酱料上的白毛。经过21天，酱料才能发好。严格的操作程序，既保证了酱菜的质量，也使六必居的黄酱、甜面酱成为京城市民喜爱的酱品。

“六必居”盛极一时，然而也饱经风霜。据史料载，庚子年间八国联军进攻北京，义和团火烧卖洋货的商店，“六必居”所在的前门外粮食店街遍地火海，在大火殃及小店时，伙计张夺标冒生命危险从浓烟中把大匾抢救出来，藏于崇文门外一带的临汾会馆。以后，东家返回被焚的店中，得知大匾幸存时，喜极而泣。有匾就有生意，他特提拔了张夺标，“六必居”继续经营。

抗战胜利后，蒋介石曾于1945年秋天来到北平。在中南海设宴时，点名要六必居的酱菜。六必居的小伙计送酱菜到中南海宴会厅时，发现桌上的盘子五颜六色，唯独酱萝卜块却是原封不动，小伙计急中生智，把萝卜切成细丝，拌上新鲜葱白，再淋上一层香油，这才让人摆盘端了上去。不料蒋介石连声说“好”。随即掌柜宣布：今后酱菜一律切后再卖。自此六必居这一切，就切到了今天。

六必居对于员工的管理也有完善和严格的制度。一是全店上下都要遵守“伙规”，任何店员都不得擅用店内资金，对外也绝不欠债。二是坚持任人唯贤的原则，绝不用“三爷”——少爷、姑爷、舅爷，不养闲人。赵家在经营六必居时，店铺前柜的伙计多用山西临汾、襄汾等地人，因为他们“心眼灵活，精明能干”；作坊员工，则多雇佣河北完县、唐县人，因为这些员工吃苦耐劳。三是经理和员工一起喝“栏柜酒”，除了加强员工之间的感情外，还能及时地反映、解决问题。[①]六必居能成为北京长盛不衰的老字号，与其这种独特的商业文化有重要联系。

---

① 张平真：《六必居酱园与榜书——北京六必居酱园信史》，《中国酿造》2011年第3期。

## 第五节　同仁堂

在药业行业中，虽清代京城中有大小药铺三四百家，但“四远驰名”，饶有诚信者当数“同仁堂之丸散膏丹，西鹤年之汤剂饮片”，而同仁堂尤其名气最大。

北京同仁堂是全国中药行业著名的老字号。创建于1669年（清康熙八年），自1723年开始供奉御药，历经八代皇帝188年。在300多年的风雨历程中，历代同仁堂人始终恪守“炮制虽繁必不敢省人工，品味虽贵必不敢减物力”的古训，树立“修合无人见，存心有天知”的自律意识，造就了制药过程中兢兢小心、精益求精的严细精神，其产品以“配方独特、选料上乘、工艺精湛、疗效显著”而享誉海内外，产品行销40多个国家和地区。

“京师药铺之著名者为同仁堂。堂主乐姓，明已开设，逾三百年矣。”①同仁堂坐落在正阳门外的大栅栏，创始人是乐显扬。乐显扬祖籍浙江宁波慈水镇，明朝永乐年间迁至北京，最初以摇串铃走街串巷行医、卖小药维持生活。清初，乐家四世祖乐尊育（1630—1688）敕授登仕郎，为太医院吏目，掌管出纳文书，后晋文林郎。其后世乐显扬当了太医院吏目，康熙八年（1669）创办“同仁堂药室”，以“制药一丝不苟，卖药货真价实”为宗旨，药方来自民间验方、宫廷秘方。五世祖梧冈字凤鸣（1661—1742）因乡试落第，于康熙四十一年

同仁堂商标

① ［清］徐珂：《清稗类钞·农商类》。

（1702）迁铺至前门大栅栏路南，创办同仁堂药店。所以有称同仁堂“明已开设”，似不准确，但同仁堂为“京师药铺之著名者”确是当之无愧的。

乐显扬总结前人制药经验，完成《乐氏世代祖传丸散膏丹下料配方》一书，明确提出了“遵肘后，辨地产，炮制虽繁必不敢省人工，品味虽贵必不敢减物力”的训条，这也成为历代同仁堂人的制药原则。清雍正元年（1723），由雍正皇帝钦定，同仁堂供奉清宫御药房用药，独办官药，时长188年。能够为宫廷供药，成为同仁堂最好的广告和背书，自此之后同仁堂声名鹊起，同时同仁堂供药也获得了朝廷的经费支持，“在雍正年间曾奏请预领官银4万两，乾隆九年（1744）奏请增添三分之一药价，每年预领过官银3000两。道光十六年（1836）又复呈请调剂药价，预领官银，每次得预支官银1000两”，[①]这些经费也促进了同仁堂的进一步发展。

乾隆十八年（1753），乐家遭受火灾，第六代掌柜乐礼病故，同仁堂药铺难以维持，乐礼之妻申请主管衙门资助。由于皇家需要同仁堂药房，便出示招商，由乐家世交张世基认股合资经营。此后，同仁堂的股份越来越多，由嘉庆二十三年（1818）的一张合股经营的废合同上可以看到，同仁堂的股东有21人，股银43800两。至道光十一年（1831），同仁堂以价银60000两典给了朱某。[②]这期间，同仁堂屡经变迁，但不变的是挂在药铺前的“乐家老药铺同仁堂”的匾额。传至乐家十代的乐平泉，终于还清债务恢复祖业。乐平泉死后，同仁堂由其四子共同经营，形成四大方共管制度。

同仁堂之所以能够成为专为宫廷供药的药铺并得到北京社会各阶层认可，主要是因为其诚实的商业品德和精益求精的工匠精神。《同仁堂药目》载，乐显扬“尝语人曰，古方无不效之理，修合未工，品

---

① 中国人民政治协商会议全国委员会文史资料研究委员会：《工商史料（1）》，北京：文史资料出版社，第154—155页。

② 沈鸿娴：《同仁堂乐家老药铺》，《北京工商史话》第一辑，北京：中国商业出版社，1987年。

味不正，故不能应症耳，平日汲汲济世，兢兢小心，凡所用丸散无不依方炮制，取效有年，每庭训之余谓可以养生，可以济人者，惟医药为最”。此后同仁堂的经营一直秉承这一理念，制药务求质量优良。为了获得上乘的药材，同仁堂不惜去全国各地用高价收买所需药材，“如到安徽芜湖选购丹皮，到河南信阳选购生地，到甘肃岷乐选购当归，到青海西宁选购大黄，到浙江东阳选购白芍，到泰国边境选购上好官燕，等等”。[①]制作药品的程序也极为严格，虎骨酒需要147味药材，十几道工序，封存1年后，方可出售。正因为如此，同仁堂的药品“治病神效，故人争市之”，“外省人之入都者，无不购其硇砂膏、万应锭以为归里之赠品”。[②]北京民间流传着“国药属京师，京药属同仁”之说。时人有诗赞云：“都门药铺属同仁，丸散人人道逼真。纵有岐黄难别味，笑他若简术通神。”

若用一句话概括同仁堂的企业精神，那就是同修仁德，济世养生。同仁堂的创业者尊崇“可以养生，可以济世者，惟医药为最”，把行医卖药作为一种济世养生、效力于社会的高尚事业来做。历代继业者，始终以“养生”“济世”为己任，恪守诚实敬业的品德，对求医购药的八方来客，无论是达官显贵，还是平民百姓，一律以诚相待，始终坚持童叟无欺，一视同仁。在市场经济的竞争环境中，同仁堂始终认为“诚实守信”是对一个企业最基本的职业道德要求，讲信誉是商业行为最根本的准则。

---

① 张勇：《大前门：聊聊过往那些事儿》，哈尔滨：黑龙江教育出版社，2014年，第14页。

② ［清］徐珂：《清稗类钞·农商类》。

# 第六节　张一元

北京市民喜爱饮茶的历史悠久，自辽金时期起，城市内就有茶馆经营的记载。明清时期，徽商成为北京茶叶贸易的主要掌控者，随着时间的推移，最终茶叶也出现了不同的品牌。北京城上至达官显贵，下到平民百姓，都爱好饮茶，奢靡富贵之风盛行京城，自然对茶叶的品质有着极高的要求，老北京人一直有一种说法："吃点心找正明斋，买茶叶认张一元。"可见，张一元的茶叶一直获得北京人的认可。

张一元茶庄的创始人张昌翼，字文卿，安徽歙县定潭村人。他自幼便随父亲从事茶叶贸易。由于北京有很多徽商经营茶叶生意，光绪十年（1884）时，张昌翼经同乡介绍来到坐落于北京磁器口的荣泰茶庄当学徒，在此期间张昌翼积累了不少从商经验。光绪二十二年（1896），张昌翼辞职，决定自立门户，他在花市大街羊市口一带摆设茶摊，利用花市每月逢四集会之时卖茶。光绪二十六年（1900）张昌翼创办茶庄取名张玉元，"玉"字为其经营的玉茗茶叶之意。由于张昌翼擅于经营管理，薄利多销，待客热诚，童叟无欺，张玉元茶庄很快扬名京城。光绪三十四年（1908），张昌翼为扩大生意规模，在前门外观音寺街开设了第二家茶庄，字号为"张一元"，意在"一元复始，万象更新"。张一元便成为一个著名字号，流传至今。

张一元茶庄之所以能在竞争激烈的北京市场内胜出，主要是因为张昌翼经营的几大特色理念。

首先，张昌翼非常重视茶叶的种类和品质。考虑到消费者的口味各异，张一元茶庄经营的茶叶种类向来极为齐全，主要有红茶、绿茶、花茶、紧压茶、乌龙茶五大类，不同的茶叶价格不一，可以满足各个阶层的消费群体，这就使张一元茶庄能够吸引北京大多数的茶叶消费者。为了保证自家茶叶的品质，1925年，张昌翼亲自到福建开设茶园，自行组织人员种植茶叶，在对应时节采摘后迅速送至北京，并进行加工。茶叶的种植、运输、加工全部由张一元茶庄全程负责，这无疑保障了张一元茶叶的质量，也使其品牌的茶叶独具特色，为北京市民喜爱。

其次，张一元茶庄极具服务意识。张一元的宗旨是“不怕没人买，就怕人买缺”，备货充足、齐全，一直是张一元茶庄的经营原则，顾客无论何时去茶庄，都能买到自己想要的茶叶。而且，为了方便顾客，张一元还有送货上门的服务，只要购茶五斤以上的顾客，便不用亲自上门，自有张一元的伙计打包送达。外地顾客也可通过电话、信件购茶，张一元会邮寄上门。这样的服务使张一元广受好评，民国年间北京的各大剧院、饭馆、茶楼的茶叶全是张一元供应，其茶叶甚至还远销天津、河北、内蒙古、东北等地。

张一元茶庄善做广告也是出了名的。与传统的叫卖、招幌不同，张一元的广告往往非常“时髦”：大栅栏地区霓虹灯就是张一元设置的；张一元还在店门口放置留声机，播放戏曲等节目吸引顾客，这种在当时看起来极为新鲜的设备，起到了很好的广告作用。而新出现的电台、报纸等近代新闻媒体，也成了张一元新广告的模式。故而张一元通过广告，也声名显扬。

# 结　语

在经过了长时段的梳理后，我们可以大致总结出这些北京商业文化的特质。北京之所以能够成为中国的首都，之所以能够成为商业繁荣的世界都市，是有多种原因的。

1．地理因素

北京地区位于华北平原、紧邻燕山山脉，自古就一直是中原民族与游牧民族交流的重地。这种特殊的地理环境成为北京商业发展的一大优势，司马迁总结为："夫燕亦勃、碣之间一都会也，南通齐、赵，东北边胡。上谷至辽东，地踔远，人民希，数被寇，大与赵、代俗相类，而民雕捍少虑，有鱼盐枣栗之饶，北邻乌桓、夫余，东绾秽貉、朝鲜、真番之利。"①自隋代大运河开通后，北京地区与南方的联系更加紧密，便利的交通环境促进了北京商业的发展，因而北京市场上能够出现全国各地的商品，唐代时江南的茶叶通过运河运至幽州，元代时"江南吴越之髹漆刻镂，荆楚之金锡"也是北京市场上能看到的商品。②

2．政治因素

自金朝至清朝，北京长期作为首都。从金至清，历代王朝都极为重视对都城的建设，对北京城市进行修建、充实北京人口、修缮维护大运河、建立仓储制度、加强对市场和商业的管理，这一系列的政策都促进了北京的经济和商业发展。北京在长达千余年的都城史中，逐渐成为中国的政治中心和文化中心，这对北京的商业发展产生了独特的影响，使北京的商业文化有别于其他地区。

3．城市因素

北京作为国家的首都，有大量的人口，需要强大的经济支撑。作

---

① 《史记》卷一二九《货殖列传》。

② ［元］马祖常：《李氏寿桂堂诗序》，《全元文》卷一〇三五。

为中国的经济中心，北京拥有数千年的城市历史，城市的发展是商业发展的基础，同时城市在发展过程中形成的市井文化也影响到了北京的商业文化。

正是在多种因素的共同作用下，才形成了独特的北京商业文化。北京的这种商业文化，应该有以下几个特点：

1．包容的商业文化

北京地处华北平原的东北部，特殊的地理环境决定了北京是一个胡汉交流之地，汉唐时北京地区一直是中原王朝和塞外游牧民族进行边贸的场所，不少胡商在北京地区同中原商人交易。辽、金、元等少数民族建立的王朝更是以北京为首都，大量的少数民族人口迁入北京地区，既促进了民族融合，也加强了各民族之间的商业交流，元代时大都城内大量色目商人的活跃就证明了这一点。清代时北京著名的月盛斋酱肉由回民开办，蒙古商队长年在北京贸易并设有商馆，更能体现北京地区长期民族融合对商业的影响。

明清时期，北京“万国梯航，鳞次毕集，然市肆贸迁，皆四远之货，奔走射利，皆五方之民”，[①]全国各地的商人云集北京，浙商、晋商、徽商等各地商人行商，转运货物至京，或为坐贾，直接在京开设店铺，大大促进了北京商业的发展。北京的不少老字号均是外地商人或祖籍外地的商人开设，钱庄、银号等机构也都由晋商、浙商把持。清代后期，大量外国商人进入北京，开办洋行，将洋货带入北京，从而使北京的社会和商业又融入了一股“洋气”。

北京的商业史一直伴随着诸多的外来因素：胡汉交流，各地商帮，外国商人，在这些因素的影响下，北京的商业文化形成了一种多元、包容的风格。

2．大气的帝都文化

历史上，北京有连续千年的都城史，在此之前或是中央王朝的地方行政中心，或是地方政权的都城，这种重要的政治地位影响到了北

① ［明］谢肇淛：《五杂组》卷三。

京商业，最终形成了独特的帝都文化。

北京商人除了受市场和经济的影响外，更多地受到宫廷和官府的影响。皇家和达官显贵奢靡的生活风气促成了对奢侈品的需求，从而吸引了各地商人将奇珍异宝带到北京销售，从而丰富了北京市场。

宫廷的需求庞大，因而元明清三代北京官营手工业都极为发达，随着明清官营手工业的衰落，不少工匠将宫廷的手工技术带到了民间，如景泰蓝、宫灯、鼻烟壶等商品的制作工艺，均是来自宫廷。这些工艺传入民间，带动了私营手工业的发展，同时也丰富了市场上的商品，使原本为宫廷才能享有的器物进入民间。同时宫廷和官府自身对商品有巨大需求，经常在市场上采购物品，因此北京有大量专门服务于皇家、官府的官商，许多商人也依附于皇家、官员，进而发财致富，谋求利益，如元代的色目商人利用王公贵族的资产进行高利贷，明代“嘉靖间，江西一商居京师，结严世蕃，上纳马草致巨富”。[①]同仁堂、月盛斋、六必居等著名的老字号也有为宫廷服务的历史，而这些字号能够驰名，很大原因也是因为它们有“服务皇家”的经历。商业的巨大利润也促使官员、太监甚至皇帝直接参与北京的商业活动，明清时不少官员、太监用其资产开设店铺，明代还有专门为皇帝盈利的皇店，紫禁城北有出售宫廷制品的内市。这些行为都使北京的商业带有浓重的帝都文化。

3．发达的市井文化

城市发展所带来的市井文化也影响到了北京的商业文化。市民的日常生活产生的需求影响了北京的商业发展，与衣食住行、生活日用相关的商业在北京极为发达。糕点、酱货、绸布、衣帽、各种手工业商品都是北京市场上最常见的商品，这种需求也促进了北京民间手工业和商业的结合，许多店铺既是手工作坊也是商店，久而久之有些行业的店铺形成品牌，进而发展为著名的老字号。

市井文化渗透商业，北京商业也形成了独特的商俗。元代时，

① ［明］叶权：《贤博编》。

“诸蒸饼者，五更早起，以铜锣敲击，时而为之”，“小经纪者，以蒲盒就其家市之，上顶于头上，敲木鱼而货之”。[1]明代时，“都城市肆初开，必盛张鼓乐，户结彩缯。贺者持果核堆盘，围以屏风祀神。正阳门东西街招牌有高三丈余者，泥金杀粉，或以斑竹镶之，或又镂刻金牛、白羊、黑驴诸形象以为标识。酒肆则横匾连楹，其余或悬木罂或悬锡盏，缀以流苏”。[2]

节日、庙会等城市活动也成为影响北京商业的因素。正月的灯市，市民烧香拜佛等活动带来了大量的商机，进而促使了集市、庙会的形成。庙会文化也成为北京特色的商业文化，影响至今。北京城市娱乐业发达，因此在北京繁华的商业区内，必有茶楼、酒肆、饭店、戏院，这些服务行业也成为北京商业的特色，这些场所的消费者多是富贵人家，因此在经营的过程中，极尽精致、高雅，充满了“讲究”的风气。

① 《析津志辑佚·风俗》。

② 《日下旧闻考》卷一四六《风俗》。

# 参考文献

## 一、史料


［汉］司马迁：《史记》，北京：中华书局，2013年。

［晋］陈寿：《三国志》，北京：中华书局，1959年。

［南朝宋］范晔：《后汉书》，北京：中华书局，1959年。

［北齐］魏收：《魏书》，北京：中华书局，1974年。

［唐］魏徵等：《隋书》，北京：中华书局，2019年。

［唐］姚汝能：《安禄山事迹》，上海：上海古籍出版社，1983年。

［后晋］刘昫等：《旧唐书》，北京：中华书局，1975年。

［宋］欧阳修、宋祁：《新唐书》，北京：中华书局，1975年。

［宋］谢采伯：《密斋笔记》，北京：中华书局，1985年。

［宋］薛居正等：《旧五代史》，北京：中华书局，2015年。

［宋］司马光：《资治通鉴》，北京：中华书局，1956年。

［宋］宇文懋昭：《大金国志校正》，北京：中华书局，1986年。

［宋］洪皓：《松漠纪闻》，长春：吉林文史出版社，1986年。

［宋］徐梦莘：《三朝北盟会编》，上海：上海古籍出版社，1987年。

［宋］路振：《乘轺录》，北京：中华书局，1991年。

［宋］李心传：《建炎以来系年要录》，上海：上海古籍出版社，1992年。

［宋］范成大：《范成大笔记六种》，北京：中华书局，2002年。

[宋]陈均:《皇朝编年纲目备要》,北京:中华书局,2006年。
[宋]叶隆礼:《契丹国志》,北京:中华书局,2014年。
[宋]苏辙:《苏辙集》,北京:中华书局,2017年。
[元]脱脱等:《金史》,北京:中华书局,1974年。
[元]脱脱等:《宋史》,北京:中华书局,1985年。
[元]脱脱等:《辽史》,北京:中华书局,2016年。
[元]熊梦祥:《析津志辑佚》,北京:北京古籍出版社,1983年。
[元]苏天爵:《元文类》,上海:上海古籍出版社,1993年。
[元]陶宗仪:《南村辍耕录》,北京:中华书局,2004年。
[明]宋濂等:《元史》,北京:中华书局,1976年。
[明]吕坤:《去伪斋文集》,康熙三十三年吕慎多刻本。
[明]吴俨:《吴文肃摘稿》,四库全书本。
[明]谈迁:《国榷》,北京:中华书局,1958年。
[明]谢肇淛:《五杂俎》,北京:中华书局,1959年。
[明]史惇:《恸余杂记》,北京:中华书局,1959年。
[明]陈子龙:《明经世文编》,北京:中华书局,1962年。
[明]沈榜:《宛署杂记》,北京:北京古籍出版社,1980年。
[明]王士性:《广志绎》,北京:中华书局,1981年。
[明]张瀚:《松窗梦语》,上海:上海古籍出版社,1982年。
[明]张爵、(清)朱一新:《京师五城坊巷胡同集　京师坊巷志稿》,北京:北京古籍出版社,1982年。
[明]杨士聪:《玉堂荟记》,北京:中华书局,1985年。
[明]史玄:《旧京遗事》,北京:北京古籍出版社,1986年。
[明]顾起元:《客座赘语》,北京:中华书局,1987年。
[明]叶权:《贤博编》,北京:中华书局,1987年。
[明]王圻:《续文献通考》,上海:上海书店出版社,1988年。
[明]沈德符:《万历野获编》,北京:中华书局,1989。
[明]孙承泽:《春明梦余录》,北京:北京古籍出版社,1992年。
[明]刘若愚:《酌中志》,北京:北京古籍出版社,1994年。

[明]于慎行：《榖山笔尘》，北京：中华书局，1994年。
[明]刘若愚：《酌中志》，北京：北京古籍出版社，1994年。
[明]张萱：《西园闻见录》，北京：北京全国图书馆文献缩微复制中心，1996年。
[明]陆容：《菽园杂记》，北京：中华书局，1997年。
[明]丘濬：《大学衍义补》，长春：吉林出版社，2005年。
[明]陈建：《皇明通纪》，北京：中华书局，2008年。
[明]胡应麟：《少室山房笔丛》，上海：上海书店出版社，2009年。
[明]刘侗、于奕正：《帝京景物略》，上海：上海古籍出版社，2010年。
[明]田艺蘅：《留青日札》，杭州：浙江古籍出版社。2012年。
[明]王守仁：《王阳明集》，北京：中华书局，2016年。
[明]王世贞：《弇山堂别集》，上海：上海古籍出版社，2017年。
[明]何良俊：《四友斋丛说》，北京：中华书局，2017年。
[清]张廷玉等：《明史》，北京：中华书局，1974年。
[清]萧智汉：《月日纪古》，乾隆五十九年萧氏听涛山房刻本。
[清]花村看行侍者：《花村谈往》，民国适园丛书本。
[清]谈迁：《北游录》，北京：中华书局，1960年。
[清]孙承泽：《天府广记》，北京：北京出版社，1962年。
[清]杜文澜：《古谣谚》，北京：中华书局，1958年。
[清]昭梿：《啸亭杂录》，北京：中华书局，1980年。
[清]杨米人等：《清代北京竹枝词》，北京：北京古籍出版社，1982年。
[清]宋起凤：《稗说》，《明清史料丛刊》第二辑，南京：江苏人民出版社，1982年。
[清]崇彝：《道咸以来朝野杂记》，北京：北京古籍出版社，1982年。
[清]震钧：《天咫偶闻》，北京：北京古籍出版社，1982年。

［清］董诰:《全唐文》，北京：中华书局，1983年。
［清］于敏中等:《日下旧闻考》，北京：北京古籍出版社，1983年。
［清］吴长元:《宸垣识略》，北京：北京古籍出版社，1983年。
［清］富察敦崇:《燕京岁时记》，北京：北京古籍出版社，1983年。
［清］潘荣陛:《帝京岁时纪胜》，北京：北京古籍出版社，1983年。
［清］计六奇:《明季北略》，北京：中华书局，1984年。
［清］王庆云:《石渠余纪》，北京：北京古籍出版社，1985年。
［清］王士禛:《居易录谈》，北京：中华书局，1985年。
［清］夏仁虎:《旧京琐记》，北京：北京古籍出版社，1986年。
［清］俞蛟:《梦厂杂著》，上海：上海古籍出版社，1988年。
［清］鄂尔泰:《八旗通志》，长春：东北师范大学，1989年。
［清］查慎行:《人海记》，北京：北京古籍出版社，1989年。
［清］张金吾:《金文最》，北京：中华书局，1990年。
［清］俞樾:《茶香室丛钞》，北京：中华书局，1995年。
［清］徐珂:《清稗类钞》，北京：中华书局，1996年。
［清］王士禛:《池北偶谈》，北京：中华书局，1997年。
［清］汪启淑:《水曹清暇录》，北京：北京古籍出版社，1998年。
［清］张廷玉:《清朝文献通考》，杭州：浙江古籍出版社，2000年。
［清］许承尧:《歙事闲谈》，合肥：黄山书社，2001年。
［清］福格:《听雨丛谈》，北京：中华书局，2007年。
［清］赵翼:《廿二史札记》，北京：中华书局，2008年。
［清］王先谦:《东华录》，上海：上海古籍出版社，2008年。
［清］顾炎武:《天下郡国利病书》，上海：上海古籍出版社，2012年。
［清］阮葵生:《茶余客话》，上海：上海古籍出版社，2012年。

［清］夏燮：《明通鉴》，北京：中华书局，2013年。
［清］彭孙贻：《客舍偶闻》，北京：北京燕山出版社，2013年。
［清］李有棠：《金史纪事本末》，北京：中华书局，2018年。
［清］孙承泽：《春明梦余录》，北京：北京出版社，2018年。
马可·波罗：《马可·波罗游记》，上海：上海书店出版社，2006年。
利玛窦：《利玛窦中国札记》，北京：中华书局，2010年。
赵尔巽等：《清史稿》，北京：中华书局，1976年。
孙殿起：《琉璃厂小志》，北京：北京古籍出版社，1982年。
张次溪编纂：《清代燕都梨园史料》，北京：中国戏剧出版社，1988年。
彭泽益编：《中国近代手工业史资料（1840—1949）》，北京：中华书局，1962年。
陈述辑校：《全辽文》，北京：中华书局，1982年。
祝尚书：《宋人别集叙录》，北京：中华书局，1999年。
向南：《辽代石刻文编》，石家庄：河北教育出版社，1995年。
李修生主编：《全元文》，南京：凤凰出版社，2001年。
方龄贵校注：《通制条格校注》，北京：中华书局，2001年。
李德辉辑校：《晋唐两宋行记辑校》，沈阳：辽海出版社，2009年。
陈高华点校：《元典章》，北京：中华书局，2011年。
薛瑞兆编著：《金代艺文叙录》，北京：中华书局，2014年。
许全胜校注：《黑鞑事略校注》，兰州：兰州大学出版社，2014年。
佚名：《燕京杂记》，北京：北京古籍出版社，1986年。
中国第一历史档案馆：《清代档案史料丛编》，北京：中华书局，1979年。
中国第一历史档案馆：《康熙朝满文朱批奏折全译》，北京：中国社会科学出版社，1996年。

中国第一历史档案馆：《光绪三十二年创办东安市场史料》，《历史档案》2000年第1期。

北京市档案馆：《京档案史料》，2006年。

中国人民政治协商会议全国委员会文史资料研究委员会：《工商史料》，北京：文史资料出版社，1980年。

刘耿生：《北京自来水公司档案史料》，北京：北京燕山出版社，1986年。

北京市邮政局史志办公室：《北京邮政史料》，北京：北京燕山出版社，1988年。

吕永和、张宗平：《清末北京志资料》，北京：北京燕山出版社，1994年。

《明实录》，北京：中华书局，2016年。

《清实录》，北京：中华书局，2008年。

《大明会典》，北京：中华书局，2007年。

《清通典》，杭州：浙江古籍出版社，2000年。

《清会典事例》，北京：中华书局，1991年。

康熙《大兴县志》。

康熙《顺义县志》。

康熙《徽州府志》

雍正《畿辅通志》。

光绪《顺天府志》。

光绪《通州志》。

民国《平谷县志》。

民国《密云县志》。

民国《怀柔县志》。

民国《良乡县志》。

民国《芜湖县志》。

## 二、专著

中国科学院经济研究所：《北京瑞蚨祥》，北京：生活·读书·新知三联书店，1959年。

南京大学历史系主编：《中国资本主义萌芽问题论文集》，南京：江苏人民出版社，1983年。

董善元：《阛阓纪胜——东风市场八十年》，北京：工人出版社，1985年。

胡朴安：《中华全国风俗志》，上海：上海文艺出版社，1988年。

山东省济南市章丘县政协文史资料委员会：《遐迩闻名的祥字号》。济南：济南出版社，1991年。

曹子西：《北京通史》，北京：中国书店出版社，1994年。

韩光辉：《北京历史人口地理》，北京：北京大学出版社，1996年。

孙健：《北京经济史》，北京：北京燕山出版社，1996年。

北京大学历史系《北京史》编写组：《北京史》（增订版），北京：北京出版社，1999年。

汤用彬：《旧都文物略》，北京：书目文献出版社，2000年。

北京市地方志编纂委员会：《北京志》，北京：北京出版社，2001年。

中国建筑设计研究院建筑历史所：《北京近代建筑》，北京：中国建筑工业出版社，2008年。

王茹芹：《京商论》，北京：中国经济出版社，2008年。

齐大芝：《北京商业史》，北京：人民出版社，2011年。

陈登原：《中国文化史》，北京：商务印书馆，2014年。

张勇：《大前门：聊聊过往那些事儿》，哈尔滨：黑龙江教育出版社，2014年。

首都博物馆：《北京老字号》，北京：中国人民大学出版社，2014年。

彭信威：《中国货币史》，上海：上海人民出版社，2015年。

周小翔等：《贾道燕蕴——古都北京的商业文化》，北京：中华书局，2015年。

尹钧科：《北京城市发展史》，北京：北京出版社，2016年。

葛剑雄主编：《当代学人精品：唐晓峰卷》，沈阳：辽宁大学出版社，2016年。

## 三、论文

李瑚：《清代前期经济的发展》，朱东润、李俊民主编：《中华文史论丛》第3辑，上海：上海古籍出版社，1980年，第245—246页。

陈高华：《元大都的酒和社会生活探究》，《中央民族学院学报》1990年第4期。

张驰：《尖首刀若干问题初探》，《中国钱币论文集》（第三辑）1998年版。

朱淑媛：《清末兴办东安市场始末》，《北京档案史料》1998年第4期。

张大新：《宋金都城商业文化的高涨与古典戏曲之成熟》，《大连大学学报》2004年第5期。

刘凤云：《明清时期北京的商业街区》，《明清论丛》第八辑，2008年。

张平真：《六必居酱园与榜书——北京六必居酱园信史》，《中国酿造》2011年第3期。

周尚意，成志芬：《北京前门——大栅栏商业区文化与城市文化之间的关系研究》，《北京学研究》2013年。

刘佳林：《传统儒商的近代转型与经营之道——以瑞蚨祥为例》，《文化学刊》2018年第9期。

# 后 记

北京，作为一个有近千年都城历史的城市，至今仍是我们国家的首都。因此北京已经是中华文明必不可少的象征之一，而北京的文化，无疑也跟“古都”二字有着密切联系。更有意思的是，金、元、明、清四朝定都北京，其中既有汉民族建立的王朝，也有少数民族建立的王朝，北京的古都史，正是中华文明民族融合的历史缩影。这里文化昌盛、民族融合、经济发达，是中华文明的有机组成部分。

之所以能够成为众多王朝青睐的建都之地，与北京得天独厚的地理环境，漫长的历史发展有着密切的关系。因此，书写北京古都的商业文化，已不能仅局限于一个地域的商业史，而是需从历史地理、城市发展、民族融合等诸多角度进行考量，因为这些因素都深深地影响到了北京古都的商业文化。故而撰写北京的商业文化，涉及历史地理、城市发展、经营艺术等诸多方面，是一个综合性的系统工程，难度非常大。

本书的写作，由倪玉平确定大纲，倪玉平和贾启博共同执笔完成。我们已经尽可能地参考了相关史料和诸位学者的研究成果，力求从一个更加全面的视角来展现北京特有的商业文化——尤其是作为一个古都的商业文化。但因为时间有限，又囿于学术水平和能力，本书必然存在很多错误和问题。不当之处，还望海内外方家不吝赐教，批评指正，我们日后将努力进一步修改完善。

本书编写组